롯데그룹

L-TAB 직무적합도검사 모의고사

이 공 계

[제1회]

영 역	언어이해, 문제해결, 자료해석, 수리공간
문항 수 / 시간	135문항 / 125분
비 고	객관식 4지선다형

SEOWONGAK
(주)서원각

>> 언어이해(35문항/25분)

┃1~2┃ 다음 글을 읽고 물음에 답하시오.

동서고금을 통해 볼 때, 이론과 실천의 문제는 학문뿐만 아니라 삶 자체에서도 중요한 문제로 거론되어 왔다. 삶에 있어서 실천만을 중시하면 더 나은 삶을 향해 추진력 있게 나아갈 수는 있겠지만, 시행착오의 고달픈 반복을 피할 수는 없을 것이다. 반대로 이론만을 중시한다면 삶의 근본적인 문제들에 대한 안목을 얻게 될지는 몰라도, 삶을 현실적으로 변화시키지는 못하게 될 것이다. 이론 없는 실천은 부실한 모래성이고 실천 없는 이론은 공허한 메아리이다.

이러한 이론과 실천의 관계에서, 이론을 상대적으로 더 중요시했던 입장을 우리는 ㉠아리스토텔레스에게서 찾을 수 있다. 그에 의하면 인간은 실천적인 덕을 통하여 행복에 이를 수 있다고 한다. 그러나 그는 실천적인 덕은 이성적인 사고를 통해서만 가치를 발휘할 수 있다고 보았다. 왜냐하면 실천적인 덕에 의해 선한 행동이 이루어지기 위해서는 신중하게 생각하는 과정이 필연적으로 앞서야 한다고 생각했기 때문이다. 아리스토텔레스는 이론과 실천을 구분하고, 행복에 도달하기 위해서는 이론적인 덕이 실천적인 덕에 선행해야 한다고 주장하였다. 이러한 입장은 이론을 중시하는 서구적 전통의 기틀을 마련하였다.

이와는 반대로 ㉡칸트는 행복에 도달하기 위해서는 실천이 더 중요하다고 생각하였다. 그리고 우리의 앎은 감성의 틀과 오성의 틀에 의해서 형성되지만, 실천적인 행동은 이러한 형식적인 틀과는 직접적인 관련이 없다고 보았다. 앎은 일정한 틀과 제한 속에서 이루어지지만, 행동은 이 틀을 넘어서서 앎의 영역에 의미를 부여하고 전체적인 방향을 제시해 준다고 생각했기 때문이다. 그는 엄밀한 수학 계산조차도 일정한 사회적, 종교적 또는 정치적인 행동 안에서 이루어진다고 보았다. 칸트는 아리스토텔레스와 마찬가지로 이론과 실천을 분리된 것으로 보았지만, 실천은 이론을 능가하는 동시에 이론보다 선행하고 있다고 주장하였다.

이러한 두 가지의 관점에 기초하여 현재 우리들이 살아가고 있는 시대를 진단해 볼 때, 현대는 극단적으로 이론이 우세한 듯하다. 이론에 근거한 서구적인 분석적 사고는 자연 과학 만능의 시대를 초래하였고 종래에는 하나의 분야를 이루고 있었던 예술, 종교, 학문 등도 서로 나누었으며, 사회마저 매우 다양한 계층들로 세분화하였다. 이렇듯 서구적인 삶의 방식이 다분히 이론적이라면 전통적으로 동양적인, 특히 한국적인 삶의 방식은 실천적인 것이었다. 자연과 하나가 되어 사계절에 맞추어 사는 삶의 태도는 이론과는 거리가 먼 것이었기 때문이다. 그러나 근대 이후 서구 문물이 우리나라에 쏟아져 들어왔을 때 서구적인 분석적 사고 또한 밀려들어왔으며, 마침내 우리들의 삶의 방식조차 분석적인 사고에 물들어 버리고 말았다.

앎의 세계와 행동의 세계를 서로 다른 것으로 볼 경우, 행복에 도달하기 위해서는 어떤 것이 우선적인가를 결정하지 않으면 안 된다. 하지만 실제로 우리의 삶은 이론과 실천이 조화를 이룰 때만이 행복을 기약할 수 있다. 앎과 행동이 인간의 삶에서 전체적인 하나를 이루고 상호 유기적인 관계를 형성할 때, 비로소 이론은 실천의 근거를 제시하고 실천은 이론을 현실화시키기 때문이다. 이처럼 조화로운 삶의 전체성이 구성될 때 우리들은 행복을 향해 한 걸음 더 가까이 다가가게 될 것이다.

1. 글쓴이가 궁극적으로 말하고자 한 바로 가장 적절한 것은?

① 이론과 실천의 문제는 학문에서 중요하게 거론되어 왔다.

② 앎의 세계와 행동의 세계는 서로 다른 것으로 보아야 한다.

③ 이론과 실천이 조화를 이룰 때 인간은 행복한 삶을 기대할 수 있다.

④ 근대 이후 한국적 삶의 방식은 실천 중심에서 이론 중심으로 전환되었다.

2. ㉠과 ㉡의 견해에 대한 설명으로 옳지 않은 것은?

① ㉠은 이성적인 사고는 실천적인 덕을 통해서만 그 가치를 발휘할 수 있다고 보았다.

② ㉠은 이론이 실천에 선행한다고 보았는데, 이는 이론을 중시하는 서구적 전통의 기틀이 되었다.

③ ㉡은 실천적 행동은 인간의 감성이나 오성의 틀과 직접적인 관련이 없다고 보았다.

④ ㉡은 실천이 이론의 영역에 의미를 부여하며 전체적인 방향을 제시해 준다고 보았다.

고대에는 범죄에 대해 개인적이든 집단적이든 사적 제재인 복수가 행하여졌다. 그러나 복수는 일회적인 제재에 그치지 않고 꼬리를 문 복수의 연쇄를 낳는다. 이러한 사적 복수가 공적 형벌로 ⓐ대치된 것은 인류 문명이 이룬 커다란 진보라고 할 수 있다. 그런데 이러한 공적 형벌은 국가가 완전히 독점하게 되었다. 끝없는 피의 복수는 법적 평화를 근본적으로 파괴한다는 점에서 공정한 중립적 권력으로서의 국가가 형벌권을 독점한다는 것은 어느 정도 정당화될 수 있다. 그러나 왜 형벌을 가하는가 하는 문제는 여전히 남는다. 이에 관한 대표적인 관점을 살펴보자.

형벌은 어떤 목적을 달성하기 위한 수단으로서 ⓑ부과되는 것이 아니라 자기 목적적으로, '악에 대한 악'으로서 부과된다는 '응보론'이 있다. 이러한 견해를 표명한 대표적인 사람은 칸트이다. 그는 이성적이고 자유로운 인간을 전제로 인간을 수단이 아니라 목적으로 대우하라고 주장하였다. 형벌의 경우에도 인간에게 형벌을 가함으로써 다른 어떤 목적을 추구한다면 그것은 인간을 수단으로 사용하는 것이라며 반대하였다. 따라서 형벌은 자기 목적적이어야 하며, 형벌의 질과 양은 저지른 해악과 똑같은 해악, 즉 응보로서의 '동해보복(同害報復)'이어야 한다고 주장하였다.

다음으로 범죄자에게 형벌을 가함으로써 일반인이 두려움을 느껴 범죄로 나아가지 못하게 하기 위하여 형벌은 부과되는 것이라고 보는 '일반 예방론'이 있다. 근대적 형태의 일반 예방론은 벤담의 공리주의 사상에 기반을 두고 있다. 벤담은 인간을 쾌를 추구하고 불쾌를 피하는 존재로 ⓒ상정하고, 쾌와 불쾌의 계산을 통해 쾌가 큰 방향으로 행위를 선택한다고 생각하였다. 범죄와 관련하여서도 '범죄를 통하여 얻는 쾌'와 '형벌을 통하여 얻는 불쾌'를 비교하여 헤아려 봄으로써 공리 계산을 하는 것이 인간이란 점을 이 이론은 전제로 하고 있다.

마지막으로 형벌은 범죄자 자신이 장래에 다시 범죄를 저지르지 않는 삶을 ⓓ영위하도록 하기 위하여 부과된다는 ㉠'특별 예방론'이 있다. 플라톤은 죄를 저질렀기 때문에 처벌하는 것이 아니라, 죄를 저지르지 않게 하기 위하여 처벌한다고 하였다. 이렇게 볼 때 형벌은 범죄자 자신의 속죄, 개과천선을 목적으로 부과되는 것이다. 그런데 이 이론의 입장에 서 있는 사람들은 인간 행동의 결정 인자들은 행위자의 심리적 태도, 행위자를 둘러싼 사회적 환경 등 여러 측면에 의해 결정되어 있다고 보았다. 이를 토대로 이들은 범죄에 대한 대응책은 범죄자로부터 일정한 법익을 박탈하는 형벌이 아니라, 이러한 결정 인자의 제거 내지 개선에 있다고 주장하였다. 이를 위해 범죄자가 갖는 위험성이 개선 불가능한 경우에는 사회에서 영구 격리하고, 개선 가능한 경우에는 범죄자의 심리나 사회적 환경의 교정, 교육과 같은 프로그램을 통한 처방을 내려야 한다고 하였다.

오늘날에는 이 세 가지 관점을 절충하여 형벌을 정당화하고 있다. 우선 응보론은 형벌 부과의 대상과 형벌의 상한을 설정해 주는 의미를 갖는다. 그리고 이 상한의 범위 내에서 형벌의 종류와 내용을 구성하는 데는 일반 예방론과 특별 예방론의 관점이 원용되고 있다. 이렇듯 형벌의 목적에 관한 논의는 단순히 관념상의 관심사가 아니라 형사제도를 구성하고 운용하는 데에 중요한 현실적 의미를 갖고 있다.

3. 위 글의 중심 화제로 가장 적절한 것은?

① 형벌 집행의 효과와 부작용
② 형벌 이론의 변천 과정과 현황
③ 형벌과 범죄 예방과의 상관관계
④ 형벌의 목적에 대한 다양한 견해와 의의

4. 다음에 대한 반응 중, ㉠과 관련이 깊은 것은?

15세인 오○○는 소년 가장이다. 2년 전 그의 부모님이 뺑소니 교통사고로 사망했기 때문이다. 그는 노환으로 몸이 불편한 할머니와 두 동생과 함께 단칸방에서 살고 있는데, 국가에서 지급하는 생활 보조금으로는 할머니의 약값을 대기도 버거웠다. 어느 날 그는 배가 고프다고 조르던 동생들의 모습이 떠올라 자기도 모르게 가게에서 빵을 훔쳤다. 주인에게 발각된 그는 결국 법정에 서게 되었다. 이 이야기가 기사화 되자 소년을 돕겠다는 도움의 손길이 줄을 이었다.

① 법의 적용에 예외를 두는 것은 옳지 않으므로, 소년이 범한 죄에 상응하는 형량을 부과해야 한다.
② 가게 주인이 입은 손해에 해당하는 만큼을 소년이 보상하게 하는 정도에서 서로 합의하게 해야 한다.
③ 다른 사람이 비슷한 범죄를 저지르는 것을 막기 위해서라도 소년은 법에 규정된 대로 심판을 받게 해야 한다.
④ 불우한 환경에서 생계형 범죄를 저질렀을 뿐 아니라, 주위의 도움이 있어 재범의 우려도 없으므로 훈방 조치해야 한다.

5. ⓐ~ⓓ의 사전적 의미로 적절하지 않은 것은?

① ⓐ : 다른 것으로 바꾸어 놓음
② ⓑ : 일정한 책임이나 일을 부담하여 맡게 함
③ ⓒ : 사물을 분별하고 판단하여 앎
④ ⓓ : 일을 꾸려 나감

일반적으로 문화는 '생활양식' 또는 '인류의 진화로 이룩된 모든 것'이라는 포괄적인 개념을 갖고 있다. 이렇게 본다면 언어는 문화의 하위 개념에 속하는 것이다. 그러나 언어는 문화의 하위 개념에 속하면서도 문화 자체를 표현하여 그것을 전파, 전승하는 기능도 한다. 이로 보아 언어에는 그것을 사용하는 민족의 문화와 세계 인식이 녹아 있다고 할 수 있다.

가령 '사촌'이라고 할 때, 영어에서는 'cousin'으로 이를 통칭(通稱)하는 것을 우리말에서는 친·외·고종·이종 등으로 구분하고 있다. 친족 관계에 대한 표현에서 우리말이 영어보다 좀 더 섬세하게 되어 있는 것이다. 이것은 친족 관계를 좀 더 자세히 표현하여 차별 내지 분별하려 한 우리 문화와 그것을 필요로 하지 않는 영어권 문화의 차이에서 기인한 것이다.

문화에 따른 이러한 언어의 차이는 낱말에서만이 아니라 어순(語順)에서도 나타난다. 우리말은 영어와 주술 구조가 다르다. 우리는 주어 다음에 목적어, 그 뒤에 서술어가 온다. 이에 비해 영어에서는 주어 다음에 서술어, 그 뒤에 목적어가 온다. 우리말의 경우 '나는 너를 사랑한다.'라고 할 때, '나'와 '너'를 먼저 밝히고 그 다음에 '나의 생각'을 밝히는 것에 비하여, 영어에서는 '나'가 나오고 그 다음에 '나의 생각'이 나온 뒤에 목적어인 '너'가 나온다. 이러한 어순의 차이는 결국 나의 의사보다 상대방에 대한 관심을 먼저 보이는 우리들과, 나의 의사를 밝히는 것이 먼저인 영어를 사용하는 사람들의 문화 차이에서 기인한 것이다.

대화를 할 때 다른 사람을 대우하는 것에서도 이런 점을 발견할 수 있다. 손자가 할아버지에게 무엇을 부탁하는 경우를 생각해 보자. 이 경우 영어에서는 'You do it, please.'라고 하고, 우리말에서는 '할아버지께서 해 주세요.'라고 한다. 영어에서는 상대방이 누구냐에 관계없이 상대방을 가리킬 때 'You'라는 지칭어를 사용하고, 서술어로는 'do'를 사용한다. 그런데 우리말에서는 상대방을 가리킬 때, 무조건 영어의 'You'에 대응하는 '당신(너)'이라는 말만을 쓰는 것은 아니고 상대에 따라 지칭어를 달리 사용한다. 뿐만 아니라, 영어의 'do'에 대응하는 서술어도 상대에 따라 '해 주어라, 해 주게, 해 주오, 해 주십시오, 해 줘, 해 줘요'로 높임의 표현을 달리한다. 이는 우리말이 서열을 중시하는 전통적인 유교 문화를 반영하고 있기 때문이다.

언어는 단순한 음성 기호 이상의 의미를 지니고 있다. 앞의 예에서 알 수 있듯이 언어에는 그 언어를 사용하는 민족의 문화가 용해되어 있다. 따라서 우리 민족이 한국어라는 구체적인 언어를 사용한다는 것은 단순히 지구상에 있는 여러 언어 가운데 개별 언어 한 가지를 쓴다는 사실만을 의미하지는 않는다. 한국어에는 우리 민족의 문화와 세계 인식이 녹아 있기 때문이다. 따라서 우리말에 대한 애정은 우리 문화에 대한 사랑이요, 우리의 정체성을 살릴 수 있는 길일 것이다.

6. 위 글의 내용과 일치하지 않는 것은?

① 언어는 문화를 표현하고 전파, 전승하는 기능을 한다.

② 문화의 하위 개념인 언어는 문화와 밀접한 관련이 있다.

③ 우리말의 문장 표현에서는 상대방에 대한 관심보다는 나의 생각을 우선시한다.

④ 우리말에 높임 표현이 발달한 것은 서열을 중시하는 문화가 반영된 것이다.

7. 밑줄 친 부분과 유사한 예를 추가한다고 할 때, 가장 적절한 것은?

① 우리가 '집'이라 부르는 것을 미국인들은 'house'을, 중국인들은 '家', 프랑스인들은 'maison'이라는 말로 지칭한다.

② 쌀을 주식으로 했던 우리는 '쌀', '벼', '밥'을 구별해서 사용하지만, 그렇지 않았던 영어권에서는 이를 뜻하는 단어로 'rice' 하나만을 사용한다.

③ 우리말 '섬'을 중세 국어에서는 '셤[셤]', 고대 일본어에서는 'しま[시마]'로 발음하였다. 이로 보아 우리말과 일본어는 친근 관계에 있음을 알 수 있다.

④ 영어의 'milk'는 1음절 어휘인데, 우리말은 음절 구조상 음절의 끝소리에 자음과 자음이 연속하여 올 수 없다. 따라서 우리말에서는 모음 'ㅡ'를 첨가하여 2음절인 '[밀크]'라고 발음한다.

상처를 보호하기 위해 손가락에 붙이는 밴드가 매끄러운 피부에 잘 붙는 이유는 무엇일까? 이는 분자와 분자 사이에 작용하는 '쿨롱의 힘'과 관련이 있다고 한다. 그런데 쿨롱의 힘이 작용하려면 전자가 남거나 모자란 상태의 이온처럼 물체가 전하를 띠어야 한다. 그렇다면 밴드도 전하를 띠고 있다는 것인가? 물 분자의 경우를 중심으로 분자 사이에 작용하는 쿨롱의 힘에 대해 살펴보자.

물 분자는 수소 원자 두 개가 하나의 산소 원자 양쪽에 공유 결합을 하고 있는 구조를 이루고 있는데, 산소를 중심으로 104.5도로 꺾여 있어 마치 부메랑처럼 생겼다. 그런데 물 분자 안에 들어 있는 전자는 산소와 수소의 ㉠전기음성도 차에 의해 한쪽으로 치우쳐 있다. 전기음성도는 특정 원자가 화학 결합을 이루고 있는 전자를 끌어당기는 정도를 수치로 나타낸 값으로 산소 원자의 전기음성도는 수소 원자의 전기음성도보다 크다. 따라서 산소 원자와 수소 원자 사이의 공유결합은 대칭적이지 않고, 전자가 산소 원자 쪽으로 쏠려 산소 원자 부근에는 음전하가, 수소 원자 부근에는 양전하가 만들어진다.

물 분자처럼 공유결합에서 전자가 한쪽으로 쏠려 분자 하나가 양전하와 음전하로 갈려있는 상태를 쌍극자라 한다. 그리고 분자 안에서 양전하와 음전하가 생기는 정도를 ⓛ쌍극자모멘트라 한다. 쌍극자모멘트는 크기와 방향을 모두 갖는 벡터량이다. 따라서 각 쌍극자가 만드는 쌍극자모멘트의 벡터합을 구하면 분자 전체의 극성을 알 수 있다. 부메랑 구조를 가진 물 분자의 쌍극자모멘트 합을 구해 보면 산소 원자 쪽이 음전하를 띤다는 사실을 알 수 있다. 물 분자처럼 쌍극자모멘트의 합에 의해 극성이 생기는 분자를 극성분자라 한다.

분자에 극성이 생겼으니 이제 쿨롱의 힘을 이야기할 수 있다. ⓒ극성분자 사이에 작용하는 쿨롱의 힘은 막대자석 사이에 작용하는 힘에 빗대어 설명할 수 있다. 막대자석은 N극과 S극으로 이루어져 있다. 두 개의 반대되는 성질이 양쪽으로 나누어져 있으니 극성분자처럼 쌍극자가 있는 셈이다. 막대자석 여러 개를 이어 붙여 큰 구조물을 만든다고 해 보자. 같은 극끼리는 밀어내고 다른 극끼리는 끌어당기므로 N극과 S극을 이어 붙여야 한다. 극성분자인 물도 마찬가지다. 양전하를 띠는 수소 원자는 다른 물 분자의 음전하를 띠는 산소 원자 쪽에 가까워지려고 한다.

그런데 공유결합의 힘보다는 약하지만, 극성분자는 쌍극자를 갖고 있기 때문에 분자들을 적절히 배치하면 분자들 사이에 쿨롱의 힘이 작용한다. 이처럼 극성분자 사이에 작용하는 쿨롱의 힘을 ⓔ쌍극자간 힘이라 부른다. 극성분자 사이에 작용하는 쿨롱의 힘은 물질의 점성이나 상태를 결정한다. 예컨대 물 분자들이 쌍극자간 힘으로 촘촘히 결합되어 있으면 얼음이 되고 물 분자 사이의 결합이 느슨해지다가 끊어지면 수증기가 된다.

밴드의 접착력도 분자 사이에 작용하는 쿨롱의 힘으로 설명할 수 있다. 밴드의 접착면은 극성을 강하게 ⓐ띠는 고분자물질로 처리되어 있어 피부에 잘 붙는다. 밴드가 떨어지는 이유는 밴드와 피부를 이루는 분자 사이에 작용하는 힘이 이 둘을 떨어뜨리려는 외부의 힘에 비해 약하기 때문이다. 밴드 외에도 우리 주위를 살펴보면 분자간 힘이 작용하는 현상을 손쉽게 찾아볼 수 있다. 순간접착제로 깨진 그릇을 붙일 수 있는 이유도 순간접착제와 그릇을 구성하고 있는 분자 사이의 힘이 손으로 뗄 수 없을 정도로 강하기 때문이다.

8. 위 글에 대한 설명으로 가장 적절한 것은?

① 특수한 현상에 대한 다양한 이론을 소개하고 있다.
② 새로 발견된 과학 원리의 응용 가능성을 전망하고 있다.
③ 사례들의 공통점을 추출하여 보편적 원리를 도출하고 있다.
④ 현상의 과학적 원리를 특정 대상을 중심으로 설명하고 있다.

9. ⓙ~ⓔ에 대한 설명으로 적절하지 않은 것은?

① ⓙ : 특정 원자가 전자를 끌어당기는 정도와 관련이 있다.
② ⓛ : 분자 전체의 극성을 알 수 있게 하는 척도가 된다.
③ ⓒ : 쌍극자모멘트에 의해 극성이 생긴 분자를 말한다.
④ ⓔ : 극성이 없는 분자 사이에도 작용한다.

10. ⓐ와 문맥적 의미가 유사한 것은?

① 일에 전문성을 띠지 않으면 성공하기 쉽지 않다.
② 미소를 띤 얼굴을 본 순간 화를 낼 수 없었다.
③ 그는 중요한 임무를 띠고 작전에 투입되었다.
④ 노기를 띤 그의 얼굴을 보자 말문이 막혔다.

┃11~12┃ 다음 글을 읽고 물음에 답하시오.

돌이든 나무든 무슨 재료든 ⓐ조각은 일단 깎아내는 행위에서 출발한다. 무심한 돌덩이를 깎아 마치 피가 도는 듯한 인물 형상 등을 창조하는 것이 조각의 경이로운 연금술이다. 영국의 추상조각가 헵워스(Hepworth)는 자연의 이런저런 형상들을 단순히 모방하거나 재현하는 ⓑ조각이 아닌, 인간의 저 깊은 정신을 특정 꼴로 깎아내는 것이 어떻게 가능한지를 자신의 친구인 문예비평가 허버트 리드(Herbert Read)에게 물었다. 요약하자면 ⓙ'정신을 재료에 일치시키는 조각(彫刻)'에 대한 질문이었다. 그런데 리드는 뜻밖에도 장자(莊子)를 인용해 대답했다. 그것은 장자의 「달생(達生)」 편에 나오는 재경이란 인물의 우화였다. 이 사람은 요샛말로 목(木)공예가에 해당하는 뛰어난 기술을 지니고 있었다.

그는 자신의 ⓒ조각에 대해 이렇게 설명한다. 우선 나무를 찾아 깎기 이전에 며칠간 마음을 차분한 상태로 가라앉힌다. 한 사흘 기(氣)를 모으면 남들이 잘 한다 칭찬하거나 상(賞)을 준다는 말에 현혹되지 않는다. 닷새가 지나면 또 남이 형편없다고 헐뜯거나 욕하는 소리에도 무감해진다. 이레가 되는 날은 내 손발이나 모습까지 완전히 잊게 된다. 바로 이때 내가 쓸 나무를 찾아 산으로 간다. 손도 발도 몸뚱이도 다 잊었으니 그저 내 마음만 남아 나무의 마음과 서로 통할 수밖에 없다. 이 정도가 되면 그가 깎는 나무는 벌써 자아와 분리된 대상이 아니다. 제 마음을 술술 빚어내는 무아(無我)의 유희로 몰입한 셈이다. 그러면서 허버트 리드는 "자연 속의 천명(天命)이 인간의 천명과 합일하는 행위"라는 다소 고답적(高踏的)인 말로 조각과 정신의 조화를 설명했다. 조각가가 모자(母子)상을 빚어냈으되 그것이 단순히 어머니와 자식의 형상만이 아니라 사랑이 넘치는 조각이 되거나, 도통 어떤 모양인지 말로 잘 표현되지 않는 추상 조각이 그 작가의 속 깊은 내면을 대변하게 되는 것 역시 그런 과정을 겪고 탄생하는 것이다.

그러고 보니 장자에는 조각의 기술과 도를 깨닫게 하는 대목이 더 있다. 바로 '포정해우(庖丁解牛)'라는 잘 알려진 얘기도 깎고 쪼고 잘라내는 ⓓ조각의 기본 행위를 연상시킨다. 포정(庖丁)은 소 잘 잡는 백정으로 워낙 유명해 국내에서도 개봉된 한 영화에서는 그가 모델이 된 '식도(食刀)잡이'마저 소개될 정도였다. 포정이 하도 기막힌 솜씨를 보인지라, 누군가가 그런 기술이 어디서 나왔느냐고 캐물었다. 그는 대답했다.

"이것은 기술이 아니라 도(道)다. 괜한 힘으론 안 된다. 소의 가죽과 살, 살과 뼈 사이의 틈이 내겐 보인다. 그 사이를 내 칼이 헤집고 들어가 고기를 발라내니 9년 쓴 칼이든 어제 같지 않으랴. 그게 소를 잡는 정신이다."

현대 조각은 재료 자체가 고유하게 지닌 물성(物性)을 드러내는 경향이 강하다. 재료의 성질이 조각의 인간화를 앞질러가는 것이라면 결국 '정신의 물화(物化)'로 치닫게 되지나 않을지 염려된다.

11. 위 글의 제목과 부제로 가장 적절한 것은?

① 현대 조각의 특징 – 인간의 깊은 내면을 조각하는 사람들
② 조각 기술의 선구자 – 재경과 포정에게서 배워야 할 점들
③ 조각과 인간의 정신 – 자기 마음을 빚어낼 수 있는 조각
④ 현대 조각과 동양 사상 – 추상 조각과의 연관성을 살피며

12. ⓐ~ⓓ중, 문맥적 의미가 ㉠과 가장 유사한 것은?

① ⓐ   ② ⓑ
③ ⓒ   ④ ⓓ

┃13~16┃ 다음 글을 읽고 물음에 답하시오.

1972년 프루시너는 병에 걸린 동물을 연구하다가, 우연히 정상 단백질이 어떤 원인에 의해 비정상적인 구조로 변하면 바이러스처럼 전염되며 신경 세포를 파괴한다는 사실을 밝혀냈다. 프루시너는 이 단백질을 '단백질(protein)'과 '바이러스 입자(viroid)'의 합성어인 '프리온(prion)'이라 명명하고 이를 학계에 보고했다.

프루시너가 프리온의 존재를 발표하던 당시, 분자생물학계의 중심이론은 1957년 크릭에 의해 주창된 '유전 정보 중심설'이었다. 이 이론의 핵심은 유전되는 모든 정보는 DNA 속에 담겨 있다는 것과, 유전 정보는 핵산(DNA, RNA)에서 단백질로만 이동이 가능하다는 것이다. 크릭에 따르면 모든 동식물의 세포에서 DNA의 유전 정보는 DNA로부터 세포핵 안의 또 다른 핵산인 RNA가 전사되는 과정에서 전달되고, 이 RNA가 세포질로 나와 단백질을 합성하는 번역의 과정을 통해 단백질로의 전달이 이루어진다. 따라서 단백질은 핵산이 없으므로 스로 정보를 저장할 수 없고 자기 복제할 수 없다는 것이다.

그런데 프루시너는, 프리온이라는 단백질은 핵산이 아예 존재하지 않음에도 자기 복제를 한다고 주장하였다. 이 주장은 크릭의 유전 정보 중심설에 기반한 분자생물학계의 중심 이론을 흔들게 된다. 아직 논란이 끝난 것은 아니지만 '자기 복제하는 단백질'이라는 개념이 분자생물학자들에게 받아들여지기까지는 매우 험난한 과정이 필요했다. 과학자들은 충분하지 못한 증거를 가진 주장에 대해서는 매우 보수적일 뿐만 아니라, 기존의 이론으로 설명할 수 없는 현상을 대했을 때는 어떻게든 기존의 이론으로 설명해내려 노력하기 때문이다. 프루시너가 프리온을 발견한 공로로 노벨 생리학·의학상을 받은 것은 1997년에 이르러서였다.

사실 프루시너에 앞서 1965년에도 효모를 이용한 유전학 실험에서 기존의 유전 법칙을 따르지 않는 유전 현상이 발견된 바 있으나 대부분의 과학자들은 기존 이론으로만 설명하려고 하였다. 결국 수십 년이 지난 뒤에 이러한 현상의 배후에 [PSI+]라는 프리온이 존재하고 있음이 밝혀짐으로써 비로소 주목받기 시작했다. 밝혀진 결과에 따르면 Sup35라는 정상적인 단백질이 어떤 이유에서인지 일단 [PSI+]로 변화되고 나면, 이 [PSI+]가 곧 주위의 다른 Sup35 단백질을 [PSI+]로 변화시키며 유전된다는 것이다.

여기서 더 나아가 프리온의 존재는 분자생물학 뿐 아니라 생물학 전체를 ⓐ뒤흔들만한 가설로 이어지고 있다. 2000년 린드퀴스트 교수는 효모를 프리온이 있는 것과 없는 것으로 나눈 다음, 이 두 부류가 150가지 이상의 서로 다른 성장 조건에서 얼마나 잘 적응하는지를 실험하였다. 그는 이 실험을 통하여 프리온을 가진 효모가 그렇지 않은 것보다 적응도가 더 높다는 결과를 얻었다. 이는 프리온이 환경 변화에 대한 적응도를 높일 가능성이 있음을 시사한다. 진화론에서는 환경의 변화에 따른 유전형의 변화를 하나의 산 정상에서 다른 산의 정상으로 가는 등반에 비유하곤 하는데, 린드퀴스트는 프리온이 성공적인 등반을 쉽게 해주는 유전학적 스위치일 수 있다고 주장한다. 구체적으로 표현하면 프리온이 _____㉠____는 것이다. 린드퀴스트의 이 가설은 현재 진화력(進化力)과 관련하여 생물학계의 화두가 되고 있다.

13. 위 글을 통해 확인할 수 있는 정보로 적절하지 않은 것은?

① 단백질이 '프리온'으로 변하는 원인
② '프리온'의 발견이 생물학계에 미친 영향
③ 프루시너가 '프리온'을 발견하게 된 계기
④ '유전 정보 중심설'에서 유전 정보가 전달되는 순서

14. 위 글과 다음 글을 비교하여 이해한 내용으로 적절하지 않은 것은?

> 코페르니쿠스가 지동설을 주장하기 전에는 프톨레마이오스의 천동설이 학문적 적자(嫡子)의 위치를 점유하고 있었다. 그러나 천동설로는 설명할 수 없는 이상 현상이 다양하게 발견되면서 천동설은 흔들리기 시작했고, 16세기 중엽에 이르러 코페르니쿠스는 지구를 비롯한 행성들이 태양을 중심으로 원운동을 한다는 지동설을 주장하게 된다. 기원전 3세기에도 아리스타쿠스에 의해 지동설이 제기되었으나, 당시에는 천동설로 항성과 행성의 변화를 설명하는 데에 큰 문제가 없었기 때문에 무시되었다. 천동설에서 벗어나는 몇몇 이상 현상은 계산 과정에서 발생하는 단순 오차 정도로 치부되거나 복잡하지만 어떻게든 천동설로 설명하려 했던 것이다. 반면 계속된 이상현상들의 발견으로 인해 과학자들의 학문적 위기 위식이 팽배하던 시기에 제기된 코페르니쿠스의 지동설은 천동설을 몰아내고 학문적 적자의 위치에 서게 되었다.

① 아무리 확고하게 느껴지는 과학적 이론도 절대 변하지 않는다고 할 수는 없겠군.

② 프루시너의 주장도 코페르니쿠스의 지동설처럼 학계에서 받아들이고자 하는 분위기가 조성된 이후에야 인정을 받기 시작했겠군.

③ 코페르니쿠스 이전에도 천동설로 설명할 수 없었던 이상 현상이 있었던 것처럼, 프루시너의 '프리온' 발견 이전에도 이런 이상 현상이 있었군.

④ 코페르니쿠스 이후 몰락한 천동설처럼, 세포의 핵산에서 단백질을 합성하고 자기 증식을 한다는 기존 이론은 프루시너 이후에 더 이상 인정받지 못했을 거야.

15. ⊙에 들어갈 내용으로 가장 적절한 것은?

① 환경의 변화로 유전 정보가 변하는 것을 방지하는 요소일 수 있다

② 환경에 잘 적응할 수 있도록 개체의 진화력을 높이는 유전 인자일 수 있다

③ 환경에 따라 변화된 형질이 유전되지 못하도록 막는 요소일 수 있다

④ 핵산이 없는 단백질임에도 스스로 유전 정보를 저장하는 요소일 수 있다

16. ⓐ에 쓰인 '뒤'의 의미와 거리가 가장 먼 것은?

① 뒤끓다　　　　　② 뒤엎다

③ 뒤얽다　　　　　④ 뒤틀다

┃17~20┃ 다음 글을 읽고 물음에 답하시오.

(가) 피타고라스의 정리를 모르는 사람은 없으리라. 피타고라스 학파는 사실 학파라기보다 오르페우스(Orpheus)교라는 신비주의 신앙을 가진 하나의 종교 집단이었다 한다. 그들은 매우 엄격한 종교적 계율을 지켰고, 무엇보다 영혼의 윤회를 믿었다. 피타고라스가 살던 당시 그리스에서는 막 철학적 사유가 싹트고 있었다. 당시 철학계에서는 이 세상의 다양한 사물과 변화무쌍한 현상 속에서 변하지 않는 어떤 '근본적인 것(arkhe)'을 찾는 것이 유행이었다. 어떤 사람은 그것을 '물'이라 하고, 어떤 사람은 '불'이라 했다. 그런데 피타고라스는 특이하게도 그런 눈에 보이는 물질이 아니라 추상적인 것, 곧 '수(數)'가 만물의 근원이라고 ⊙생각했다.

(나) 피타고라스가 신봉하던 오르페우스는 인류 최초의 음악가였다. 때문에 피타고라스 교단이 음악에 각별한 관심을 가진 것은 당연한 일이었다. 그들은 물론 음악에서도 수적 비례를 찾아냈다. 아니, 음악이야말로 오히려 수적 비례 관계가 가장 순수하게 나타나는 영역이 아닌가. 음의 높이는 현(絃)의 길이와의 비례 관계로 설명된다. 현의 길이를 1/3만 줄이면 음은 정확하게 5도 올라가고 반으로 줄이면 한 옥타브 올라간다. 여러 음 사이의 수적 비례는 아름다운 화음을 만들어낸다.

(다) 이 신비주의자들이 밤하늘에 빛나는 별의 신비를 그냥 지나쳤을 리 없다. 하늘에도 수의 조화가 지배하고 있다. 별은 예정된 궤도를 따라 움직이고 일정한 시간에 나타나 일정한 시간에 사라진다. 그래서 그들에게 별의 움직임은 리드미컬한 춤이었다. 재미있게도 그들은 별들이 현악기 속에 각자의 음을 갖고 있다고 믿었다. 그렇다면 천체의 운행 자체가 거대한 교향곡이 아닌가. 그 당시는 비유가 논증의 방식이었다. 때문에 우주의 조화는 음의 조화, 곧 아름다운 화음으로 여겨졌다. 마침내 밤하늘엔 춤추는 별들이 어우러져 장엄한 음악이 울려 퍼졌다. 피타고라스 교단의 교리에 도통한 사람은 이 우주의 음악을 들을 수 있었다 한다. 과연 그 소리가 어땠을까?

(라) 아득한 옛날, 사람들은 우리와는 다른 태도로 자연과 세계를 대했다. 그들은 세상의 모든 것에 생명이 있다고 믿었고, 그 생명들과 언제든지 교감할 수 있었다. 무정한 밤하늘에서조차 그들은 별들이 그려내는 아름다운 그림을 보고, 별들이 연주하는 장엄한 음악을 들었다. 상상해 보라. 시시각각 움직이는 밤하늘의 거대한 형상들, 별자리의 인물들이 펼치는 극적인 이야기들, 울려 퍼지는 교향곡을……

(마) 언제부터인가 우리는 불행하게도 세계를 이렇게 느끼길 그만두었다. 다시 그 시절로 되돌아갈 수는 없을까? 물론 그럴 수는 없다. 하지만 놀랍게도 우리 삶의 한구석엔 고대인들의 심성이 여전히 남아 있다. 여기서는 아직도 그들처럼 세계를 보고 듣고 느낄 수 있다. 바로 예술의 세계다. 한 시인은 이렇게 노래했다. "내가 타죽은 나무가 내 속에서 자란다/ 나는 죽어서/ 나무 위에/ 조각달로 뜬다…… 저 먼 우주의 어느 곳엔가/ 나의 병을 앓고 있는 별이 있다."

(바) 시인은 피타고라스가 우러르던 바로 그 하늘을 본다. 그는 자연과 윤회의 끈으로 생명을 주고받고, 빛의 속도로 달려도 영원히 도달할 수 없는 머나먼 우주와 교감한다. 이것은 거짓말이다. 난 나무도 아니고 조각달도 아니다. 내가 아는 한, 별은 병을 앓을 수 없다. 더구나 내 병을 대신 앓다니. 하지만 이 거짓말이 우리의 마음을 사로잡는다. 왜? 우린 왜 이런 터무니없는 거짓말을 믿고 싶을까? 인류가 까마득한 과거 속에 묻어버린 이 환상이, 왜 아직도 우리에게 필요한 걸까? 우리의 이야기는 이렇게 시작된다.

17. 위 글의 내용과 일치하지 않는 것은?

① 현의 길이를 조절함으로써 음의 높낮이를 조절할 수 있다.
② 천체의 운행과 우주의 조화는 수적 비례 관계로 설명될 수 있다.
③ 대부분의 현대인들은 더 이상 자연이나 우주와 교감할 수 없게 되었다.
④ 피타고라스 학파는 당시 그리스 철학계의 유행을 따르지 않는 신비적인 집단이었다.

18. 위 글이 어떤 책의 서문이라고 했을 때, 책의 핵심 내용으로 가장 적절한 것은?

① 인류의 삶에서 예술이 가지는 의의
② 만물의 근원에 대한 철학적·종교적 고찰
③ 그리스 철학과 동양 불교의 사상적 연관성
④ 예술 작품 속에 적용된 다양한 수학의 원리

19. 글의 흐름으로 보아, 다음의 글이 들어갈 곳으로 가장 적절한 것은?

> 세상의 모든 것은 수로 표시된다. 수를 갖지 않는 사물은 없다. 그러면 모든 것에 앞서 존재하는 것이 바로 수가 아닌가. 수는 모든 것에 앞서 존재하며 혼돈의 세계에 질서를 주고 형체 없는 것에 형상을 준다. 따라서 수를 연구하는 것이 바로 존재의 가장 깊은 비밀을 탐구하는 것이었다. 그렇기 때문에 수학 연구는 피타고라스 교단에서 지켜야 할 계율 가운데 가장 중요한 것으로 여겨졌다.

① (가)의 뒤
② (나)의 뒤
③ (다)의 뒤
④ (라)의 뒤

20. ㉠의 문맥적 의미와 가장 가까운 것은?

① 내 건강을 <u>생각해</u> 주니 정말 고맙다.
② 그는 늘 큰 집을 가졌으면 하고 <u>생각했다</u>.
③ 나는 그가 반드시 돌아올 것이라고 <u>생각했다</u>.
④ 네 사정을 <u>생각해서</u> 더 이상 다그치지 않겠다.

│21~22│ 다음 글을 읽고 물음에 답하시오.

우리들은 왜 글을 쓰는 것일까. 여기에는 물론 여러 가지 목적이 있을 수 있다. 자기의 사상 감정을 다른 사람에게 알린다거나, 자기의 삶, 자기의 인생을 깨끗하게 하고 영혼을 아름답게 한다거나, 인격 도야(陶冶)에 뜻을 둔다거나 하는 것 등이다. 그러나 일기문을 제외하고 보통 글이라면 다른 사람이 읽는 것을 전제로 하여 쓴다고 보아야 한다.
그렇다면 과연 타인이 읽기 쉬운 글, 쉽게 이해할 수 있는 글이란 어떠한 것인가. 이를 위해서는 적합한 언어 조립으로서 수사학적 표현의 기술이 요구된다. '표현의 기술', 그것은 만물의 영장으로서 인간이 누릴 수 있는 최대의 혜택이다. 자기가 하고 싶은 말, 쓰고 싶은 글을 거침없이 나타내며 살아갈 수 있는 사람은 행복한 사람이다. 인간이 만물의 영장이 될 수 있는 것은 무엇보다도 언어를 사용할 수 있다는 점에 있다. 물론 동물들도 자기들끼리 통하는 언어가 있을 수 있다. 그러나 그것은 인간 사회에서처럼 보존이 가능한 문자 언어일 수도 없고, 표현 기술이 가능한 예술적 언어일 수도 없다. 언어를 거침없고 막힘없이 누리기 위해서는 무엇보다도 우선 마음이 정리되어 있어야 하고, 문장 표현의 기술, 즉 적합한 언어를 적합한 자리에 끼워 넣는 연습이 필요하다.
글쓴이는 자기가 하고 싶은 이야기에 보다 적합한 언어를 찾아내어 효과적으로 글을 작성해야 한다. 여기에서 말하는 적합한 언어를 찾아낸다는 것은 마치 기계를 조립할 때 알맞은 부속품을 선택하는 것과 같다. 글쓴이는 문득 떠오르는 하나하나의 생각들 가운데 버릴 것은 버리고 취할 것은 취하는 과정을 거친다. 여기에서 소재가 모든 경험의 산물이라면, 제재는 주제를 뒷받침하기 위해 가져온 경험의 부스러기라 하겠다. 결국 글쓰기란 경험 또는 체험이라는 부속품들의 취사선택을 거쳐서 하나의 기계를 완성해 나가는 과정과 흡사한 경우라고 할 수 있다.
세상을 살아가다보면 여러 가지 사건을 경험하기도 하고, 또 기묘한 생각들이 떠오르기도 한다. 이러한 경험과 생각들은 구체적인 문장 형태를 가능하게 하는 출발점이 된다. 이것은 마치 부화의 과정에서 계란의 노른자에 피가 돌고 날개가 생기게 되는 것과 같다. 그러므로 어떤 착상(着想)이 떠오르면 우선 메모를 해 두고, 시간이 생길 때에는 원고지에 써 보는 것이 좋다. 단, 글을 쓰기 전에 무슨 내용을 어떻게 쓸 것인가를 그려보아야 한다. '내용'이 주제와 소재를 말한다면, '어떻게'란 그 방법으로서의 표현 기교, 즉 형식을 말한다.
다른 사람이 쉽게 읽을 수 있는 문장을 작성하기 위해서는 무엇보다도 기초가 갖추어지지 않으면 안 되는데, 이를 위해서는 세 가지의 원칙을 알아둘 필요가 있다. 그 원칙이란 명확하고(Clear), 바르고(Correct), 간결하게(Concise) 쓰는 것을 말한다. 독자는 읽기 쉬운 문장을 원한다. 그러한 문장을 쓰려면 문장에 오류가 없어야 하고 문장의 길이가 지나치게 길지 않아야 한다. 문장이 길어질수록 언어의 질서가 불명확해지기 쉽기 때문이다. 또한 마치 하나하나의 벽돌을 정확히 쌓아 올려서 훌륭한 건축물을 이루듯이 문장 하나하나를 쌓아 올려서 전체적인 통일성을 이루도록 글을 작성하는 것도 중요하다.

21. 위 글의 서술상 특징으로 적절한 것은?
① 전문가의 견해를 인용하여 주장의 근거로 삼고 있다.
② 다양한 사례를 제시하여 실제의 상황에 적용하고 있다.
③ 비유적인 표현을 사용하여 대상에 대한 이해를 돕고 있다.
④ 서로 반대되는 내용을 대조하여 자신의 주장을 강조하고 있다.

22. 위 글의 내용으로 알 수 없는 것은?
① 글을 쓰는 목적
② 메모를 작성하는 방법
③ 소재와 제재의 차이점
④ 인간 언어와 동물 언어의 차이점

▌23~26▐ 다음 글을 읽고 물음에 답하시오.

'다큐멘터리'란 1930년대 현실 참여 다큐멘터리의 대가 존 그리어슨이 로버트 플래허티의 북극의 나누크를 묘사하기 위해 붙인 명칭이다. '기록물', '여행록'이라는 어원이 말해주듯 초창기 다큐멘터리는 다른 문화를 기록하는 도구로서 '사실에 기초한 객관적이고 충실한 관찰 기록물'로 관객에게 받아들여졌다. 이는 다큐멘터리의 제작 방식이 극영화의 방식에 비해 현실 세계와의 유사성이 크다는 점에서 기인한다.
초창기부터 현재까지 주류를 이루는 다큐멘터리는 설명적 양식의 다큐멘터리이다. 다큐멘터리와 같은 영상물은 화면에 나타나는 이미지를 통해 정보를 전달한다. 그런데 이 양식에서는 이미지보다는 보이스 오버 내레이션(voice over narration)이 정보를 전달하는 중심 역할을 한다. 내레이션이 절대적인 기능을 하는 이 양식에서는 이미지가 독립된 의미를 갖지 못하고, 시각적 증거물이자 보충물에 불과하다.
화면 밖에 존재하는 보이스 오버 내레이션은 화면에 펼쳐지는 이미지들을 관객에게 설명하고, 이미지들의 의미를 해석하며, 그것들에 대해 논평을 한다. 이때 내레이터는 사건의 모든 정황을 이해하고 꿰뚫어 보지만, 눈앞에 펼쳐지는 사건에 개입

하지 않고 충실히 관찰하는 보편적이고 중립적인 정보 전달자의 위치에 있다고 관객들에게 받아들여진다. 관객들의 이런 태도는 다큐멘터리의 '객관성'과 '사실성'을 보증하는 강력한 ㉠기제가 된다. 증거 화면까지 효과적으로 주어지는 상황에서 신뢰감을 주는 성우의 목소리가 전달하는 '객관적인 설명'을 들으며 관객이 다큐멘터리의 객관성과 사실성을 의심하기는 쉽지 않기 때문이다. 이에 이 양식의 ㉡보이스 오버 내레이션을 '신의 음성'이라 일컫기도 한다.
하지만 촬영 대상을 선택하고 렌즈 종류를 선택하는 등의 행위 하나하나에 이미 제작자의 주관이 반영된다는 점에서 제작자의 개입을 완전히 배제하기란 불가능하다. 따라서 객관성, 사실성에 대한 믿음은 과장된 것이다.
이러한 반성에서 나온 것이 ⓐ자기반영적 양식의 다큐멘터리이다. 이 양식은 기존의 주류 다큐멘터리가 리얼리티 효과를 위해 사용하지만 관객들에게는 보이지 않는 기법들을 폭로하면서 다큐멘터리를 둘러싼 객관성, 사실성의 신화를 벗겨내고자 한다. 이 양식의 제작자들은, 뤼미에르의 기행 다큐멘터리에서 로버트 플래허티의 북극의 나누크까지 초창기의 다큐멘터리들의 제작 동기가 이국적인 풍물과 문화에 대한 유럽 중심주의적인 호기심을 충족시키기 위한 것이었다는 사실에 주목한다. 그리고 기존의 주류 다큐멘터리가 철저하게 서구 백인 남성의 시선을 중심으로 타문화, 유색 인종, 여성 등을 호기심과 관찰의 대상으로만 여긴다는 각성을 다큐멘터리 제작의 출발점으로 삼는다. 그리하여 카메라를 통해 관찰하는 자와 관찰의 대상이 되는 자 사이에 존재하는 권력 관계를 드러내어 이를 객관적인 입장에서 재구성할 것을 목표로 삼는다. 이러한 각성과 목표를 바탕으로 자기반영적 양식의 다큐멘터리는 투명성의 외피를 쓴 기존의 주류 다큐멘터리 제작자의 절대적 권위를 대안적인 화면 구성 방법으로 해체하고 관객의 능동적 사고를 유도하기 위해 다양한 실험을 시도한다.
이 양식에서는 촬영되는 대상과 함께 그 대상을 촬영하는 촬영자가 화면에 나타난다. 때로는 대상을 촬영하는 카메라의 그림자가 화면에 나타나기도 하며 에펠탑 크기의 카메라가 스스로 시내를 걸어 다니는 비사실적인 모습을 보여주기도 한다. 얼굴 쇼트의 안정적 구도 대신 카메라를 위아래로 움직여 대상의 손발을 보여주기도 한다. 화면 속 인물의 움직임이 정지되기도 하며, 관객에게 안전한 거리감과 편안함을 주기 위해 30~40도 각도로 인터뷰 대상자를 촬영하던 기존의 관습을 거부하고 카메라를 직시하는 대상자를 정면으로 클로즈업하기도 한다. 이와 같은 새로운 촬영 기법과 이것에 의해 구성되는 화면은, 화면에 담기는 시청각적 정보가 카메라에 의해 자동적으로 기록되는 객관적인 것이 아니라 제작자의 의도에 따라 재구성되는 제작물임을 강조하는 역할을 한다.

23. 위 글에 대한 설명으로 적절하지 않은 것은?

① 다큐멘터리 명칭의 유래를 소개하고 있다.

② 설명적 양식의 다큐멘터리에 대한 통념을 지적하고 있다.

③ 자기반영적 양식의 다큐멘터리가 등장한 배경을 밝히고 있다.

④ 설명적 양식의 다큐멘터리가 발달해 온 과정을 제시하고 있다.

24. ⓐ에 대한 설명으로 적절하지 않은 것은?

① 관습적인 경우와는 다른 각도에서 대상을 촬영하여 새로운 심리 효과를 불러일으킨다.

② 화면에 펼쳐지는 이미지는 내레이터가 전달하는 내용을 뒷받침하는 보조적 역할을 한다.

③ 화면에 나타나는 비사실적인 이미지를 통해, 보이는 이미지가 창작물임을 알 수 있게 한다.

④ 이미지에 나타나는 카메라의 그림자를 통해 이미지가 인위적인 도구에 의해 제작된 것임을 드러낸다.

25. ㉠의 사전적 의미로 적절한 것은?

① 마음의 작용과 의식의 상태

② 인간의 행동에 영향을 미치는 심리의 작용이나 원리

③ 어떠한 사물이나 현상을 이루기 위하여 먼저 내세우는 것

④ 어떤 일을 해 나가거나 목적을 이루기 위하여 취하는 수단이나 방식

26. ㉡의 이유로 가장 적절한 것은?

① 내레이터가 객관적인 사실을 전달하기 때문이다.

② 내레이션이 다큐멘터리의 중요한 특징이기 때문이다.

③ 내레이터가 다큐멘터리를 믿도록 큰 영향력을 미치기 때문이다.

④ 내레이터가 관객에게 부조리한 현실을 깨닫게 해 주기 때문이다.

▌27~28▐ 다음 글을 읽고 물음에 답하시오.

어떤 물질은 자외선의 에너지를 흡수하였다가 다시 내놓는 과정에서 가시광선을 방출하는데, 이러한 현상을 '형광현상'이라 한다. 형광등은 이 현상을 이용하여 빛을 낸다.

형광등은 양쪽 끝이 봉해진 좁은 유리관과 유리관에 발린 형광물질, 두 개의 전극으로 되어 있다. 관에는 미량의 아르곤, 네온, 크립톤 가스와 함께 한두 방울의 액체 수은이 들어 있다. 액체 수은 중의 일부는 증발해 수은 가스가 되는데, 유리관 속 가스의 약 1,000분의 1밖에 안 되는 이 수은 가스가 빛을 내는 데 중요한 역할을 한다.

형광등이 빛을 내기 위해서는 양쪽의 전극 사이에 전자가 이동해야 하는데, 형광등의 경우 두 가지 방법을 사용한다. 하나는 전극을 가열하여 전자가 전극에서 튀어나오게 하는 것이고, 다른 하나는 양쪽 전극에 높은 전압을 걸어 전자가 방출되게 하는 것이다. 일단 전류가 흐르면 형광등의 전극에서는 전자가 지속적으로 방출된다. 이 전자들은 유리관 속의 수은 원자들과 충돌하여 그 에너지를 수은 가스의 원자에 전달한다.

고전물리학의 원자모형에서 원자는 핵과 몇 개의 궤도를 따라 돌고 있는 전자로 이루어져 있다. 원자는 에너지를 최소화하려는 경향이 있으므로 전자는 보통 에너지가 낮은, 핵에 가까운 궤도에 위치한다. 이러한 전자 배열을 '바닥상태'라고 한다. 상온에서 유리관 속 수은 원자의 전자들은 이러한 바닥상태를 유지하고 있다. 그러나 수은 원자가 전자와 충돌하면 수은 원자의 전자는 비어있는 바깥쪽의 다른 궤도로 옮겨가게 된다. 이처럼 바닥상태가 아닌 전자의 상태를 '들뜬상태'라고 한다. 그러나 들뜬상태는 오래 가지 않는다. 수은 원자의 전자는 에너지를 방출하며 원래의 궤도로 내려오는데 이를 '전이과정'이라 하며, 이 과정에서 들뜬 상태와 바닥상태의 궤도가 가진 에너지의 차이만큼 빛을 방출하게 된다.

수은 원자의 전자궤도는 서로 상당히 떨어져 있기 때문에 방출하는 빛도 대부분 높은 진동수인 자외선이다. 우리 눈은 가시광선 영역만을 볼 수 있으므로, 이 자외선은 우리 눈에 보이지 않을 뿐만 아니라 직접 쪼일 경우 해롭기까지 하다. 따라서 형광등이 빛을 내기 위해서는 또 하나의 과정이 필요하다.

수은 원자가 방출하는 자외선은 유리관에 도포된 형광물질을 자극함으로써 형광물질 원자의 전자를 들뜨게 하며, 일부 에너지는 열로 변환된다. 따라서 들뜬 상태의 형광물질 원자의 전자가 바닥상태로 전이되는 과정에서 방출하는 빛은 원래 흡수했던 자외선의 에너지보다 적게 된다. 또한 형광물질의 원자는 수은 원자와는 달리 전자궤도 간 에너지 준위 차가 크지 않으므로 방출하는 빛은 자외선보다 낮은 진동수의 가시광선이 된다.

이처럼 들뜬 원자가 전이과정에서 방출하는 빛의 진동수는 그 원자의 종류에 따라 다르다. 원소가 방출하는 빛의 고유한 진동수는 자외선·가시광선과 같은 빛의 종류, 가시광선 내에서의 빛깔을 결정한다. 형광등의 백색광은 형광물질의 특성에 따라 결정된 색이며, 형광물질을 달리하면 다양한 빛깔의 형광등을 만들 수 있다.

이러한 특성은 흰 옷을 더욱 희게 만드는 세제에도 이용된다. 자외선을 흡수하여 파란색을 방출하는 형광물질을 세제에 사

용하면, 세탁 후 옷감에 남아있는 형광물질이 빛의 삼원색인 빨강, 파랑, 초록 중 파란색의 가시광선을 방출함으로써 흰 색을 더욱 하얗게 보이도록 할 수 있다. 물질에 따라 방출하는 빛의 진동수가 달라지는 현상은 과학적 탐구에도 이용된다. 어떤 물질을 분석할 때 자외선을 쬐어 나오는 빛을 분석하면 물질의 구성원소를 알아낼 수 있으며 별빛을 분석하여 원소가 방출하는 고유한 빛을 통해 별을 이루고 있는 원소를 알 수 있다.

27. 위 글을 통해 알 수 있는 내용이 아닌 것은?

① 형광등을 구성하는 요소

② 형광등에 흐르는 전류의 세기

③ 형광등에서 전자를 방출시키는 방법

④ 형광등을 다양한 색으로 만들 수 있는 이유

28. 위 글의 '형광등'과 다음의 '고압 수은등'을 비교하여 설명할 때, 적절하지 않은 것은?

> 거리의 가로등으로 쓰이는 고압 수은등은 수은 원자가 방출하는 가시광선을 이용한다. 수은은 자외선은 흡수하고 가시광선은 흡수하지 않는 성질을 지니고 있다. 수은은 가시광선을 방출하는 비율이 매우 낮지만, 수은의 압력을 충분히 높게 하면 높은 밀도로 인해 한 원자가 내놓는 자외선을 옆의 원자가 다시 흡수하는 현상이 반복되어 나타나므로 가시광선의 방출량이 계속 늘어나게 된다. 이렇게 방출되는 가시광선을 이용하는 것이 고압 수은등이다.

① '형광등'과 '고압 수은등'의 수은 원자 밀도는 다르다.

② '형광등'과 '고압 수은등'은 모두 수은 원자가 방출하는 빛을 직접 이용한다.

③ '고압 수은등'에서는 '형광등'보다 수은 원자가 자외선을 흡수하는 빈도가 높다.

④ '고압 수은등'에서는 '형광등'보다 수은 원자에서 발생하는 가시광선의 양이 많다.

┃29~30┃ 다음 글을 읽고 물음에 답하시오.

한국 신화는 기록으로 전하는 문헌 신화와 구비로 전승되는 구비 신화가 있다. 문헌 신화는 시조의 출생과 국가의 창건 과정을 기술한 건국 신화가 대부분이고, 구비 신화는 서사 무가로 구연되는 무속 신화가 대부분이다.

건국 신화는 하늘을 상징하는 남신과 땅이나 물을 상징하는 여신이 결연하고 시조가 왕으로 즉위하는 과정을 주요 내용으로 한다. 그런데 「주몽 신화」와 같은 북방의 건국 신화와 「박혁거세 신화」와 같은 남방의 건국 신화는 내용상 차이를 보인다. 북방 신화에서는 천신계의 남성과 지신 혹은 수신계의 여성이 결연하여 혼례를 올린 후, 시조가 출생하여 왕으로 즉위한다. 예를 들어 「주몽 신화」에서 주몽은 하늘에서 내려온 해모수와 수신인 하백의 딸 유화 부인 사이에서 알로 탄생한다. 그런데 주몽은 해모수의 왕국을 계승하여 즉위한 것이 아니라 금와왕이 다스리던 동부여에서 성장하여 새로운 나라를 세운다. 즉, 주몽은 해모수족과 하백족이 통합된 새로운 집단에서 성장하여 권력투쟁을 통해 새로운 국가의 통치자가 된 것이다. 이처럼 시조의 출현 이전에 부모의 혼례 과정이 기술되어 있는 북방 신화는 시조의 부모가 다스리던 국가가 먼저 존재했음을 말해 준다.

반면에 남방 신화는 시조의 부모가 나타나지 않고 하늘과 땅의 결합을 상징하는 분위기만 서술된 상태에서 시조는 알로 탄생한다. 그리고 시조가 왕으로 즉위한 후 시조의 혼례 과정이 제시된다. 예를 들어 박혁거세 신화를 보면 신라는 건국되기 이전에 여섯 씨족이 독립적으로 생활하고 있었고 씨족마다 각각의 촌장이 다스리고 있었다. 그러다가 박혁거세가 탄생하자 여섯 촌장이 모여 공통의 통치자로 박혁거세를 ⊙추대함으로써 비로소 씨족 단위의 공동체와는 다른 국가가 형성되었다.

이처럼 시조가 왕으로 즉위한 이후 알영과 혼례를 올리는 것은 그 지역에 처음으로 국가가 세워지고 첫 번째 통치자가 등장했음을 의미한다. 박혁거세는 육촌에서 태어난 인물이 아니었고, 그의 부인 알영도 다른 곳에서 도래한 존재였다. 박혁거세와 알영이 육촌민들에게 성인으로 존경 받고 통치권을 행사했다는 것으로 보아 그들이 육촌민보다 문화 수준이 높았을 것으로 여겨진다.

한국 신화에서 건국신화 다음으로 큰 비중을 차지하는 것은 무속신화이다. 무속신화는 고대 무속제전에서 형성된 이래 부단히 생성과 소멸을 거듭했다. 이러한 무속 신화 중에서 전국적으로 전승되는 「창세신화」와 「제석본풀이」는 남신과 여신의 결합이 제시된 후 그 자녀가 신성의 자리에 오른다는 점에서 신화적 성격이 북방의 건국신화와 다르지 않다. 한편, 무속신화 중 성주신화에서는 남성 인물인 '성주'가 위기에 빠진 부인을 구해내고 출산과 축재를 통해 성주신의 자리에 오른다. 이는 대부분의 신화가 보여주는 부자(父子) 중심의 서사 구조가 아닌 부부 중심의 서사 구조를 보여준다.

이렇게 특이한 유형을 보여주는 신화 중에 제주도의 「삼성 신화」가 있다. 「삼성 신화」에서는 남성이 땅속에서 솟아나고 여성이 배를 타고 들어온 것으로 되어 있다. 남성이 땅에서 솟아났다는 점은 부계 혈통의 근원을 대지에 두었다는 것으로 본토의 건국 신화와 대조된다. 그리고 여성이 배를 타고 왔다는 것은 여성이 도래한 세력임을 말해 준다. 특히, 남성은 활을 사용하고 여성이 오곡의 씨를 가지고 온 것으로 되어 있는데, 이것은 남성으로 대표되는 토착 수렵 문화에 여성으로 대표되는 농경 문화가 전래되었음을 신화적으로 형상화한 것이다.

29. 위 글에서 확인할 수 없는 것은?

① 건국 신화의 주요 내용은 무엇인가?
② 한국 신화는 어떻게 나눌 수 있는가?
③ 북방 신화와 남방 신화의 차이점은 무엇인가?
④ 건국 신화를 분석하는 방법에는 어떤 것이 있는가?

30. 위 글을 읽고 독자가 보인 반응으로 적절하지 않은 것은?

① 건국 신화에서는 결국 토착 세력이 통치권을 장악하는군.
② 무속 신화는 고대 무속 제전에 그 기원을 두고 있군.
③ 대부분의 신화는 남신과 여신의 결합을 다루고 있군.
④ 삼성 신화에는 여성이 도래한 존재로 설정되어 있군.

▌31~33▐ 다음 글을 읽고 물음에 답하시오.

시장은 크게 경쟁시장과 비경쟁시장으로 나눌 수 있다. 경쟁시장은 자유 경쟁이 이루어지는 시장으로, 진입과 탈퇴가 자유롭고 시장이 가격을 결정한다. 비경쟁시장은 진입과 탈퇴가 자유롭지 않은데, 이는 다시 과점시장과 독점시장으로 나눌 수 있다. 독점시장에서는 하나의 공급자가, 과점시장에서는 몇몇 공급자가 가격을 결정할 수 있다. 독과점은 시장 질서의 왜곡, 소비자들의 피해, 기업 경쟁력 약화 등 많은 병폐를 낳기 때문에 정부는 독과점금지법으로 이러한 행위를 견제한다. 그러나 정부가 각종 인허가 정책이나 보조금 정책 등을 써서 독과점을 허용하는 경우도 있다. 수도, 전기 등과 같은 공공재를 생산하는 공적 기업, 고부가가치를 창출하기 위해서는 규모의 경제가 필요한 조선, 자동차 등의 대형 기업 부문 등이 이에 해당한다.
그러나 독과점시장에서는 기업이 가격을 정하게 되므로, 그 가격은 일반적으로 적정가격보다 높아지게 된다. 이때 정부는 최고가격제를 통해 '최고가격'을 정하고, 그 금액을 초과하여 거래하지 못하게 하는 방식으로 시장에 개입한다.
이러한 최고가격제는 서민이나 사회적 약자가 수요자인 상품에 적용된다. 정부는 사회적 약자를 보호하기 위해서 이러한 가격 정책을 시행한다. 또한 최고가격제는 공평성을 추구하는 데 쓰이기도 한다. 예를 들어 핸드폰에 최고가격제를 도입하여 가격을 10만 원 아래로 묶으면 더 많은 사람들이 저렴한 가격에 핸드폰을 살 수 있어 공평성이 증가된다. 최고가격제는 전시(戰時)와 같은 특수한 상황에서 필수품 공급을 원활하

게 하는 데도 활용된다. 비상시에 가격이 급등한 쌀을 정부에서 가격을 시장 가격보다 낮게 정하면 소비자들은 쌀을 좀 더 원활하게 공급 받을 수 있기 때문이다.
최고가격제를 실시할 경우 정부의 시장 개입으로 재화의 가격은 시장에서 수요와 공급에 의해 결정된 '균형 가격'보다 낮아진다. 독과점을 형성하여 수요자보다 우월한 위치에 있는 공급자는 이전보다 수익이 감소하여 공급을 줄이는 반면, 낮아진 가격으로 인해 수요는 늘어난다. 이로 인해 시장에서는 수요와 공급 간의 불균형이 발생한다. ㉠의 문제를 해결하는 방법은 정부가 공급을 늘리는 것뿐이다. 정부의 보충이 없을 경우에는 사회적 약자를 배려하기 위해 실시한 최고가격제가 오히려 사회적 약자에게 피해를 끼칠 수도 있다. 공급의 부족으로 인해 재화를 구입하지 못한 사람들이 생기게 되고, 암시장이 생겨 정부가 제한하기 전보다 더 높은 가격으로 재화를 구입해야 하는 경우도 발생할 수 있다.
시장에 맡겼더니 가격이 너무 싸서 문제가 되는 경우도 있다. 가령 쌀농사가 풍년이라 공급이 대폭 늘어났다고 하자. 쌀의 가격이 싸다고 해서 수요가 크게 증가하지는 않으므로 균형 가격은 하락하게 되고 이에 농부들은 생산 비용도 건질 수 없다. 이럴 경우 정부는 농부들의 최저 수익을 보장하기 위해 일정 가격 이하로는 쌀을 거래할 수 없도록 '최저가격제'를 실시할 수 있다. 그렇게 되면 농부들의 수익성을 보장할 뿐만 아니라 균형가격보다 높게 책정된 최저가격으로 인하여 수요보다 많은 쌀이 생산된다. 이때 정부는 그 잉여량을 구입했다가, 흉년 때 방출하여 쌀 가격의 상승을 막을 수도 있다.

31. 위 글의 내용과 일치하지 않는 것은?

① 최고가격제는 공평성을 증대하기 위해서도 사용된다.
② 최고 가격과 최저 가격을 교정하는 기준은 균형 가격이다.
③ 과점시장에서는 공급자들끼리 가격을 담합할 가능성이 존재한다.
④ 정부는 독과점의 폐해를 막기 위한 법적, 제도적 장치를 마련하고 있다.

32. 글쓴이가 다음의 자료를 접했다고 할 때, 위 글에서 활용하는 방안으로 가장 적절한 것은?

2001년 미국 캘리포니아에서 대규모 정전 사태가 발생했다. 이 사태로 시민들의 일상은 극도의 혼란에 빠졌으며, 도시의 기능이 마비되었다. 이 사태는 공공재였던 전기 공급 사업을 민영화하면서 생겨난 것이다. 당시 캘리포니아 주정부는 민간 기업들끼리 경쟁하면 전기 요금이 더 싸질 것이라 생각했다. 그러나 민영화 이후 발전회사들은 전기 요금 인상을 요구했고, 이 요구가 받아들여지지 않자 담합하여 발전 시설을 인위적으로 폐쇄하고 전기 공급을 중단한 것이다.

① 정부의 가격 정책은 최소한의 경우로 제한되어야 함을 주장한다.
② 비경쟁시장이 경쟁시장보다 사회 전체의 이익에 부합함을 입증한다.
③ 정부의 시장 개입이 경제의 비효율성을 증가시킬 수 있음을 경고한다.
④ 공공재가 자유 경쟁에 맡겨졌을 때 위험이 발생할 수 있음을 강조한다.

33. ㉠의 사례로 볼 수 있는 것은?

① 노인 복지 요양 시설의 설립 기준을 강화한다.
② 장애인에게 차량 구입비용의 일부를 지원해준다.
③ 대중교통 사업자에게 발생하는 손실을 보전해준다.
④ 저소득층의 생계유지를 위한 대출 이자율을 고정시킨다.

▌34~35▐ 다음 글을 읽고 물음에 답하시오.

일반적으로 기억은 부호화, 저장, 인출의 세 단계를 거친다고 본다. 이는 인간의 기억 체계를 컴퓨터의 정보 처리 과정에 비유한 데서 비롯된 것이다. 정보를 저장하는 단계를 중심으로 기억을 살펴보면, 정보는 저장되기 전에 기억 체계에 맞게 부호화되어야 한다. 이 부호화는 컴퓨터가 정보를 처리할 수 있도록 이진법으로 바꾸어 입력하는 것과 같다. 저장 이후에는 정보를 인출하는 단계가 있다. 처리된 정보를 저장만 하고 있으면 아무 소용이 없다. 그 정보를 사고과정이나 다른 인지 활동에 사용하기 위해서는 정보 인출 단계가 필요하다. 그런데 이 세 단계를 거치는 도중에 망각이라는 문제가 생긴다.
일상에서 어떤 대상을 기억할 때 그 대상 자체의 성질이 기억을 크게 좌우한다. 예를 들면 일상에서 사용하는 어휘 중 어떤 것은 기존 지식과 관련하여 기억에 유리하고 어떤 것은 불리하다. 이와 같이 어휘에 대한 기존 지식은 기억의 용이성을 크게 좌우한다. 어떤 실험에서 이를 통제하기 위해 실제 어휘가 아닌 음절자를 만들었다. 이를 무의미 음절자라 하는데 'TAK', '찾' 등이 그 예이다. 이와 같은 대상을 학습시켜 그 기억 정도를 검토하여 망각을 확인하였다. 그 결과 시간이라는 변수가 영향을 미치는 것을 확인하였다. 이러한 망각은 시간에 따른 정보의 상실에서 비롯된다. 이는 기억의 ㉠저장 단계에 문제가 있는 망각이다.
시간과 무관한 망각도 있다. 오히려 시간이 지나면 망각된 기억을 회복하는 경우가 그것이다. 어떤 사람을 지나칠 때 그가 매우 친숙하지만 누구인지 도무지 생각나지 않다가 영화를 보던 중 문득 기억해 낼 수 있다. 나중에 기억을 회복한 점을 보면, 그를 기억하지 못했던 당시에도 그에 대한 정보가 저장되어 있었다는 것을 알 수 있다. 이는 저장 단계가 아니라 ㉡인출 단계에서 비롯된 망각이다. 기억 속에서 항목들은 의미

의 맥락에 따라 서로 관련되어 있어 그 맥락을 잡을 수 있는 단서가 있어야 정보를 인출할 수 있는 것이다.
한편 정보가 저장될 때 왜곡되는 망각도 있다. 법정에서 빚어지는 기억에 대한 시비가 그 예이다. 강력 사건의 목격자는 사건 당시의 공포나 그 순간을 회피하려는 동기 등으로 범인의 얼굴을 보긴 했지만 제대로 부호화하여 저장하지 못해 그 기억이 왜곡될 수 있다. 이와 같이 처음의 부호화가 빈약하여 왜곡되는 경우를 ㉢부호화 단계에서 비롯되는 망각이다.
이처럼 망각은 기억의 세 단계 모두에서 일어나고 각 단계에서 비롯되는 망각은 서로 다르다. 기억은 크게 음운 부호와 의미 부호로 정보를 저장한다. 이 두 부호 중에서 어느 부호로 기억되느냐에 따라 각 단계의 망각 양상은 달라진다. 부호화 단계에서 음운 부호는 발음 감각 그대로, 의미 부호는 기존 지식과 관련하여 정보를 부호화한다. 이때 의미 부호가 기존 지식의 맥락에 맞지 않는다면 쉽게 망각된다. 저장 단계에서 음운 부호는 발음 감각이 단기적으로만 보존되어 정보는 쉽게 잊게 된다. 하지만 의미 부호는 기존 지식에 체계화되어 쉽게 망각되지는 않는다. 즉 저장 단계에서 음운 부호는 빨리 망각되고 의미 부호는 장기적으로 지속된다. 인출 단계에서 음운 부호는 발음 감각 그대로 쉽게 인출된다. 하지만 의미 부호는 의미의 맥락을 찾아야 하므로 단서가 없으면 쉽게 망각된다. 이렇게 의미 부호는 음운 부호보다 부호화 단계와 인출 단계에서 망각에 더 약하다. 기억의 단계와 관련하여 망각을 고려하면 기억을 훨씬 높일 수 있다.

34. 다음의 사례를 ㉠~㉢과 바르게 연결한 것은?

> ㉮ : 어떤 교통사고를 함께 목격한 두 사람의 주장이 엇갈리는 경우
> ㉯ : 수업에서 들었던 내용을 며칠 후 잊어버리는 경우
> ㉰ : 친구의 이름이 갑자기 생각나지 않고 입 안에서 맴도는 경우

① ㉠ – ㉮, ㉡ – ㉯, ㉢ – ㉰
② ㉠ – ㉮, ㉡ – ㉰, ㉢ – ㉯
③ ㉠ – ㉯, ㉡ – ㉮, ㉢ – ㉰
④ ㉠ – ㉯, ㉡ – ㉰, ㉢ – ㉮

35. 문맥을 고려할 때, 위 글에 사용된 단어의 의미 관계가 이질적인 것은?

① 유리 – 불리
② 기억 – 망각
③ 상실 – 회복
④ 강력 – 빈약

〉〉 문제해결(30문항/30분)

┃36~40┃ 다음은 의류 건조기 설명서이다. 물음에 답하시오.

1. 제품규격

모델명	JDS-5362
종류	전기 건조기
중량	98.0kg
전원	단상교류 220V/60Hz
소비전력	1700W
외형치수	445 × 615 × 1850

2. 설치하기

(1) 설치 및 장소 정하기
① 설치할 장소를 선택해 주세요.
  ㉠ 주위와 적당한 간격을 유지해서 설치하세요.
  • 윗면 20cm, 좌우 옆면 5cm, 뒷면 5cm 이상 간격을 두고 설치하세요.
  • 주위와 제품의 간격이 너무 좁아서 통풍이 잘 되지 않으면 성능이 떨어지며, 제품 외벽에 물기가 생겨 제품이 원활하게 동작되지 않을 수 있습니다.
  ㉡ 햇볕이 내리쬐는 곳, 열기가 많은 곳, 지나치게 추운 곳은 피해주세요.
  • 주변의 온도가 10℃ 이상 35℃ 이하인 곳에 설치하세요.
  • 설치장소의 온도가 너무 높거나 낮으면 오동작하거나 성능이 저하될 수 있습니다.
  • 온도가 영하로 내려갈 우려가 있는 곳에는 설치하지 마세요. (전자 제어 부품의 신뢰성이 감소될 수 있고, 성능이 떨어집니다.)
② 설치할 곳 바닥면의 수평을 확인 후 수평 조절 다리로 높낮이를 맞춰주세요.
  ㉠ 제품 전면, 좌우 모서리 부분을 누르거나 제품에 흔들림이 있으면 제품의 다리 높이를 조절하세요.
  ㉡ 2개의 다리와 바닥면이 맞닿아 제품이 흔들리지 않아야 합니다.
  ※ 수평이 아닌 경우
  • 2개의 수평 조절 다리 중 높거나 낮은 쪽의 수평 조절 다리를 돌려 수평을 맞춰주세요.
  • 수평 조절 다리를 시계방향으로 돌리면 높아지고, 반시계방향으로 돌리면 낮아집니다.
  ※ 제품 뒤쪽 수평이 맞지 않을 때는 제품 뒤쪽의 낮은 부분을 딱딱한 물체(책받침, 자 등)로 괸 다음, 테이프로 고정하고 제품을 밀어 넣어 수평을 맞추세요.

(2) 문 열림 방향 변경하기
① 문 열림 방향 변경이 필요할 경우에는 가까운 서비스센터에 문의하세요.
② 임의로 변경 시에는 신체 부상이나 제품 고장의 원인이 될 수 있으니 주의하세요.

(3) 접지하기
① 전기 누전이나 감전사고 방지를 위해 접지해 주세요.
② 콘센트에 접지단자가 있더라도 접지단자 내부 배선이 연결되어 있지 않을 때는, 반드시 별도 접지를 해야 합니다.
③ 콘센트에 접지단자가 없는 경우 접지선과 스크류를 삼성전자 서비스센터에서 구입하여 제품 뒷면의 접지단자에 연결한 후 벽의 접지단자에 연결하거나 땅 속(깊이 75cm 이상)에 구리판을 묻은 후 제품과 연결하여 접지해 주세요.

(4) 이동 시 주의사항
① 실내에서 설치 장소를 이동할 때는 반드시 제품 바닥에 있는 바퀴를 이용하여 서 있는 상태를 유지하면서 옮기세요.
② 이동 시에는 제품 앞의 중간 지점을 두 손으로 천천히 밀어 이동하세요.
③ 이사나 제품 위치 이동 시 제품을 기울일 경우 제품 내부에 남은 물이 넘칠 수 있으니 서비스를 통해 제품 내부의 잔수를 제거하시기 바랍니다.

(5) 설치 후 주의사항
설치가 완료되면 약 2시간 후에 제품을 사용하세요.

3. 고장신고 전 확인하기

증상	확인/조치
문을 열면 연기가 나와요.	• 동작 중에 문을 열었나요? - 코스의 동작에 따라 발생되는 스팀이 연기로 보일 수 있습니다. 고장이 아닙니다.
물보충통을 가득 채우고 한 번 사용했는데 물통에 물이 없어졌어요.	• 처음 제품을 동작 하셨나요? - 처음 제품을 사용할 때는 제품 내에 저장된 물이 없기 때문에 많은 물이 필요합니다. 두 번째 사용부터는 물 사용량이 줄어듭니다.
제품 동작 시간이 계속 늘어나요.	• 젖은 의류를 넣으셨나요? - 과도하게 젖은 의류는 건조시간이 길어질 수 있습니다. 탈수 후 의류를 넣어주세요. 의류의 양과 젖은 정도에 따라 건조시간이 길어질 수 있습니다.
동작 중 '우웅~' 하는 소리가 나요.	• 운전 도중에 소리가 났나요? - 동작 중 건조를 하기 위해 냉장고처럼 컴프레서가 돌아가는 소리입니다. 고장이 아니니 안심하고 사용하세요. 소리가 더 심해지면 서비스센터 또는 대리점에 문의하세요.

동작 중 '윙~' 하는 소리가 나요.	• 운전 도중에 소리가 났나요? – 건조를 위하여 공기를 순환하는 소리입니다. 고장이 아니니 안심하고 사용하세요. 소리가 더 심해지면 서비스센터 또는 대리점에 문의하세요.
동작 중 '보글보글' 물 끓는 소리와 '쉬~' 하는 소리가 나요.	• 운전 도중에 소리가 났나요? – 스팀을 만들기 위하여 물을 끓이고 스팀을 분사하는 소리입니다. 고장이 아니니 안심하고 사용하세요. 소리가 더 심해지면 서비스센터 또는 대리점에 문의하세요.
동작 중 '칙~' 하는 소리가 나요.	• 운전 도중에 소리가 났나요? – 의류 건조 후 발생된 물을 배수하기 위해 펌프가 작동하는 소리입니다. 고장이 아니니 안심하고 사용하세요. 소리가 더 심해지면 서비스센터 또는 대리점에 문의하세요.
동작 중 물 흐르는 소리가 나요.	• 운전 도중에 소리가 났나요? – 스팀을 만들기 위해 물을 채우는 소리입니다. 고장이 아니니 안심하고 사용하세요. • 문을 열 때 소리가 났나요? – 물보충통의 남은 물을 비우는 소리입니다. 고장이 아니니 안심하고 사용하세요.
도어 부근에서 증기나 바람이 나와요.	• 의류의 소매부분이 제품에 끼어 있지 않나요? – 제품에 끼인 의류를 집어넣고 다시 동작시켜 주세요.
전원이 들어오지 않아요.	• 제품의 전원 버튼을 눌렀나요? – 전원 버튼을 눌러주세요. • 전원 플러그가 빠지지 않았나요? – 전원플러그를 끼워주세요. • 누전차단기가 OFF로 되어 있지 않나요? – 누전차단기를 ON으로 하세요. • 110V 전원에 연결하지 않았나요? – 본 제품은 220V 전용입니다.
터치패널 동작이 안돼요.	• 전원은 켜졌는데, 버튼이 반응하지 않나요? – 전원 코드를 연결하고 10초 뒤부터 터치 버튼이 동작합니다. 터치 버튼에 이물질이 묻어 있지는 않은지 확인하세요. 그래도 제대로 동작하지 않는다면 서비스센터 또는 대리점에 문의하세요.
동작이 되지 않아요.	• 문을 닫고 동작/일시정지 버튼을 눌렀나요? – 동작/일시정지 버튼을 눌러주세요. • 물을 받거나 끓이고 있는 중이지 않나요? – 스팀을 발생하기 위한 준비 중이니 잠시만 기다려 주세요. • 어린이 보호 기능을 설정하셨나요? – 어린이 보호 기능을 해제하고 동작/일시정지 버튼을 눌러주세요.

의류가 축축하게 젖어 있어요.	• 보푸라기 필터가 막혀 있거나, 보푸라기 필터 덮개가 거꾸로 놓여 있지 않나요? – 보푸라기 필터를 청소해 주세요. – 보푸라기 필터 덮개를 정방향으로 놓아주세요. • 문에 부착된 고무 재질에 찢어진 부분이 있거나, 문 틈에 의류가 끼어 있나요? – 문에 틈이 발생하여 건조 성능이 떨어져서 생긴 문제입니다. 고무 재질이 찢어진 경우 전원플러그를 뽑은 후 서비스센터 또는 대리점에 문의하세요.
냄새가 제거되지 않아요.	• 옷장에 오래 보관된 의류나 찌든 냄새가 나는 물질이 묻은 의류를 사용하셨나요? – 옷장에 오래 보관된 의류나 찌든 냄새가 나는 물질이 묻은 의류는 사용 전에 한 번 세탁하여 사용해 주세요. • 기름 성분이 의류에 직접적으로 강하게 오염된 의류의 경우 세탁하여 사용해 주세요. • 패딩과 같은 부피가 큰 의류는 냄새 제거가 원활하지 않을 수 있습니다. 한 벌 사용을 권장하고 필요에 따라 추가 행정 사용해 주세요.
같이 넣은 옷 냄새가 다른 옷에 배었어요.	• 냄새가 심한 옷을 여러 벌 사용하셨나요? – 냄새가 심한 옷은 세탁 후 사용을 권장합니다. – 냄새가 심한 옷을 케어하실 경우 단독 사용을 권장합니다.
구김이 잘 펴지지 않아요.	• 옷장이나 서랍장에 오래 보관된 의류를 사용하셨나요? – 오래 보관된 의류는 다리미로 한 번 다린 후에 사용하면 구김이 잘 제거됩니다.
의류에서 좋지 않은 냄새가 나요.	• 제품을 사용한 지 오래됐거나 물보충/물비움통에 이물질이 있지 않나요? – 보푸라기 필터와 물통을 청소해 주세요.
소음이 심하게 나요.	• 동작 중에 계속 소음이 났나요? – 제품이 동작하면서 소리가 날 수 있습니다. 계속해서 소음이 발생한다면 전원 플러그를 뽑은 후 서비스센터 또는 대리점에 문의하세요.
제품이 좌우로 흔들거려요.	• 제품을 바닥이 평평한 곳에 설치하셨나요? – 제품을 평평한 곳에 설치해 주세요.
기타 동작이 되지 않아요.	• 물보충통에 섬유 유연제와 같은 물 이외의 액체를 넣으셨나요? – 물 이외에 다른 액체를 사용하면 동작에 이상이 생길 수 있습니다. 서비스센터 또는 대리점에 문의하세요.

36. 다음 중 건조기를 설치하기에 적절한 주변 온도가 아닌 것은?

① 5℃　　　　　　　　　② 15℃

③ 25℃　　　　　　　　　④ 35℃

37. 다음 중 건조기 전면, 좌우 모서리 부분을 누르거나 제품에 흔들림이 있는 경우 가장 적절한 해결 방법은?

① 수평 조절 다리 중 높거나 낮은 쪽의 수평 조절 다리를 조절한다.

② 윗면 20cm, 좌우 옆면 5cm, 뒷면 5cm 이상 간격을 두고 설치한다.

③ 접지선과 스크류를 제품 뒷면의 접지단자에 연결한다.

④ 제품 내부에 남은 잔수를 제거한다.

38. 다음 중 건조기의 제품규격으로 옳지 않은 것은?

① 중량 : 98.0kg

② 전원 : 단상교류 220V/60Hz

③ 소비전력 : 1750W

④ 외형치수 : 445 × 615 × 1850

39. 다음 빈칸에 들어갈 수 없는 값은?

> 콘센트에 접지단자가 없는 경우 접지선과 스크류를 삼성전자 서비스센터에서 구입하여 제품 뒷면의 접지단자에 연결한 후 벽의 접지단자에 연결하거나 땅 속 깊이 (　　)cm에 구리판을 묻은 후 제품과 연결하여 접지해야 한다.

① 70　　　　　　　　　② 80

③ 90　　　　　　　　　④ 100

40. 다음 중 전원이 들어오지 않는 경우 확인사항이 아닌 것은?

① 제품의 전원 버튼을 눌렀는지 확인한다.

② 전원 플러그가 빠져있는지 확인한다.

③ 누전차단기가 OFF로 되어있는지 확인한다.

④ 터치 버튼에 이물질이 묻어 있지 않은지 확인한다.

┃41~45┃ 다음은 대구 지하철 노선도로 한 정거장을 이동할 때는 3분이 소요되며, 환승시간은 10분이 소요된다. 물음에 답하시오. (단, 이동수단은 지하철로 한정한다.)

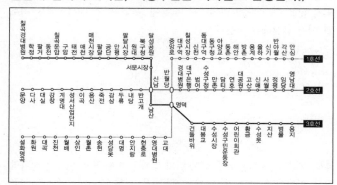

41. 재원이는 죽전역에서 출발하여 원대역에 들러 친구를 만나고 저녁 약속이 있는 어린이회관역에 갈 예정이다. 총 이동 시간은? (단, 지하철 이동시간만 계산한다)

① 60분　　　　　　　　　② 70분

③ 80분　　　　　　　　　④ 90분

42. 경준이는 월촌역에서 출발하여 서문시장역에 들르기로 하였다. 다음 중 가장 오래 걸리는 이동 경로는?

① 월촌역 → 반월당역 → 신남역 → 서문시장역

② 월촌역 → 명덕역 → 원대역 → 서문시장역

③ 월촌역 → 진천역 → 명덕역 → 서문시장역

④ 월촌역 → 명덕역 → 수성시장역 → 서문시장역

43. 명준이는 정평역에서 출발하여 회사가 있는 현충로역으로 출근한다. 어제부터 1호선에 문제가 생겨 '반월당 – 명덕' 구간이 운행되지 않을 때, 현충로역에 8시 44분에 도착하려면 정평역에서 최소 몇 시에 출발해야 하는가?

① 7 : 10   ② 7 : 20

③ 7 : 30   ④ 7 : 40

44. 지훈이는 서울에서 KTX를 타고 대구로 내려와 본가인 신기역으로 이동했고, 짐을 풀자마자 병문안을 위해 경대병원역으로 이동했다. 다음 중 이동한 정거장 수와 환승 횟수로 적절한 것은?

	이동한 정거장 수	환승 횟수
①	22	1
②	23	2
③	24	3
④	25	4

45. 영업사원인 영웅이는 거래처별 가까운 역을 들르려고 한다. 12시에 지산역에서 출발하여 대명역, 수성구청역, 성서산업단지역, 공단역으로 이동할 때, 공단역에 도착하는 시간은? (단, 지하철 이동시간만 계산한다)

① 2:46   ② 2:52

③ 3:03   ④ 3:15

┃46~50┃ 다음은 상태 계기판에 관한 내용이다. 물음에 답하시오.

〈조건〉

상태 계기판을 확인하고, 각 계기판이 가리키는 수치들을 표와 대조하여, 아래와 같은 적절한 행동을 취하시오.

㉠ 안전 : 그대로 둔다.

㉡ 경계 : 파란 레버를 내린다.

㉢ 경고 : 빨간 버튼을 누른다.

알림은 안전, 경계, 경고 순으로 격상되고, 역순으로 격하한다.

〈표〉

상태	허용 범위	알림
α	A와 B의 평균 ≤ 10	안전
	10 < A와 B의 평균 < 20	경계
	A와 B의 평균 ≥ 20	경고
χ	$|A - B| \leq 20$	안전
	$20 < |A - B| < 30$	경계
	$30 \leq |A - B|$	경고
π	$3 \times A > B$	안전
	$3 \times A = B$	경계
	$3 \times A < B$	경고

46.

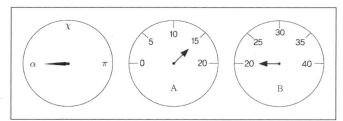

① 그대로 둔다.

② 파란 레버를 내린다.

③ 파란 레버를 올린다.

④ 빨간 버튼을 누른다.

47.

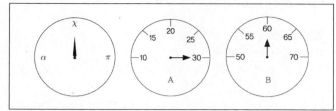

① 그대로 둔다.
② 파란 레버를 내린다.
③ 파란 레버를 올린다.
④ 빨간 버튼을 누른다.

48.

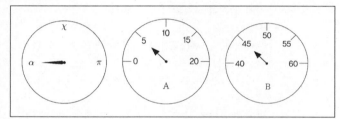

① 그대로 둔다.
② 파란 레버를 내린다.
③ 파란 레버를 올린다.
④ 빨간 버튼을 누른다.

49.

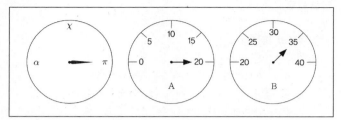

① 그대로 둔다.
② 파란 레버를 내린다.
③ 파란 레버를 올린다.
④ 빨간 버튼을 누른다.

50.

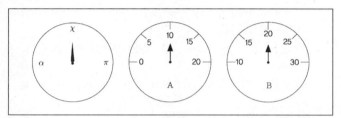

① 그대로 둔다.
② 파란 레버를 내린다.
③ 파란 레버를 올린다.
④ 빨간 버튼을 누른다.

1. 제품의 특장점

(1) 친환경적인 제품
① 토너 소모량과 용지 사용량을 줄여 인쇄하는 에코 기능
② 한 장의 용지에 여러 페이지를 인쇄하여 용지를 절약
③ 용지 양면에 인쇄하여 (수동 양면 인쇄) 용지를 절약
④ 일정 시간 제품을 사용하지 않으면 자동으로 절전 모드로 들어가 전력 소모를 절약

(2) 뛰어난 인쇄 품질 및 속도
① 청록색, 심홍색, 노란색, 검은색의 모든 계열의 색상을 사용해 인쇄
② 최대 2,400 × 600 dpi 고화질의 선명한 해상도로 인쇄
③ 빠르고 신속한 인쇄

(3) 편리성
① 프린터의 NFC 태그에 휴대폰을 갖다 대면 인쇄 작업을 수행
② 애플리케이션을 사용하면 이동 시에도 스마트폰이나 컴퓨터에서 인쇄
③ Easy Capture Manager를 이용하여 캡처한 화면을 쉽게 편집
④ 스마트 업데이트를 사용하여 최신 프린터 드라이버 설치

(4) 다양한 기능과 인쇄환경 지원
① 다양한 용지 사이즈 지원
② 워터마크 지원
③ 포스터 인쇄 지원
④ 다양한 운영체제에서 인쇄 가능
⑤ USB 인터페이스 또는 네트워크 인터페이스

(5) 다양한 무선 설정 방법 지원
① WPS 버튼 이용하기
② USB 케이블 또는 네트워크 케이블 이용하기
③ Wi-Fi Direct 이용하기

2. 기본 사용법

(1) 인쇄하기
① 인쇄하려는 문서를 여세요.
② 파일 메뉴에서 인쇄를 선택하세요.
③ 프린터 선택 목록에서 사용 중인 제품을 선택하세요.
④ 인쇄 매수 및 인쇄 범위 등 기본 인쇄 설정은 인쇄 창에서 선택할 수 있습니다.
⑤ 인쇄를 시작하려면 인쇄 창에서 확인 또는 인쇄를 클릭하세요.

(2) 인쇄 작업 취소
① Windows 작업줄에 표시된 제품 아이콘을 더블클릭하여 인쇄 대기열을 열 수도 있습니다.
② 조작부의 취소버튼을 눌러서 인쇄를 취소할 수 있습니다.

(3) 인쇄 기본 설정 창 열기
① 인쇄하려는 문서를 여세요.
② 파일 메뉴에서 인쇄를 선택하세요.
③ 프린터 선택에서 사용 중인 제품을 선택하세요.
④ 프린터 속성 또는 기본 설정을 클릭하세요.

3. 유지 관리

(1) 토너 카트리지 보관
① 구매 시 포장되어 있던 보호용 포장재에 넣어서 보관하세요.
② 프린터에 설치되어 있을 때와 동일한 방향으로 향하게 하여 한쪽 끝으로 세우지 말고 평평하게 눕혀서 보관하세요.

※ 소모품을 다음과 같은 조건에 보관하지 마세요.
㉠ 40℃ 이상의 온도
㉡ 20% 이하, 80% 이상의 습도
㉢ 습도나 온도가 급격하게 변하는 환경
㉣ 직사광선 또는 실내등 아래
㉤ 먼지가 많은 장소
㉥ 장시간 동안 차량 내부
㉦ 부식성 기체가 있는 환경
㉧ 공기에 염분이 포함되어 있는 환경

※ 취급 지침
㉠ 카트리지 드럼(녹색 표면)은 감광성이므로 표면을 만지지 않도록 주의하세요.
㉡ 카트리지가 불필요한 진동이나 충격에 노출되지 않도록 주의하세요.
㉢ 드럼(녹색 표면)을 손으로 회전시키지 마세요. 특히 역방향으로 회전시킬 경우 안쪽에 손상이 발생하여 토너가 유출될 수 있습니다.

(2) 토너 고루 섞기
① 토너 카트리지의 수명이 다 되었을 때,
㉠ 흰 줄무늬가 생기거나 인쇄가 흐리게 되고 농도차가 발생합니다.
㉡ 토너 표시등(LED)이 주황색으로 깜빡입니다. 토너가 부족함을 알리는 토너 관련 메시지가 디스플레이에 표시될 수 있습니다.
㉢ 컴퓨터의 프린터 상태 정보 프로그램 창이 나타나 컬러 카트리지의 토너 잔량이 부족하다는 것을 알려줍니다.
② 위와 같은 경우에는 카트리지에 남은 토너를 고루 섞어 일시적으로 인쇄 품질을 개선할 수 있습니다. 토너를 고루 섞은 후에도 흰 줄무늬가 생기거나 인쇄가 흐리게 되는 경우도 있습니다.

(3) 토너 카트리지 교체
① 상부 덮개를 열기 전에 용지 받침대를 먼저 닫으세요.
② 칼이나 가위와 같은 날카로운 물체를 사용해서 카트리지 포장물을 열지 마세요. 카트리지 표면이 손상될 수 있습니다.
③ 만약 옷에 토너가 묻었다면 마른 천으로 닦아낸 후 찬물로 씻어 주세요. 뜨거운 물로 씻으면 옷에 토너 얼룩이 남을 수 있습니다.
④ 토너 카트리지를 충분히 흔들어 주세요. 초기 인쇄 품질이 좋아집니다.
⑤ 토너 카트리지 아래쪽의 초록색 부분은 만지지 마세요.

이 부분을 만지지 않도록 토너 카트리지의 손잡이를 이용하세요.
⑥ 빈 토너 상태에서 인쇄를 계속하면 제품이 심각한 손상을 입을 수 있습니다.

51. 다음 중 인쇄 기본 설정 창을 여는 순서로 적절한 것은?

㉠ 파일 메뉴에서 인쇄를 선택한다.
㉡ 인쇄하려는 문서를 연다.
㉢ 프린터 선택에서 사용 중인 제품을 선택한다.
㉣ 프린터 속성 또는 기본 설정을 클릭한다.

① ㉠㉣㉢㉡
② ㉡㉠㉢㉣
③ ㉢㉠㉣㉡
④ ㉣㉢㉠㉡

52. 다음 중 컬러 레이저 프린터의 특징으로 보기 어려운 것은?

① 한 장의 용지에 여러 페이지를 인쇄하여 용지를 절약
② 애플리케이션을 사용하면 이동 시에도 스마트폰이나 컴퓨터에서 인쇄
③ 최소 2,400 × 600 dpi 고화질의 선명한 해상도로 인쇄
④ USB 인터페이스 또는 네트워크 인터페이스 지원

53. 다음 중 인쇄 작업을 취소하는 방법으로 적절한 것은?

① 조작부의 취소버튼을 누른다.
② 파일 메뉴에서 인쇄를 선택한다.
③ 프린터 기본 설정을 클릭한다.
④ 인쇄 창에서 확인을 클릭한다.

54. 다음 중 컬러 레이저 프린터가 지원하는 기능이 아닌 것은?

① 프린터의 NFC 태그에 휴대폰을 갖다 대면 인쇄 작업을 수행
② 애플리케이션을 사용하면 이동 시에도 스마트폰이나 컴퓨터에서 인쇄
③ Easy Capture Manager를 이용하여 캡처한 화면을 쉽게 편집
④ 프린터 상태 정보 프로그램을 통해 제품 환경을 수시로 설정

55. 다음 중 토너 카트리지를 보관하기에 가장 적절하지 않은 장소는?

① 습도가 일정한 장소
② 온도가 50℃인 장소
③ 먼지가 적은 장소
④ 부식성 기체가 없는 장소

┃56~60┃ 다음은 부산 지하철 노선도로 한 정거장을 이동할 때는 3분이 소요되며, 환승시간은 10분이 소요된다. 물음에 답하시오. (단, 이동수단은 지하철로 한정한다.)

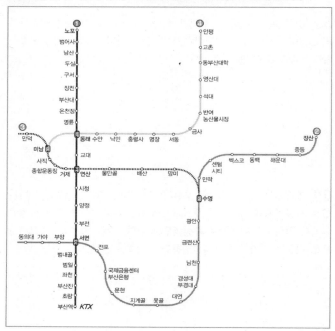

56. 미연이는 안평역에서 출발하여 남산역에 들러 20분 동안 쇼핑을 하고 서동역으로 이동했다. 총 소요된 시간은?

① 1시간 45분 ② 1시간 52분
③ 2시간 6분 ④ 2시간 13분

57. 제성이는 오후 1시에 배산역에서 중요한 약속이 있다. 석대역에서 출발하여 최대한 빠르게 이동할 때, 최소 몇 시에 출발해야 하는가? (단, 약속 10분 전에 도착해야 한다)

① 11시 50분 ② 11시 55분
③ 12시 5분 ④ 12시 10분

58. 우진이는 금련산역에서 출발하여 부산대역에서 친구들과 만날 예정이다. 다음 중 가장 빠른 이동 경로는?

① 금련산역 → 수영역 → 연산역 → 부산대역
② 금련산역 → 수영역 → 미남역 → 동래역 → 부산대역
③ 금련산역 → 서면역 → 부산대역
④ 금련산역 → 서면역 → 연산역 → 미남역 → 동래역 → 부산대역

59. 김차장은 영업소를 살피기 위해 12시에 가야역에서 출발하여 최소 소요시간으로 대연역, 센텀시티역, 사직역 순으로 이동하였다. 마지막으로 금사역에 도착했다면 도착 시간은 몇 시인가?

① 1시 34분 ② 1시 42분
③ 1시 56분 ④ 2시 8분

60. 오부장은 출장을 위해 부산역(KTX역)에 가려고 한다. 본사가 있는 서동역에서 출발하여 주거래처가 있는 교대역을 들렀다가 광안역에서 직원들과 합류하여 부산역으로 간다. 다음 중 최소 소요시간으로 이동한 정거장 수와 환승 횟수로 적절한 것은?

	이동한 정거장 수	환승 횟수
①	24	2
②	26	3
③	28	4
④	30	5

▌61~65 ▌ 다음은 상태 계기판에 관한 내용이다. 물음에 답하시오.

〈조건〉
㉠ 월요일, 수요일은 정기검침 일이다.
㉡ 정기검침 일에는 PSD CODE의 절반 값을 적용한다.
㉢ 첫 번째 계기판 눈금이 (+)에 위치할 경우, 가장 오른쪽 숫자는 고려하지 않는다.
㉣ Serial Mode : 2개 또는 3개의 총합
㉤ Parallel Mode : 2개 또는 3개의 평균값

〈표〉

허용 범위	알림
$X \leq PSD\ CODE$	안전
$PSD\ CODE < X \leq PSD\ CODE + 2$	경계
$X > PSD\ CODE + 2$	경고

㉠ 안전 : 그대로 둔다.
㉡ 경계
  • Serial Mode : 빨간 버튼을 누른다.
  • Parallel Mode : 파란 버튼을 누른다.
㉢ 경고 : 두 버튼을 모두 누른다.

61.

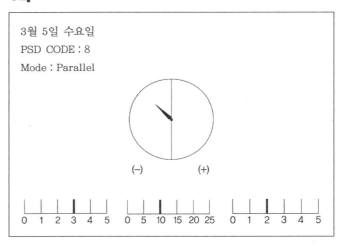

3월 5일 수요일
PSD CODE : 8
Mode : Parallel

① 그대로 둔다.
② 빨간 버튼을 누른다.
③ 파란 버튼을 누른다.
④ 두 버튼을 모두 누른다.

62.

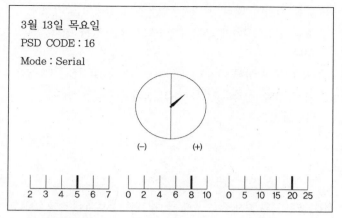

3월 13일 목요일
PSD CODE : 16
Mode : Serial

① 그대로 둔다.
② 빨간 버튼을 누른다.
③ 파란 버튼을 누른다.
④ 두 버튼을 모두 누른다.

63.

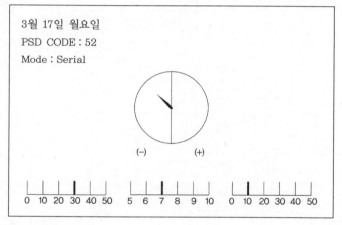

3월 17일 월요일
PSD CODE : 52
Mode : Serial

① 그대로 둔다.
② 빨간 버튼을 누른다.
③ 파란 버튼을 누른다.
④ 두 버튼을 모두 누른다.

64.

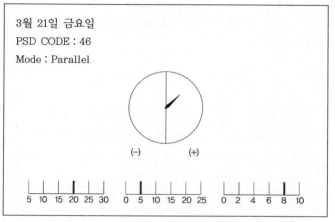

3월 21일 금요일
PSD CODE : 46
Mode : Parallel

① 그대로 둔다.
② 빨간 버튼을 누른다.
③ 파란 버튼을 누른다.
④ 두 버튼을 모두 누른다.

65.

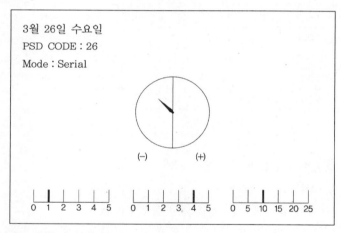

3월 26일 수요일
PSD CODE : 26
Mode : Serial

① 그대로 둔다.
② 빨간 버튼을 누른다.
③ 파란 버튼을 누른다.
④ 두 버튼을 모두 누른다.

|66~69| 다음은 A시의 감사실적에 관한 자료이다. 물음에 답하시오.

〈표1〉 처분 종류별 감사실적 건수

(단위 : 건)

연도	감사 횟수	감사 실적	처분 종류						
			징계	경고	시정	주의	개선	통보	권고
2001	43	1,039	25	52	231	137	124	271	199
2002	42	936	15	65	197	203	106	179	171
2003	36	702	19	54	140	152	57	200	80
2004	38	560	10	62	112	99	56	168	53
2005	35	520	9	39	107	92	55	171	47

〈표2〉 결함 원인별 감사실적 건수

(단위 : 건)

연도	감사 실적	결함 원인				
		제도 결함	관계 규정 이해 부족	감독 소홀	운영 불합리	기타
2001	1,039	36	15	52	739	197
2002	936	17	72	70	686	91
2003	702	12	143	72	407	68
2004	560	21	64	45	385	45
2005	520	18	21	8	452	21

66. 다음 설명 중 옳지 않은 것은?

① 매년 감사 실적은 전년 대비 감소하고 있다.

② 매년 감사 횟수는 전년 대비 감소하고 있다.

③ 매년 최소 감사 실적을 기록한 처분 종류는 동일하다.

④ 2003년 이후 최다 감사 실적을 기록한 처분 종류는 동일하다.

67. 다음 설명 중 옳은 것은?

① 결함 원인이 '기타'인 경우 매년 감사 실적이 증가했다.

② 결함 원인이 '운영 불합리'인 경우 매년 감사 실적이 감소했다.

③ '관계 규정 이해 부족'은 2003년에 최다 실적을 기록했다.

④ '제도 결함' 실적이 '감독 소홀' 실적보다 많은 연도는 2004년이다.

68. 2004년의 감사 처분 종류 중 '경고'과 '통보'의 실적이 2004년 전체 감사 실적에서 차지하는 비율은? (단, 소수 첫째 자리에서 반올림한다.)

① 39%   ② 40%

③ 41%   ④ 42%

69. 2001년부터 2005년까지의 '제도 결함' 실적의 합과 '기타' 실적의 합의 차이는?

① 318건   ② 324건

③ 337건   ④ 342건

다음은 정부의 스마트워크에 관한 자료이다. 물음에 답하시오.

〈표1〉 스마트워크 추진과제별 예산 계획

(단위 : 억 원)

추진과제	세부과제	2012	2013	2014	2015	2016	2017	합
워크센터 구축	공공부문 워크센터 구축	12	48	120	120	0	0	300
	서비스 환경조성	2	24	66	97	97	97	383
	글로벌 허브 구축	0	8	8	8	0	0	24
모바일 워크 활성화	모바일 업무환경 조성	0	15	15	0	0	0	30
	모바일 행정 서비스 강화	0	20	30	30	0	0	80
	재택·원격근무 장비 지원	40	19	27	30	33	35	184
	모바일 서비스 기반 마련	0	15	15	15	0	0	45
원격협업 이용 활성화	통합 커뮤니케이션 체계 구축	0	7	10	13	0	0	30
	공공부문 영상회의	0	20	20	20	0	0	60
보안업무 환경정비	공공부문 서버기반 컴퓨팅	0	15	15	20	0	0	50
	서버기반 컴퓨터연구개발	0	10	10	10	0	0	30
제도개혁	스마트워크 제도 개선	1	1	1	1	1	1	6
	직무 및 성과분석	0	10	10	10	10	10	50
기타	민간부문 지원	0	4	4	4	4	4	20
	사회적 일자리 확대	0	2	2	2	2	2	10
	대국민 홍보	0	2	2	2	2	2	10
계		55	220	355	382	149	151	1,312

〈표2〉 스마트워크 유형별 취업인구 수 추정치

(단위 : 천 명)

구분	연도	2012	2013	2014	2015	2016	2017
재택 근무	공공	39	58	85	116	149	184
	민간	343	480	685	1,029	1,715	2,881
	소계	382	538	771	1,145	1,864	3,065
스마트 워크 센터	공공	1	2	4	6	6	7
	민간	3	37	62	125	125	125
	소계	4	39	66	131	131	132
모바일 워크	공공	6	9	13	27	54	102
	민간	25	1,000	1,500	2,800	2,500	3,300
	소계	31	1,009	1,513	2,827	2,554	3,402

70. 다음 설명 중 옳지 않은 것은?

① '서비스 환경조성'은 2015년 이후 가장 높은 예산 계획을 기록하고 있다.

② '스마트워크제도 개선' 예산 계획은 매년 동일하다.

③ '워크센터구축'의 세부과제 중 가장 적은 예산 비중을 차지하는 것은 '글로벌 허브 구축'이다.

④ '재택·원격근무 장비 지원' 예산 계획은 매년 감소하고 있다.

71. 다음 설명 중 옳은 것은?

① 스마트워크 유형별 취업인구 수 추정치 중 가장 적은 비중을 차지하는 것은 '스마트워크센터'이다.

② 2017년 '재택근무'의 취업인구 수 추정치는 전년과 비슷한 수준이다.

③ '스마트워크센터'의 공공부분의 취업인구 수 추정치는 매년 증가했다.

④ '모바일워크' 중 공공부분의 취업인구 수 추정치는 가장 높은 비중을 차지한다.

72. 다음 중 스마트워크 추진과제별 예산 계획이 가장 적은 추진 과제는?

① 워크센터 구축

② 모바일워크 활성화

③ 원격협업이용활성화

④ 보안업무환경정비

73. 2015년 '모바일워크'의 민간부분의 전년 대비 증가율은? (단, 소수 둘째 자리에서 반올림한다)

① 86.7% ② 86.6%

③ 86.5% ④ 86.4%

|74~77| 다음은 B국의 이동통신 서비스에 관한 자료이다. 물음에 답하시오.

〈표1〉 이동통신 서비스 유형별 매출액

(단위 : 억 달러)

서비스 유형 \ 연도	2006	2007	2008	2009	2010
음성	78	97	103	106	113
SMS	17	20	23	25	28
데이터	1	2	4	7	9
계	96	119	130	138	150

〈표2〉 이동전화 가입대수 및 보급률

(단위 : 백만 대, %)

구분 \ 연도	2006	2007	2008	2009	2010
가입대수	52.9	65.9	70.1	73.8	76.9
보급률	88.8	109.4	115.5	121.0	125.3

74. 다음 설명 중 옳지 않은 것은?

① 이동통신 서비스 총 매출액은 매년 증가하는 추세이다.

② '음성' 매출액은 2009년에 처음 100억 달러를 넘어섰다.

③ 'SMS'의 2007년 매출액은 전년 대비 2억 달러 이상 증가 했다.

④ 이동통신 서비스 유형별 매출액 중 차지하는 비중이 가장 적은 유형은 '데이터'이다.

75. 다음 설명 중 옳은 것은?

① 2008년의 이동전화 가입대수 대비 보급률은 1.5% 이상이다.

② 2007년 이후 이동전화 가입대수는 매년 감소했다.

③ 2008년 이동전화 가입대수는 2006년보다 1,800,000대 이상 증가했다.

④ 이동전화 보급률은 2008년에 처음 120%를 넘어섰다.

76. 2009년의 '음성' 매출액은 2007년의 'SMS' 매출액의 몇 배가 차이나는가?

① 5.1배 ② 5.2배

③ 5.3배 ④ 5.4배

77. 〈표2〉를 참고할 때, 다음 중 이동전화 보급률의 최솟값 ㉠과 이동전화 가입대수의 최댓값 ㉡으로 적절하게 짝지어 것은?

	㉠	㉡
①	121.0%	65.9(백만 대)
②	115.5%	70.1(백만 대)
③	109.4%	73.8(백만 대)
④	88.8%	76.9(백만 대)

┃79～81┃ 다음은 C국의 광물자원 현황에 관한 자료이다. 물음에 답하시오.

〈표1〉 2000년 광물자원 지역별 매장량 현황

(단위 : 천 톤, %)

구분	석회석	백운석	대리석	계	구성비
A시	7,689,854	212,315	29,080	7,931,249	79.5
B시	410	13,062	2,970	16,442	0.2
C시	164,061	118,626	420	283,107	2.8
D시	2,492	0	0	2,492	0.0
E시	17,555	11,566	0	29,121	0.3
F시	18,606	6,952	598	26,156	0.3
G시	1,564,000	88,406	32,641	1,685,047	16.9
계	9,456,978	450,927	65,709	9,973,614	100.0

〈표2〉 2000년 석회석의 품위별 지역별 광산 현황

(단위 : 개)

품위	지역	광산 수
고	A시	48
	C시	14
	E시	5
	F시	6
	G시	25
	소계	98
저	B시	1
	A시	47
	C시	8
	D시	4
	E시	5
	F시	3
	G시	18
	소계	86
전체		184

78. 다음 설명 중 옳지 않은 것은?

① 백운석은 A시에서 가장 많은 매장량을 보유하고 있다.

② 석회석 매장량이 가장 많은 지역은 대리석 매장량도 가장 많다.

③ 대리석은 두 개 지역에서 매장량이 동일하다.

④ 전체 광물자원 중 하나의 자원의 비중이 압도적으로 높다.

79. 다음 설명 중 옳은 것은?

① 고품위 석회석 광산 수가 가장 많은 지역은 저품위 석회석 광산 수도 가장 많다.

② 고품위 석회석 광산 수가 가장 적은 지역은 저품위 석회석 광산 수도 가장 적다.

③ 고품위 석회수 광산 수가 10개를 넘지 못하는 지역은 저품위 석회수 광산 수는 10개를 넘는다.

④ 고품위 석회수 광산 수는 저품위 석회수 광산 수보다 적다.

80. 다음 중 광물자원 매장량이 두 번째로 적은 지역은?

① A시 ② B시

③ C시 ④ D시

81. 2001년도에 C시와 G시의 저품위 광산 수만 전년보다 50% 증가할 때, 2001년도 전체 광산 수로 적절한 것은? (단, 전체 광산은 고품위 광산과 저품위 광산을 모두 포함한다)

① 197개 ② 198개

③ 199개 ④ 200개

▌82~85▐ 다음은 3국의 관광 현황에 관한 자료이다. 물음에 답하시오.

〈표1〉 2008년 5~10월 3국 간 관광객 수 및 전년 동월 대비 증감률

(단위 : 천 명, %)

국적	여행국		5월	6월	7월	8월	9월	10월
한국	중국	관광객 수	381	305	327	342	273	335
		증감률	−9	−22	−27	−29	−24	−19
	일본	관광객 수	229	196	238	248	160	189
		증감률	−8	−3	−6	−9	−21	−15
중국	한국	관광객 수	91	75	101	115	113	105
		증감률	9	−4	6	−5	7	−5
	일본	관광객 수	75	62	102	93	94	87
		증감률	6	−1	0	−6	1	−5
일본	한국	관광객 수	191	183	177	193	202	232
		증감률	8	4	8	−3	5	3
	중국	관광객 수	284	271	279	281	275	318
		증감률	−17	−20	−15	−21	−17	−10

※ 증감률은 전년 동월 대비 증감률을 의미함

〈표2〉 2008년 5~10월 관광객 1인당 평균 관광 지출 및 전년 동월 대비 증감률

(단위 : 달러, %)

구분		5월	6월	7월	8월	9월	10월
중국인 관광객 한국 내 지출	금액	1,050	900	1,050	1,010	930	600
	증감률	20	10	5	5	−15	−40
일본인 관광객 한국 내 지출	금액	1,171	1,044	1,038	1,016	1,327	2,000
	증감률	27	27	28	15	92	130
한국인 관광객 해외 지출	금액	1,066	1,259	1,350	988	1,026	637
	증감률	−9	−3	16	−15	−13	−50

※ 증감률은 전년 동월 대비 증감률을 의미함

82. 다음 설명 중 옳지 않은 것은?

① 한국으로 여행 온 중국인 관광객 수는 9월부터 감소하고 있다.

② 관광객 증감률이 매월 일정하게 증가한 여행객의 국적은 일본이다.

③ 중국으로 여행 온 한국인 관광객 수가 전월보다 증가한 달은 총 3달이다.

④ 9월의 최다 관광객 수를 기록한 관광객은 중국으로 여행 온 일본인이다.

83. 다음 설명 중 옳은 것은?

① 일본인 관광객 한국 내 지출 금액은 5월 이후 8월까지 감소하고 있다.

② 중국인 관광객 한국 내 지출 증감률은 5월부터 매월 감소하고 있다.

③ 중국인 관광객 한국 내 지출 금액은 5월부터 매월 증가하고 있다.

④ 한국인 관광객 해외 지출 금액은 5월부터 계속 증가하고 있다.

84. 한국으로 여행 온 중국인 관광객 수가 가장 많은 달 ㉠과 한국으로 여행 온 일본인 관광객 수가 가장 적은 달 ㉡으로 적절하게 짝지어진 것은?

	㉠	㉡
①	5월	10월
②	6월	9월
③	7월	8월
④	8월	7월

85. 일본인 관광객 한국 내 지출 금액 중 최솟값은?

① 871달러 ② 988달러

③ 1,016달러 ④ 1,171달러

다음은 A회사의 버스 종류별 운송비용과 승객 수를 나타낸 자료이다. 물음에 답하시오.

〈표1〉 버스 종류별 1대당 1일 총 운송비용 내역

(단위 : 원)

부문	항목	일반버스	굴절버스	지상버스
가동비	운전직 인건비	331,400	331,400	331,400
	연료비	104,649	160,709	133,133
	타이어비	3,313	8,282	4,306
	소계	439,362	500,391	468,839
보유비	관리직 인건비	42,638	42,638	42,638
	차량 보험료	16,066	21,641	16,066
	차량 감가상각비	23,944	23,944	24,057
	차고지비	3,029	4,544	3,029
	기타관리비	40,941	40,941	40,941
	정비비	9,097	45,484	13,645
	소계	135,715	259,354	140,376
총 운송비용		575,077	759,745	609,215

〈표2〉 버스 종류별 1대당 1일 승객 수

(단위 : 명)

버스 종류	일반 버스	굴절 버스	저상 버스
승객 수	800	1,000	900

86. 다음 설명 중 옳지 않은 것은?

① 운전직 인건비는 모든 종류의 버스에 동일하다.
② 연료비는 일반버스가 가장 저렴하다.
③ 1일 총 타이어비는 16,000원을 넘지 않는다.
④ 굴절버스의 가동비는 보유비의 2배 이상이다.

87. 다음 설명 중 옳은 것은?

① 모든 종류의 버스 관리직 인건비는 동일하다.
② 모든 종류의 버스 차량 보험료는 동일하다.
③ 모든 종류의 버스 차량 감가상각비는 동일하다.
④ 모든 종류의 버스 정비비는 동일하다.

88. 모든 종류의 버스를 30일 동안 1인당 2,000원의 동일한 금액으로 운행했을 경우, 총 수입은? (단, 운송비용은 적용하지 않는다)

① 5,200,000원
② 5,300,000원
③ 5,400,000원
④ 5,500,000원

89. 다음 중 굴절버스의 총 운송비용이 전체 버스의 총 운송비용에서 차지하는 비율은? (단, 소수 둘째 자리까지만 계산한다)

① 38.47%
② 39.08%
③ 40.28%
④ 41.64%

다음은 D국의 기업 임원 현황에 관한 자료이다. 물음에 답하시오.

〈표1〉 기업의 성별 임원 근무 현황

구분		평균	최소값	최대값
남성	연령(세)	50.00	26	91
	회사 근속기간(년)	10.70	0	72
	현직위 근무기간(년)	3.45	0	53
	기업당 임원 수(명)	9.69	2	50
여성	연령(세)	46.70	29	78
	회사 근속기간(년)	8.08	0	46
	현직위 근무기간(년)	2.62	0	17
	기업당 임원 수(명)	0.87	0	8

〈표2〉 임원 직급별 인원 수 현황

직급	직급별 인원 수(명)			임원의 직급별 비중(%)	
	전체	남성	여성	남성	여성
1	1,119	1,112	7	12.18	0.85
2	424	417	7	4.57	0.85
3	2,955	2,766	189	30.30	23.02
4	3,385	3,032	353	33.21	43.00
5	1,719	1,499	220	16.42	26.80
6	326	287	39	3.14	4.75
7	22	16	6	0.18	0.73
계	9,950	9,129	821	100.00	100.00

90. 다음 설명 중 옳지 않은 것은?

① 기업당 남성 임원 수는 60명을 넘지 않는다.

② 남성 임원의 회사 근속기간은 70년을 넘지 않는다.

③ 여성 임원의 현직위 근무기간은 평균 3년을 넘지 않는다.

④ 여성 임원의 연령은 평균 50세 미만이다.

91. 다음 설명 중 옳은 것은?

① 임원 직급별 최대 비중을 기록한 직급은 4직급이다.

② 임원 직급별 최소 비중을 기록한 직급은 6직급이다.

② 임원 직급별 인원 수 중 최대 인원을 기록한 직급은 3직급이다.

④ 임원 직급별 인원 수 중 최소 인원을 기록한 직급은 2직급이다.

92. 기업의 근무 현황에 해당하는 남성 임원의 총 연령 합이 25,300명일 때, 근무 현황에 해당하는 남성 임원의 수는?

① 482명

② 498명

③ 506명

④ 514명

93. 다음 중 4~7직급에 해당하는 여성 임원의 수의 합은?

① 618명

② 624명

③ 632명

④ 640명

▌94~97▐ 다음은 E야구단 선수의 성적 및 연봉에 관한 자료이다. 물음에 답하시오.

〈표1〉 E야구단 선수 9명의 성적

(단위 : 회, 점, 개)

선수	타석	득점	홈런	타점	볼넷	삼진	타율	OPS
A	600	115	40	125	74	159	0.320	0.990
B	224	34	0	10	10	30	0.300	0.685
C	480	67	10	62	58	103	0.290	0.790
D	450	50	3	45	25	40	0.275	0.660
E	260	24	5	46	21	35	0.275	0.740
F	84	10	2	11	14	16	0.270	0.770
G	310	30	16	47	22	71	0.230	0.717

〈표2〉 E야구단 선수 9명의 연봉

선수	조정 전 연봉 (만 달러)	최종 연봉 (만 달러)	조정 계수
A	1,065.5	2,663.8	2.5
B	352.8	176.4	0.5
C	657.5	986.3	1.5
D	598.5	598.5	1.0
E	480.5	480.5	1.0
F	281.5	140.8	0.5
G	476.6	476.6	1.0

※ 최종 연봉 = 조정 전 연봉 × 조정 계수

94. 다음 설명 중 옳지 않은 것은?

① 타석수가 가장 많은 선수가 득점도 가장 높다.

② 볼넷이 가장 적은 선수가 타율도 가장 높다.

③ 홈런이 가장 많은 선수가 OPS도 가장 높다.

④ 홈런이 가장 적은 선수가 타점도 가장 적다.

95. 다음 설명 중 옳은 것은?

① 조정 계수가 가장 높은 선수가 최종 연봉도 가장 높다.

② 조정 전 연봉이 1,000만 달러를 넘는 선수는 2명이다.

③ 조정 전 연봉과 최종 연봉이 동일한 선수는 4명이다.

④ 조정 계수가 1 미만인 선수는 3명이다.

96. 선수 B, C의 득점 합은 선수 D와 E의 득점 합과 얼마나 차이 나는가?

① 23점 ② 25점

③ 27점 ④ 29점

97. 다음 중 연봉의 증가율이 100% 이상인 선수는?

① A ② B

③ C ④ D

98. 다음 설명 중 옳지 않은 것은?

① 부서별 항목별 예산 내역이 10,000,000(만 원) 이상인 부서는 총 3개이다.

② 부서별 기본 경비의 총 합은 2,000,000(만 원)을 넘지 않는다.

③ 인건비가 가장 높은 부서는 기본 경비도 가장 높다.

④ 3가지 예산 항목 중 사업비 비중이 가장 낮은 부서는 존재하지 않는다.

[98~100] 다음은 F연구소의 부서별 예산 및 인원에 관한 자료이다. 물음에 답하시오.

〈표1〉 부서별 항목별 예산 내역

(단위 : 만 원)

부서	항목			
	인건비	기본 경비	사업비	소계
A	49,560	309,617	23,014,430	23,373,607
B	7,720	34,930	7,667,570	7,710,220
C	7,420	31,804	2,850,390	2,889,614
D	7,420	24,050	8,419,937	8,451,407
E	6,220	22,992	2,042,687	2,071,899
F	4,237,532	865,957	9,287,987	14,391,476

〈표2〉 부서별 직종별 인원

(단위 : 명)

부서	정·현원		직종별 현원				
	정원	현원	일반직	별정직	개방형	계약직	기능직
A	49	47	35	3	1	4	4
B	32	34	25	0	1	6	2
C	18	18	14	0	0	2	2
D	31	29	23	0	0	0	6
E	15	16	14	0	0	1	1
F	75	72	38	1	0	8	25
계	220	216	149	4	2	21	40

99. 다음 빈칸에 들어갈 값으로 적절한 것은?

F연구소의 부서별 직종별 인원은 정원 220명, 현원 216명이다. 직종별 현원 중 가장 비중이 높은 직종은 (㉠)으로 총 149명을 기록했다. 두 번째로 비중이 높은 직종은 기능직으로 40명을 기록했고, 세 번째로 비중이 높은 직종은 계약직으로 21명을 기록했다. 네 번째로 비중이 높은 직종은 별정직으로 (㉡)명을 기록했으며, 가장 비중이 낮은 직종은 개방형으로 2명을 기록했다.

	㉠	㉡
①	일반직	4
②	별정직	3
③	계약직	2
④	기능직	1

100. 부서별 항목별 예산 항목 중 가장 비중이 낮은 항목의 예산이 전체 예산에서 차지하는 비율은? (단, 소수 둘째 자리에서 반올림한다)

① 2.2% ② 2.3%

③ 2.4% ④ 2.5%

101. A에서 B까지는 40km/h로 30분간 가고, B에서 C까지는 20km/h로 15분간 갔을 때, 총 이동거리는 얼마인가?

① 20km ② 25km

③ 30km ④ 35km

102. A가 등산을 하는데 올라갈 때는 시속 3km로 걷고, 내려올 때는 올라갈 때보다 4km 더 먼 길을 시속 4km로 걷는다. 올라갔다가 내려올 때 총 8시간이 걸렸다면, 올라갈 때 걸은 거리는 얼마인가?

① 8km ② 10km

③ 12km ④ 14km

103. 15cm의 초가 다 타는데 10분이 걸렸다면 30cm의 초가 다 타는데 거리는 시간은?

① 15분 ② 18분

③ 20분 ④ 25분

104. 어느 지도에서 $\frac{1}{2}$ cm는 실제로는 5km가 된다고 할 때 지도상 $1\frac{3}{4}$ cm는 실제로 얼마나 되는가?

① 12.5km ② 15km

③ 17.5km ④ 20km

105. 450페이지가 되는 소설책이 너무 재미있어서 휴가기간 5일 동안 하루도 빠지지 않고 매일 50페이지씩 읽었다. 휴가가 끝나면 나머지를 모두 읽으려고 한다. 휴가가 끝나면 모두 몇 페이지를 읽어야 하는가?

① 100페이지 ② 150페이지

③ 200페이지 ④ 250페이지

106. 동근이는 동료들과 함께 공원을 산책하였다. 공원에는 동일한 크기의 벤치가 몇 개 있다. 한 벤치에 5명씩 앉았더니 4명이 앉을 자리가 없어서 6명씩 앉았더니 남는 자리 없이 딱 맞았다. 동근이는 몇 명의 동료들과 함께 공원을 갔는가?

① 16명 ② 20명

③ 24명 ④ 30명

107. 30% 할인해서 팔던 벤치파카를 이월 상품 정리 기간에 할인된 가격의 20%를 추가로 할인해서 팔기로 하였다. 이 벤치파카는 원래 가격에서 얼마나 할인된 가격으로 판매하는 것인가?

① 34% ② 44%

③ 56% ④ 66%

108. A 주식의 가격은 B 주식의 가격의 2배이다. 민재가 두 주식을 각각 10주씩 구입 후 A 주식은 30%, B주식은 20% 올라 총 주식의 가격이 76,000원이 되었다. 오르기 전의 B 주식의 주당 가격은 얼마인가?

① 1,000원 ② 1,500원

③ 2,000원 ④ 3,000원

109. 올림이는 200만 원짜리 DSLR 카메라를 사기 위해 하루 6시간씩 아르바이트를 하였다. 아르바이트 시급이 5,000원일 때 올림이는 며칠 동안 아르바이트를 하여야 하는가?

① 61일 ② 63일

③ 65일 ④ 67일

110. 어떤 콘텐츠에 대한 네티즌 평가에서 3,000명이 참여한 A 사이트에서는 평균 평점이 8.0이었으며, 2,000명이 참여한 B 사이트의 평균 평점은 6.0이었다. 이 콘텐츠에 대한 두 사이트 전체의 참여자의 평균 평점은 얼마인가?

① 7.0 ② 7.2

③ 8.0 ④ 8.2

111. 신입사원 채용시험 응시자가 500명이었다. 시험점수의 전체 평균은 65점, 합격자 평균은 80점, 불합격자의 평균은 50점이었다. 합격한 사람의 수는?

① 100명　　　　　　　② 150명

③ 200명　　　　　　　④ 250명

112. 인적성검사에서 네 사람의 평균이 80점이다. 그 중 3명의 점수가 각각 70점, 80점, 90점일 때, 나머지 한 명의 점수는?

① 60점　　　　　　　② 70점

③ 80점　　　　　　　④ 90점

113. 10%의 소금물 200g과 20%의 소금물 300g을 섞었을 때 이 소금물의 농도는 얼마인가?

① 14%　　　　　　　② 16%

③ 18%　　　　　　　④ 20%

114. 농도 8%의 소금물 32g에 4%의 소금물을 몇 g 넣으면 5%의 소금물이 되겠는가?

① 30g　　　　　　　② 52g

③ 74g　　　　　　　④ 96g

115. 어떤 제품을 만들어서 하나를 팔면 이익이 5,000원 남고, 불량품을 만들게 되면 10,000원 손실을 입게 된다. 이 제품의 기댓값이 3,500원이라면 이 제품을 만드는 공장의 불량률은 몇 %인가?

① 4%　　　　　　　② 6%

③ 8%　　　　　　　④ 10%

116. 한 건물에 A, B, C 세 사람이 살고 있다. A는 B보다 12살이 많고, C의 나이의 2배보다 4살이 적다. 또한 B와 C는 동갑이라고 할 때 A의 나이는 얼마인가?

① 16살　　　　　　　② 20살

③ 24살　　　　　　　④ 28살

117. 스마트폰 X의 원가에 20%의 이익을 붙여서 정가를 책정하였다. 이벤트로 9만원을 할인해 팔아서 원가의 2%의 이익을 얻었다면 스마트폰 X의 원가는 얼마인가?

① 400,000원　　　　② 450,000원

③ 500,000원　　　　④ 550,000원

118. 경수가 달리기를 하는데 처음에는 초속 6m의 속력으로 뛰다가 반환점을 돈 후에는 분속 90m의 속력으로 걸어서 30분 동안 4.5km를 운동했다면 출발지에서 반환점까지의 거리는?

① 2,400m　　　　　② 3,000m

③ 3,600m　　　　　④ 4,000m

119. 짜장면이 4,000원, 짬뽕이 4,000원, 볶음밥이 6,000원, 탕수육이 10,000원인 중국집이 있다. 여기에서 서로 다른 음식 두 가지를 시킬 경우, 음식가격의 평균값은 얼마인가?

① 8,000원　　　　　② 10,000원

③ 12,000원　　　　④ 14,000원

120. 기차가 시속 72km로 달리고 있다. 이 기차가 선로상의 한 지점을 통과할 때 15초가 걸린다면 기차의 길이는 얼마인가?

① 100m　　　　　　② 200m

③ 300m　　　　　　④ 400m

121.

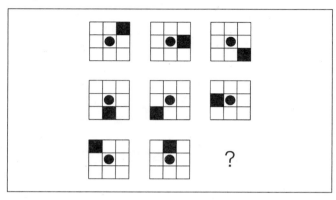

122.

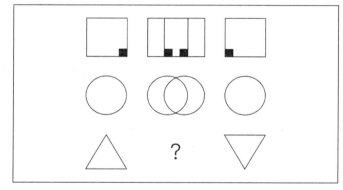

123.

124.

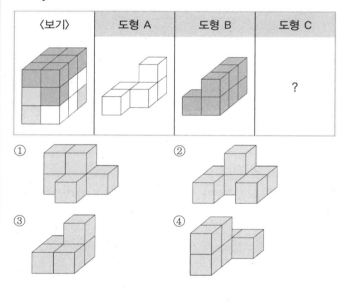

125.

〈보기〉	도형 A	도형 B	도형 C
	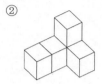		?

①

②

③

④

┃126~130┃ 제시된 두 도형을 결합했을 때 나타날 수 없는 형태를 고르시오.

126.

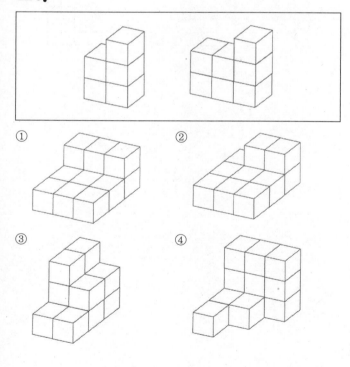

127.

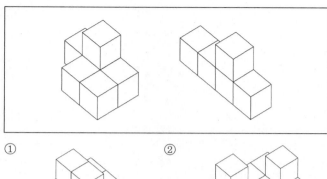

①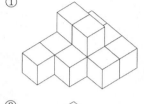

②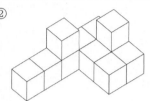

③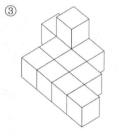

④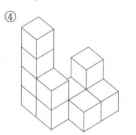

128.

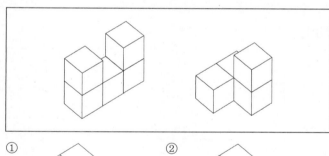

①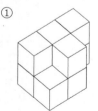

②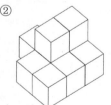

③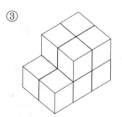

④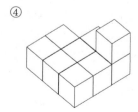

129.

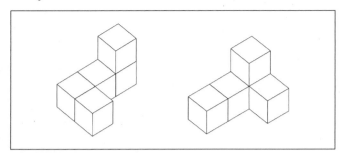

①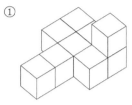

②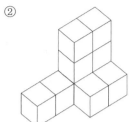

③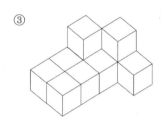

④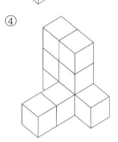

130.

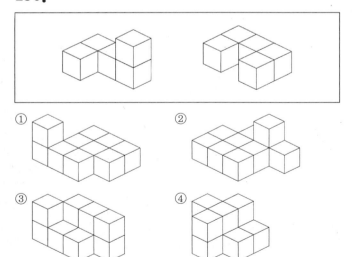

①

②

③

④

【131~133】 다음 제시된 단면도와 일치하는 입체도형을
고르시오.

131.

평면도	정면도	우측면도

①

②

③

④

132.

평면도	정면도	우측면도

①

②

③

④

133.

평면도	정면도	우측면도

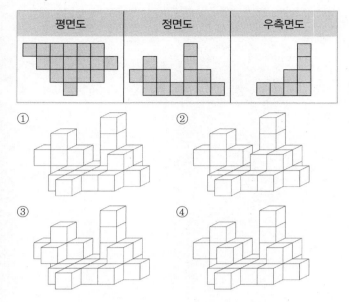

① ②

③ ④

┃134~135┃ 다음 제시된 세 개의 단면을 참고하여 해당되는 입체도형을 고르시오.

134.

평면   정면   측면

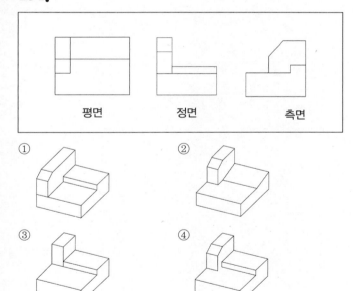

① ②

③ ④

135.

평면   정면   측면

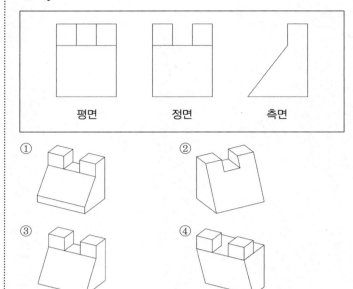

① ②

③ ④

인문·상경계, 이공계 계열공통 채용대비

롯데그룹

조직·직무적합도검사, 한 권에 다 담았다

L-TAB 소개 및 채용안내

롯데그룹 채용안내를 꼼꼼한 정리와 함께 관련된 기사를 수록하여 면접까지 대비!

L-TAB 롯데그룹 시험대비!

롯데그룹 기출문제를 반영하여 엄선한 문제로 실전 대비 확실하게!

인성검사와 면접까지!

인성검사에 대한 꼼꼼한 이론정리와 실전 인성검사를 수록! 면접의 기본과 면접 기출까지 수록하여 최종 마무리까지!

롯데그룹

L-TAB 직무적합도검사 모의고사

이 공 계

[제 2 회]

영 역	언어이해, 문제해결, 자료해석, 수리공간
문항 수 / 시간	135문항 / 125분
비 고	객관식 4지선다형

SEOWONGAK

(주)서원각

>> **언어이해(35문항/25분)**

┃1~3┃ 다음 글을 읽고 물음에 답하시오.

미국 프린스턴대의 진화생물학자인 존 타일러 보너 교수는 자신이 쓴 크기의 과학에서 "지구 역사상 유기체 크기의 상한선은 항상 열려 있고, 대부분의 생물은 몸집을 키우는 방향으로 진화해왔다."라고 말한다. 거대동물의 큰 몸집은 과학자에게 흥미로운 주제가 된다. 아직까지 확실한 이유가 밝혀지지는 않았지만, 진화의 방향성을 놓고 볼 때 몸집이 커지는 쪽이 당연하다는 것에는 대개의 관련 학자들이 동의하고 있다. 동물은 몸집이 커지면 유리한 점이 많다. 천적이 줄어들고, 다른 경쟁 상대에 비해 먹잇감을 얻기가 쉬워진다. 대형 초식동물이 늘면 포식자들도 효과적으로 사냥하기 위해 몸집을 키우는 방향으로 진화하기 마련이다.

동물의 몸집이 커지는 쪽으로 진화하는 데는 환경적인 요인도 작용한다. 예를 들어 차가운 기후에서 포유류와 같은 온혈동물의 몸집은 더 커져야 한다. 체온을 유지하기 위해서는 큰 몸뚱이가 유리하기 때문이다. 반면 양서류나 파충류와 같은 냉혈동물은 따뜻한 기후에서 몸집이 더 커진다. 몸집이 커지면 외부 열을 차단하기에 그만큼 유리하다. 대기 중 산소 농도가 크기에 영향을 줬다는 주장도 있다. 과학자들은 석탄기에 살던 바퀴벌레가 고양이ⓐ만 했던 까닭이 대기 중 산소 농도가 지금보다 두 배 높았기 때문일 것으로 보고 있다. 거대 곤충들은 다리에 산소를 공급하는 기관과 힘줄, 신경 다발이 발달했는데, 이들 기관이 산소를 몸 곳곳에 충분히 공급하면서 몸집이 커졌다는 얘기다. 서식지 면적도 영향을 줬을 가능성이 높다. 어떤 학자들은 북극해 랭스 섬에 살던 매머드의 크기가 유라시아 대륙에 살던 매머드의 65%에 불과했던 것은 서식지의 면적과 관련이 있다고 주장한다.

덩치가 큰 동물일수록 먹잇감을 충분하게 공급하는 넓은 면적의 서식지가 필요하기 때문이라는 것이다. 하지만 이러한 요인들의 영향을 받더라도 동물의 몸집이 무한정 커지기만 하는 것은 아니다. 생물의 크기는 세포 수가 결정한다. 세포의 자체크기나 모양보다는 얼마나 많이 분열하느냐에 따라 몸집이 결정된다. 쥐와 코끼리가 세포 종류에서 차이가 없지만 몸집이 다른 것도 이런 이유 때문이다. 몸의 크기는 또 성장호르몬의 종류와 양에 따라 달라진다. 성장호르몬이 세포의 분열을 계속 명령해서 세포의 숫자가 점점 많아진다면 덩치도 따라서 커진다. 그러나 세포가 계속해서 분열ⓑ만 한다고 해서 무한정 성장하는 것은 아니다. 생물 스스로의 조절 능력을 벗어난 세포 분열은 일어나지 않는다. 설령 그렇다 하더라도 비정상적인 부작용을 낳을 수 있다.

예를 들어 소설 걸리버 여행기에 등장하는 거인국 사람을 보자. 키가 정상인의 2배만 돼도 쓰러져 머리를 부딪치면 그 충격은 30배나 된다. 또 뜀박질은 물론 제자리에서 폴짝 뛰는 것도 어렵게 된다. 뛰었다 떨어지는 순간 몸무게 때문에 다리

뼈가 박살날 수도 있다. 과학자들은 걸리버 여행기에 등장하는 사람의 다리는 물리적인 구조상 거의 코끼리 다리 수준으로 굵어져야 한다고 설명한다. 뼈뿐만 아니라 근육도 더 많이 필요하기 때문에 결국 신체 각 부분의 크기 비율이 달라져야한다. 코끼리보다 몸무게가 14배나 더 무거운 대왕고래는 부력 덕분에 수중에서는 살 수 있지만 만약 육지에 올라온다면 중력의 영향으로 생존하기 어렵게 된다. 동물은 몸집이 커지면 그에 맞게 신체 구조도 함께 바꿔야 하는 것이다.

1. 위 글에 대한 설명으로 가장 적절한 것은?
① 전문가의 견해를 근거로 거대 동물이 출현하게 된 배경을 제시하고 있다.
② 동물의 몸집이 커지는 요인을 밝힌 후 거대화의 한계에 대해 서술하고 있다.
③ 환경적 요인이 거대 동물의 출현에 미친 영향을 상반된 관점에서 설명하고 있다.
④ 진화의 과정에서 동물의 몸집이 커지는 이유를 시간적 순서에 따라 나열하고 있다.

2. 위 글로 미루어 알 수 있는 내용으로 적절하지 않은 것은?
① 열대 지역의 개구리보다 온대 지역의 개구리가 몸집이 커야 생존에 유리하겠군.
② 대왕 고래가 육지로 올라온다면 중력의 영향으로 자신의 몸을 지탱하기 어렵겠군.
③ 코끼리 크기의 얼룩말이 늘어난다면 사자도 몸집을 키우는 방향으로 진화해야겠군.
④ 같은 종의 초식동물이라면 면적이 좁은 섬보다 넓은 육지에 사는 것이 더 커지겠군.

3. 다음 중에서 ⓐ, ⓑ와 문맥적 의미가 유사한 것을 각각 찾아 바르게 짝지은 것은?

> ㉮ 이만 물건은 얼마든지 구할 수 있다.
> ㉯ 태풍의 영향으로 집채만 한 파도가 몰려온다.
> ㉰ 하루 종일 잠만 잤더니 한참동안 머리가 띵했다.
> ㉱ 열 장의 복권 중에서 하나만 당첨되어도 바랄 것이 없다.

	ⓐ	ⓑ
①	㉮	㉯
②	㉮	㉱
③	㉯	㉰
④	㉰	㉱

| 4~6 | 다음 글을 읽고 물음에 답하시오.

동물이 스스로 소리를 내서 그것이 물체에 부딪쳐 되돌아오는 반사음을 듣고 행동하는 것을 반향정위(反響定位)라고 한다. 반향정위를 하는 대표적인 육상 동물로는 박쥐를 꼽을 수 있다. 야간에 활동하는 박쥐가 시각에 의존하지 않고도 먹이를 손쉽게 포획하는 것을 보면 반향정위는 유용한 생존전략이라고 할 수 있다.

박쥐는 성대에서 주파수가 40~50kHz인 초음파를 만들어 입이나 코로 ㉠방사(放射)하는데, 방사횟수는 상황에 따라 달라진다. 먹이를 찾고 있을 때는 1초에 10번 정도의 간격으로 초음파를 발생시킨다. 그리고 먹이에 접근할 때는 보다 정밀한 정보 수집을 위해 1초에 120~200번 정도의 빠른 템포로 초음파를 발생시켜 먹이와의 거리나 먹이의 방향과 크기 등을 ㉡탐지(探知)한다. 박쥐는 되돌아오는 반사음을 세밀하게 포착하기 위해 얼굴의 반 이상을 차지할 만큼 크게 발달한 귀를 갖고 있다. 그리고 달팽이관의 감긴 횟수가 2.5~3.5회로 1.75회인 인간보다 더 많기 때문에 박쥐는 인간이 들을 수 없는 매우 넓은 범위의 초음파까지 들을 수 있다.

> 그렇다면 박쥐는 먹이의 위치나 이동 상황을 어떻게 알 수 있을까? 그것은 박쥐가 도플러 효과를 이용하기 때문에 가능하다. 도플러 효과란 파동을 발생시키는 파원과 그 파동을 관측하는 관측자 중 하나 이상이 운동하고 있을 때, 관측되는 파장의 길이에 변화가 나타나는 현상이다. 예를 들어 구급차가 다가오고 있을 때는 사이렌 소리의 파장이 짧아져 음이 높게 들리고 멀어져 갈 때는 소리의 파장이 길어져 음이 낮게 들리는데, 이는 도플러 효과 때문이다. 박쥐는 도플러 효과를 이용해 수시로 바뀌는 반사음의 변화를 파악하여 먹이의 위치와 이동 상황을 ㉢포착(捕捉)한다. 만일 돌아오는 반사음의 높이가 낮아졌다면, 먹이는 박쥐에게서 멀어지고 있다는 것을 의미한다.

박쥐는 주로 곤충을 먹고 산다. 그런데 어떤 곤충은 박쥐가 내는 초음파 소리를 들을 수 있기 때문에 박쥐의 접근을 눈치챌 수 있다. 예를 들어 박쥐의 주요 먹잇감인 나방은 초음파의 강약에 따라 박쥐와의 거리를 파악할 수 있고, 왼쪽과 오른쪽 귀에 들리는 초음파의 강약 차이에 따라 박쥐가 다가오는 좌우 수평 방향을 알 수 있다. 박쥐가 다가오는 방향의 반대쪽 귀는 자신의 몸이 초음파를 ㉣차단(遮斷)하고 있기 때문에 박쥐가 다가오는 쪽의 귀보다 초음파가 약하게 들린다. 또한 초음파의 강약 변화가 반복적으로 나타나는지 아닌지에 따라 박쥐가 다가오는 상하 수직방향도 알 수 있다. 나방의 귀는 날개의 아래에 있기 때문에 날개를 내리면 귀가 날개에 덮여서 초음파를 잘 듣지 못하게 된다. 따라서 박쥐가 위쪽에 있을 때는 날개를 올리고 내릴 때마다 소리가 강해졌다 약해졌다를 반복하는 초음파를 듣게 된다. 반대로 박쥐가 아래쪽에 있을 때는 귀도 박쥐도 날개의 아래에 있기 때문에 날개의 퍼덕임과 상관없이 초음파가 거의 일정한 음량으로 들린다.

박쥐가 내는 초음파의 반사음은 움직이는 나방의 날개 각도나 퍼덕이는 속도에 따라서 그 파장이 다양하게 변한다. 때문에 나방은 위험에 처해 있을 때 급회전이나 급강하, 또는 몸의 움직임을 멈추고 마치 죽은 듯이 그대로 자유낙하하는 행동을 취해 박쥐에게 전달되는 초음파 정보를 교란시킨다. 만일 박쥐가 수시로 바뀌는 나방의 동선을 제대로 추적하지 못하면 먹이를 놓치고 만다. 박쥐와 나방은 초음파를 둘러싸고 쫓고 쫓기는 사투를 벌이고 있는 것이다.

4. 위 글에서 알 수 있는 내용으로 가장 적절한 것은?

① 박쥐는 입이나 코에서 초음파를 만들어 낸다.
② 반향정위는 대부분의 육상 동물들이 갖고 있는 특징이다.
③ 달팽이관의 감긴 횟수는 초음파의 지각 능력과 관련 있다.
④ 박쥐의 초음파와 구급차 사이렌 소리의 주파수는 동일하다.

5. 박스 안의 내용을 바탕으로 다음의 밑줄 친 빈칸에 들어갈 내용을 추리한 것으로 가장 적절한 것은?

> 관측자와 파원이 정지해 있다가, 파원이 관측자 쪽으로 다가갔다면, _____

① 파장이 비연속적으로 관측되겠군.
② 이전보다 더 짧아진 파장이 관측되겠군.
③ 관측되는 파장의 길이는 이전과 동일하겠군.
④ 파장이 반복적으로 길어졌다 짧아졌다 하겠군.

6. ⊙~㉣의 사전적 의미로 적절하지 않은 것은?

① ⊙ : 중심에서 사방으로 내뻗침
② ㉡ : 사물을 더듬어 찾아 알아냄
③ ㉢ : 확실하게 그러하다고 여김
④ ㉣ : 막아서 통하지 못하게 함

│7~8│ 다음 글을 읽고 물음에 답하시오.

초기 서양 음악사에서 중요하게 인식되었던 음악 양식은 성가(聖歌)이다. 성가 중에서 가장 유명한 것은 그레고리오 성가로, 초기에는 성부(聲部) 하나만으로 이루어진 단선율 음악이었다. 오랫동안 변함없이 이어져 식상하게 느껴졌던 단선율 음악이 다양성을 추구하고자 하는 시대적 요구에 따라 복선율로 바뀌는 혁명적 사건이 9세기 중엽에 발생하게 되는데, 이것이 대위법의 시초가 되었다.

대위법이란 서로 다른 두 개의 선율이 동시에 노래되어도 소리가 혼란스럽지 않고 서로 잘 어울리게 하는 방법이다. 그렇다면 대위법은 어떤 방법으로 구현되었을까?

대위법이 적용된 최초의 형태는 9세기 중엽에 발생한 평행 오르가눔이다. 동일한 선율이 완전 5도라는 음정의 간격을 ⊙두고 두 사람에 의해서 동시에 불리면, 두 선율은 협화음을 이루게 되어 서로 어울리는 음이 된다. 이때, 성가의 중심이 되는 주선율인 기존 선율은 상성부에 놓고 이에 대응하는 부선율인 대위 선율은 완전 5도 아래 즉, 기존 선율의 하성부에 놓이게 된다. 이렇게 두 개의 선율이 특정 음정 관계를 평행으로 유지하면서 움직이도록 한 것이 최초의 대위법이며, 이 평행 선율이 바로 평행 오르가눔이다. 이 평행 선율의 탄생은 두 개의 선율이 동시에 소리를 낼 수 있다는 사고의 전환을 가져왔고, 이후 대위법이 점차 발달하는 계기가 되었다.

11세기에는 자유 오르가눔이 등장했다. 자유 오르가눔은 평행 오르가눔과 달리 기존 선율은 하성부에, 대위 선율은 상성부에 놓인다. 그리고 대위 선율은 기존 선율이 움직이는 방향과는 상관없이 자유롭게 움직이는 특징을 갖는다. 자유 오르가눔은 대위 선율이 자유롭게 움직이되, 기존 선율과의 음정 관계가 협화음을 유지하는 대위법이 적용되었다. 당시에는 완전 1도, 완전 4도, 완전 5도, 완전 8도의 음정이 협화음이었고, 두 선율 사이의 음정이 협화음이면 두 선율은 어울리는 것으로 인식되었다.

12세기에는 화려한 오르가눔이 탄생했다. 이전까지의 오르가눔에는 기존 선율의 음 하나에 대해서 대위 선율 역시 하나의 음만 사용되었으나, 화려한 오르가눔의 경우에는 기존 선율의 음 하나에 대해서 대위 선율은 음군(音群)이 사용되었다. 말하자면 기존 선율과 대위 선율의 비율이 1:1이 아니라 1:다(多)가 된 것으로, 이전 시대의 오르가눔보다 대위 선율이 더 화려해진 것이다. 이러한 특징은 기존 선율에 변화를 가져 오게된다. 기존 선율의 각 음이 대위 선율에서 사용되는 음의 수에 따라 소리를 길게 내면서 기다리는 현상이 생기게 된 것이

다. 즉 대위 선율에 세 개의 음이 사용될 때에는 3박자를, 네 개의 음이 사용될 때에는 4박자를 기다려 주는 것이다. 이것은 대위 선율이 기존 선율에 의존했던 이전의 오르가눔과는 달리, 기존 선율이 대위 선율에 따라 변형되기 시작했다는 것을 의미한다. 이러한 변화에 따라 화려한 오르가눔에서는 기존 선율보다 대위 선율이 성가의 미적 감흥을 주는 중심 요소로 인식되었다.

12세기 말에 이르러 화려한 오르가눔은 또 다른 형태의 오르가눔으로 이어졌고, 이와 함께 대위법 또한 점점 고도로 발달하게 된다. 대위법은 서양 음악사에 있어서 단성(單聲) 음악을 다성(多聲) 음악으로 발달시킨 핵심이라 해도 과언이 아닐 것이다.

7. 위 글에서 알 수 있는 내용이 아닌 것은?

① 오르가눔의 탄생 배경
② 오르가눔의 전수 방법
③ 오르가눔의 발달 과정
④ 오르가눔의 화음 구성

8. '두다'의 의미가 ⊙과 가장 유사한 것은?

① 그는 일이 많아서 비서를 두었다.
② 내 동생은 바둑보다 장기를 잘 둔다.
③ 교수님은 사관학교 출신을 사위로 두었다.
④ 나는 그녀와 어느 정도 거리를 두고 걸었다.

│9~10│ 다음 글을 읽고 물음에 답하시오

길 중앙에 어떤 아이가 쓰러져 있는 것을 보았을 때 대부분의 사람들은 그 아이를 도우려는 행동을 한다. 이러한 행동을 심리학에서는 '도움 행동(친사회적 행동)'이라 한다. 도움 행동은 순수하고 사심 없이 돕는 행동에서부터 이익 추구라는 계산적인 목적으로 돕는 행동까지 모두 포함한다. 이러한 도움 행동에 영향을 미칠 수 있는 요인들은 무엇일까?

도움을 주는 사람의 입장에서 보면, 곤경에 처한 사람이 어떤 상황에 놓여 있느냐가 도움 행동 유발에 영향을 미친다. 특히 그 상황에서 제3자의 존재 여부는 도움 행동에 큰 영향을 미칠 수 있다. 일반적으로 곤경에 처한 사람 주위에 제3자가 있으면 없을 때보다 도움 행동이 잘 일어나지 않는다. 제3자가 있을 때는 '내가 아니라도 다른 사람이 돕겠지.'라고 생각하거나, '다른 사람들도 돕지 않고 가만히 있는 것을 보니 급한 상황이 아닌가봐.' 하고 상황을 해석하기 때문이다. 그리고 주위에 존재하는 제3자가 낯선 사람일 경우보다는 친한 사람일 경우에 도움 행동은 더 빨리, 더 잘 일어난다. 이는 사람들이 도

움 행동을 할 때 제3자가 친한 사람일 경우 자신에 대한 그 사람의 평가를 의식하기 때문이다.

또한 도움을 주는 사람이 현재 어떤 감정 및 동기 상태에 있느냐 하는 것도 도움 행동에 많은 영향을 미친다. 일반 적으로 양심의 가책에 민감한 사람은 도움 행동을 통해 불쾌한 감정이나 압박감에서 ㉠벗어나려 하기 때문에 다른 사람을 더 잘 도와준다. 그리고 '곤경에 처한 사람은 도와주어야 한다.'는 신념을 가진 사람은 그렇지 않은 사람보다 도움 행동을 더 많이 한다.

도움을 주는 사람이 곤경에 처한 사람을 어떻게 생각하느냐도 도움 행동에 영향을 미친다. 보통 도움을 주는 사람이 곤경에 처한 사람을 좋아하는 경우에는 도움 행동이 더 쉽게 나타난다. 또한 어떤 사람이 곤경에 처해 있을 때 그 사람이 문제의 원인을 스스로 통제할 수 있는지에 대한 판단에 따라서도 도움 행동이 달라질 수 있다. 예를 들면 술 취한 사람이 길에 쓰러진 경우와 일반 사람이 갑자기 쓰러진 경우, 사람들은 후자의 경우에 도움 행동을 더 많이 한다.

한편 도움을 받는 사람은 도움 행동에 대해 항상 긍정적으로 받아들일까? 꼭 그렇지만은 않다. 인간은 개인적 선택과 행동의 자유가 최대한 보장되기를 원한다. 그래서 도움을 받음으로써 자신의 자유가 상실되지 않을까 하는 우려에서 도움을 거부하기도 한다. 또한 자신이 겪는 곤경이 타인, 우연, 상황적인 압력 등 외부적 요인에 의한 것이 아니라 자신의 성격, 능력, 자질 등 내부적 요인에 의한 것이라고 생각할 때 도움 행동을 거부하는 경우가 많다. 이는 도움을 받으면 자신의 자존심이 상한다고 생각하기 때문이다.

9. ㉠의 문맥적 의미와 가장 유사한 것은?

① 네 행동은 예의에서 벗어난 거야.
② 심리적 고통에서 벗어나지 못했다.
③ 터널에서 벗어나자 시야가 밝아졌다.
④ 주제에서 벗어난 이야기는 하지 말자.

10. 박스 안의 내용을 바탕으로, 도움 행동에 나설 때 유의해야 할 사항으로 가장 적절한 것은?

① 나와 가까운 사람일 때 도움 행동에 나서야 한다.
② 시간적 여유가 있을 때 도움 행동에 나서야 한다.
③ 구체적인 대안이 있을 때 도움 행동에 나서야 한다.
④ 도움을 받는 사람의 마음을 헤아리며 도움 행동에 나서야 한다.

｜11~13｜ 다음 글을 읽고 물음에 답하시오.

사람들은 은퇴 이후 소득이 급격하게 줄어드는 위험에 처할 수 있다. 이러한 위험이 발생할 경우 일정 수준의 생활(소득)을 보장해 주기 위한 제도가 공적연금제도이다. 우리나라의 공적연금제도에는 대표적으로 국민의 노후 생계를 보장해 주는 국민연금이 있다.

㉠공적연금제도는 강제가입을 원칙으로 한다. 연금은 가입자가 비용은 현재 지불하지만 그 편익은 나중에 얻게 된다. 그러나 사람들은 현재의 욕구를 더 긴박하고 절실하게 느끼기 때문에 불확실한 미래의 편익을 위해서 당장은 비용을 지불하지 않으려는 경향이 있다. 또한 국가는 사회보장제도를 통하여 젊은 시절에 노후를 대비하지 않은 사람들에게도 최저생계를 보장해준다. 이 경우 젊었을 때 연금에 가입하여 성실하게 납부한 사람들이 방만하게 생활한 사람들의 노후생계를 위해 세금을 추가로 부담해야 하는 문제가 생긴다. 그러므로 국가가 나서서 강제로 연금에 가입하도록 하는 것이다.

공적연금제도의 재원을 충당하는 방식은 연금 관리자의 입장과 연금 가입자의 입장에서 각기 다르게 나누어 볼 수 있다. 연금 관리자의 입장에서는 '적립방식'과 '부과방식'의 두 가지가 있다. '적립방식'은 가입자가 낸 보험료를 적립해 기금을 만들고 이 기금에서 나오는 수익으로 가입자가 납부한 금액에 비례하여 연금을 지급하지만, 연금액은 확정되지 않는다. '적립방식'은 인구 구조가 변하더라도 국가는 재정을 투입할 필요가 없고, 받을 연금과 내는 보험료의 비율이 누구나 일정하므로 보험료 부담이 공평하다. 하지만 일정한 기금이 형성되기 전까지는 연금을 지급할 재원이 부족하므로, 제도 도입 초기에는 연금 지급이 어렵다. '부과방식'은 현재 일하고 있는 사람들에게서 거둔 보험료로 은퇴자에게 사전에 정해진 금액만큼 연금을 지급하는 것이다. 이는 '적립방식'과 달리 세대 간 소득재분배 효과가 있으며, 제도 도입과 동시에 연금 지급을 개시할 수 있다는 장점이 있다. 다만 인구 변동에 따른 불확실성이 있다. 노인 인구가 늘어나 역삼각형의 인구구조가 만들어질 때는 젊은 세대의 부담이 증가되어 연금 제도를 유지하기가 어려워질 수 있다.

연금 가입자의 입장에서는 납부하는 금액과 지급 받을 연금액의 관계에 따라 확정기여방식과 확정급여방식으로 나눌 수 있다. 확정기여방식은 가입자가 일정한 액수나 비율로 보험료를 낼 것만 정하고 나중에 받을 연금의 액수는 정하지 않는 방식이다. 이는 연금 관리자의 입장에서 보면 '적립방식'으로 연금 재정을 운용하는 것이다. 그래서 이 방식은 ⓐ이자율이 낮아지거나 연금 관리자가 효율적으로 기금을 관리하지 못하는 경우에 개인이 손실 위험을 떠안게 된다. 또한 물가가 인상되는 경우 확정기여에 따른 적립금의 화폐가치가 감소되는 위험도 가입자가 감수해야 한다. 확정급여방식은 가입자가 얼마의 연금을 받을 지를 미리 정해 놓고, 그에 따라 개인이 납부할 보험료를 정하는 방식이다. 이는 연금 관리자의 입장에서는 '부과방식'으로 연금 재정을 운용하는 것이다. 나중에 받을 연금을 미리정하면 기금 운용 과정에서 발생하는 투자의 실패는 연금 관리자가 부담하게 된다. 그러나 이 경우에도 물가상승에 따른 손해는 가입자가 부담해야 하는 단점이 있다.

11. ㉠의 이유로 가장 적절한 것은?

① 저축을 하느라 적절한 소비를 하지 않으므로

② 국가가 국민의 최저생계를 보장하지 않으므로

③ 현재의 욕구를 긴박하고 절실하게 느끼지 않으므로

④ 미래의 편익을 위한 비용을 지불하려 하지 않으므로

12. 공적연금의 재원 충당 방식 중 '적립방식'과 '부과방식'을 비교한 내용으로 적절하지 않은 것은?

	항목	적립방식	부과방식
①	연금 지급 재원	가입자가 적립한 기금	현재 일하는 세대의 보험료
②	연금 지급 가능 시기	일정한 기금이 형성된 이후	제도 시작 즉시
③	세대 간 부담의 공평성	세대 간 공평성 미흡	세대 간 공평성 확보
④	소득 재분배 효과	소득 재분배 어려움	소득 재분배 가능

13. ⓐ와 관련하여 맞춤법에 따른 표기가 적절하지 않은 것은?

① 규율(規律)

② 선율(旋律)

③ 자급율(自給率)

④ 점유율(占有率)

▌14~16▐ 다음 글을 읽고 물음에 답하시오.

음속은 온도와 압력에 영향을 받는데, 물속에서의 음속은 공기에서보다 4~5배 빠르다. 물속의 음속은 수온과 수압이 높을수록 증가한다. 그런데 해양에서 수압은 수심에 따라 증가하지만 수온은 수심에 따라 증가하는 것이 아니어서 수온과 수압 중에서 상대적으로 더 많은 영향을 끼치는 요소에 의하여 음속이 결정된다.

음속의 변화를 주는 한 요인인 수온의 변화를 보면, 표층은 태양 에너지가 파도나 해류로 인해 섞이기 때문에 온도 변화가 거의 없다. 그러나 그 아래의 층에서는 태양 에너지가 도달하기 어려워 수심에 따라 수온이 급격히 낮아지고, 이보다 더 깊은 심층에서는 수온 변화가 거의 없다. 표층과 심층 사이에 있는, 깊이에 따라 수온이 급격하게 변화하는 층을 수온약층이라 한다. 표층에서는 수심이 깊어질수록 높은 음속을 보인다. 그러다가 수온이 갑자기 낮아지는 수온약층에서는 음속도 급격히 감소하다가 심층의 특정 수심에서 최소 음속에 이른다. ㉠그 후 음속은 점차 다시 증가한다.

수온약층은 위도나 계절 등에 따라 달라질 수 있다. 보통 적도에서는 일 년 내내 해면에서 수심 150미터까지는 수온이 거의 일정하게 유지되다가, 그 이하부터 600미터까지는 수온약층이 형성된다. 중위도에서 여름철에는 수심 50미터에서 120미터까지 수온약층이 형성되지만, 겨울철에는 표층의 수온도 낮으므로 수온약층이 형성되지 않는다. 극지방은 표층도 깊은 수심과 마찬가지로 차갑기 때문에 일반적으로 수온약층이 거의 없다.

수온약층은 음속의 급격한 변화를 가져올 뿐만 아니라 음파를 휘게도 만든다. 소리는 파동이므로 바닷물의 밀도가 변하면 다른 속도로 진행하기 때문에 굴절 현상이 ⓐ일어난다. 수온약층에서는 음속의 변화가 크기 때문에 음파는 수온약층과 만나는 각도에 따라 위 혹은 아래로 굴절된다. 음파는 상대적으로 속도가 낮은 층 쪽으로 굴절한다. 이런 굴절 때문에 해수면에서 음파를 보냈을 때 음파가 거의 도달하지 못하는 구역이 형성되는데 이를 음영대(shadow zone)라 한다.

높은 음속을 보이는 구간이 있다면 음속이 최소가 되는 구간도 있다. 음속이 최소가 되는 이 층을 음속최소층 또는 음파통로라고 부른다. 음파통로에서는 음속이 낮은 대신 소리의 전달은 매우 효과적이다. 이 층을 탈출하려는 바깥 방향의 음파가 속도가 높은 구역으로 진행하더라도 금방 음파통로 쪽으로 굴절된다. 음파통로에서는 음파가 위로 진행하면 아래로 굴절하려 하고, 아래로 진행하는 음파는 위로 다시 굴절하려는 경향을 가진다. 즉 음파는 속도가 낮은 층 쪽으로 굴절해서 그 층에 머물려고 하는 것이다. 그리하여 이 층에서 만들어진 소리는 수천 km 떨어진 곳에서도 들린다.

해양에서의 음속 변화 특징은 오늘날 다양한 분야에 활용되고 있다. 음영대를 이용해 잠수함이 음파탐지기로부터 회피하여 숨을 장소로 이동하거나, 음파통로를 이용해 인도양에서 음파를 일으켜 대서양을 돌아 태평양으로 퍼져나가게 한 후 온난화 등의 기후 변화를 관찰하는 데 이용되기도 한다.

14. 윗글을 통해 미루어 짐작한 내용으로 적절하지 않은 것은?

① 수온이 일정한 구역에서는 수심이 증가할수록 음속도 증가할 것이다.

② 심층에서 수온 변화가 거의 없는 것은 태양 에너지가 도달하지 않기 때문일 것이다.

③ 수영장 물 밖에 있을 때보다 수영장에서 잠수해 있을 때 물 밖의 소리가 더 잘 들릴 것이다.

④ 음영대의 특성을 이용하면 잠수함은 적의 음파 탐지로부터 숨을 장소를 찾을 수 있을 것이다.

15. 윗글로 보아 ㉠의 이유로 가장 적절한 것은?

① 수온약층이 계절에 따라 변화하기 때문이다.

② 압력이 증가할수록 수온이 계속 감소하기 때문이다.

③ 밀도가 다른 해수층을 만나 음파가 굴절되기 때문이다.

④ 압력 증가의 효과가 수온 감소의 효과를 능가하기 때문이다.

16. 문맥으로 보아 ⓐ와 바꿔 쓰기에 가장 적절한 것은?

① 발송(發送)한다   ② 발행(發行)한다

③ 발족(發足)한다   ④ 발생(發生)한다

‖17~19‖ 다음 글을 읽고 물음에 답하시오.

1910년을 전후하여 독일을 중심으로 전개된 미술 사조인 '표현주의'는 내면에 잠재된 강렬한 감정과 욕구를 소재로 하여 이를 자유롭게 표현하고자 했던 미술 운동이자, 회화에 사회의식을 반영한 사조로 평가 받는다. 19세기 후반 당시의 독일 사회는 전쟁의 후유증과 급속한 산업화로 인해 매우 혼란스러운 상황이었다. 표현주의자들은 사회의 모순에 대한 비판적 인식을 바탕으로 초라한 인간상을 예리하게 ㉠포착하여 불안과 공포, 기쁨과 슬픔 등 자신이 느낀 것을 ㉡미화하지 않고 그대로 화폭에 담아내고자 했다.

기존의 회화가 외적 세계의 모방에 초점을 두었다면, 표현주의는 눈에 보이지 않는 내면의 감정 표현을 중요하게 생각하였다. 표현주의자들은 외적 세계에 대한 내면의 감정을 표현하기 위해 형태를 단순화하고 색채의 수를 최소한으로 사용하였다. 동일한 대상이라도 사람의 감정 상태에 따라 대상이 다르게 보이므로, 당시의 내면 상태를 강렬하게 표현하기 위해 대상의 형태를 과장하거나 왜곡하여 표현하였다. 그리고 즉흥적인 느낌을 주는 듯한 거친 붓놀림과 선에 의해 단순화된 형태, 그리고 과장된 색채를 ㉢선호하였다. 특히 표현주의자들은 판화를 많이 제작하였다. 작가들은 판화에서는 과장된 색채 대신 흑백 대조를 활용하여 극적인 효과를 얻으려 했고, 거칠고 날카로운 선들을 이용하여 당시의 부정적인 사회 상황을 드러내려 하였다.

당대인들은 표현주의를 어떻게 받아들였을까? 이를 짐작하게 하는 이야기가 있다. 표현주의의 대표작인 뭉크의 「절규」가 베를린 전시장에 걸리자 많은 관람객들이 작품에 대해 비난을 하였고, 결국 이 전시장은 폐쇄되기도 하였다. 전통적인 감상 방식에 얽매여 있던 당대 사람들은 표현주의의 어둡고 무거운 주제와 일그러진 형태, 자연스럽지 못한 색감에서 불편함을 느낀 것이다. 표현주의는 감정과 이념을 표현하는 것을 주 목적으로 삼았기 때문에 입체적 구도의 균형이 주는 조형적인 아름다움보다는 작가의 내면세계에 대한 메시지의 전달을 더욱 중시하였다. 따라서 표현주의 작품을 감상할 때에는 과장

되거나 왜곡되어 나타나는 형태와 색채를 통해서 현실 세계를 바라보는 작가의 감각과 감정 상태를 읽어 내는 것이 중요하다.

표현주의는 전후의 혼란 속에서도 독일을 중심으로 지속되었으나 나치 정권으로부터 퇴폐 예술로 규정되어 탄압을 받으면서 그 자취를 감추게 된다. 하지만 표현주의는 눈에 보이는 바깥 세계의 묘사에 갇혀 있었던 예술적 안목을 눈에 보이지 않는 내면세계의 표현 영역으로 확장함으로써 현대 회화의 물꼬를 텄다는 평가를 받고 있다. 현대 회화에서 작품의 재현적 가치보다 ⓐ개성적 가치가 중요한 미학적 개념으로 자리 잡게 된 것은 예술적 창의성과 다양성을 ㉣시도했던 표현주의의 실험정신이 남겨 놓은 흔적이라고 할 수 있다.

17. 윗글을 통해 확인할 수 있는 질문이 아닌 것은?

① 표현주의 미술의 주된 소재는 무엇인가?

② 표현주의 미술이 탄압을 받은 이유는 무엇인가?

③ 표현주의 미술에 영향을 준 미술 사조는 무엇인가?

④ 표현주의 미술이 발생하게 된 시대적 배경은 무엇인가?

18. 문맥을 통해 미루어 볼 때, ⓐ의 의미로 가장 적절한 것은?

① 객관적 시각으로 관찰한 대상을 섬세하게 묘사하는 것이 중요하다.

② 대상을 바라보며 느낀 점을 자신만의 방식으로 표현하는 것이 중요하다.

③ 대상의 고유한 비례와 균형을 찾아서 아름다움을 구현하는 것이 중요하다.

④ 결함을 보완해서라도 대상을 가장 이상적인 모습으로 구현하는 것이 중요하다.

19. 문맥을 고려하여 ㉠~㉣을 우리말로 고쳐 쓸 때, 적절하지 않은 것은?

① ㉠ : 잡아내어

② ㉡ : 아름답게 꾸미지

③ ㉢ : 특별히 좋아하였다

④ ㉣ : 이끌었던

'GDP(국내총생산)'는 국민경제 전체의 생산 수준을 파악할 수 있는 지표인데, 한 나라 안에서 일정 기간 동안 새로 생산된 최종 생산물의 가치를 모두 합산한 것이다. GDP를 계산할 때는 총 생산물의 가치에서 중간생산물의 가치를 빼는데, 그 결과는 최종 생산물의 가치의 총합과 동일하다. 다만 GDP를 산출할 때는 그해에 새로 생산된 재화와 서비스 중 화폐로 매매된 것만 계산에 포함하고, 화폐로 매매되지 않은 것은 포함하지 않는다.

그런데 상품 판매 가격은 물가 변동에 따라 오르내리기 때문에 GDP를 집계 당시의 상품 판매 가격으로 산출하면 그 결과는 물가 변동의 영향을 그대로 받는다. 올해에 작년과 똑같은 수준으로 재화를 생산하고 판매했더라도 올해 물가 변동에 따라 상품 판매 가격이 크게 올랐다면 올해 GDP는 가격 상승분만큼 부풀려져 작년 GDP보다 커진다.

이런 까닭으로 올해 GDP가 작년 GDP보다 커졌다 하더라도 생산 수준이 작년보다 실질적으로 올랐다고 볼 수는 없다. 심지어 GDP가 작년보다 커졌더라도 실질적으로 생산 수준이 ⓐ 떨어졌을 수도 있는 것이다.

그래서 실질적인 생산 수준을 판단할 수 있는 GDP를 산출할 필요가 있다. 그러자면 먼저 어느 해를 기준 시점으로 정해 놓고, 산출하고자 하는 해의 가격을 기준 시점의 물가 수준으로 환산해 GDP를 산출하면 된다. 기준 시점의 물가 수준으로 환산해 산출한 GDP를 '실질 GDP'라고 하고, 기준 시점의 물가 수준으로 환산하지 않은 GDP를 실질 GDP와 구분하기 위해 '명목 GDP'라고 부르기도 한다.

예를 들어 기준 시점을 1995년으로 하여 2000년의 실질 GDP를 생각해 보자. 1995년에는 물가 수준이 100이었고 명목 GDP는 3천 원이며, 2000년에는 물가 수준은 200이고 명목 GDP는 6천 원이라고 가정하자. 이 경우 명목 GDP는 3천 원에서 6천 원으로 늘었지만, 물가 수준 역시 두 배로 올랐으므로 결국 실질 GDP는 동일하다.

경제가 실질적으로 얼마나 성장했는지 알려면 실질 GDP의 추이를 보는 것이 효과적이므로 실질 GDP는 경제성장률을 나타내는 공식 경제지표로 활용되고 있다. 금년도의 경제성장률은 아래와 같은 식으로 산출할 수 있다.

$$경제성장률 = \frac{금년도 \ 실질 \ GDP - 전년도 \ 실질 \ GDP}{전년도 \ 실질 \ GDP} \times 100(\%)$$

경제지표 중 GDP만큼 중요한 'GNI(국민총소득)'라는 것도 있다. GNI는 GDP에 외국과 거래하는 교역 조건의 변화로 생기는 실질적 무역 손익을 합산해 집계한다. 그렇다면 ㉠GDP가 있는데도 GNI를 따로 만들어 쓰는 이유는 무엇일까? 만약 수입 상품 단가가 수출 상품 단가보다 올라 대외 교역 조건이 나빠지면 전보다 많은 재화를 생산·수출하고도 제품·부품 수입 비용이 증가하여 무역 손실이 발생할 수도 있다. 이때 GDP는 무역 손실에 따른 실질 소득의 감소를 제대로 반영하지 못하기 때문에 GNI가 필요한 것이다. 결국 GDP가 국민경제의 크기와 생산 능력을 나타내는 데 중점을 두는 지표라면 GNI는 국민경제의 소득 수준과 소비 능력을 나타내는 데 중점을 두는 지표라고 할 수 있다.

20. 윗글의 내용과 일치하지 않는 것은?

① 상품 판매 가격은 물가 변동의 영향을 받는다.
② GDP는 최종 생산물의 가치의 총합으로 계산할 수 있다.
③ 화폐로 매매되지 않은 것은 GDP 계산에 넣지 않는다.
④ GDP는 총 생산물 가치에 중간생산물 가치를 포함하여 산출한다.

21. 윗글을 참고하여 다음을 이해한 내용으로 적절하지 않은 것은?

아래의 표는 최종 생산물인 X재와 Y재 두 재화만을 생산하는 A국의 연도별 생산액과 물가 수준이다.

	2010년	2011년	2012년
X재의 생산액	2,000원	3,000원	4,000원
Y재의 생산액	5,000원	11,000원	17,000원
물가 수준	100	200	300

※ 기준 연도는 2010년으로 한다.
※ 기준 연도의 실질 GDP는 명목 GDP와 동일한 것으로 간주한다.

① 2012년도의 '명목 GDP'를 산출하면 21,000원이군.
② 2012년도의 '명목 GDP'는 2010년도 대비 3배 늘었군.
③ 2011년도의 '실질 GDP'를 산출하면 7,000원이군.
④ 2012년도는 2010년도보다 실질적으로 생산 수준이 올랐군.

22. ㉠에 대한 대답으로 가장 적절한 것은?

① 국가의 총생산 능력을 정확히 재기 위해
② 생산한 재화의 총량을 정확히 재기 위해
③ 생산한 재화의 수출량을 정확히 재기 위해
④ 무역 손익에 따른 실질 소득의 증감을 정확히 재기 위해

23. ⓐ의 문맥적 의미와 가장 유사한 것은?

① 감기가 떨어지지 않아 큰 고생을 하였다.
② 전국의 기온이 영하로 떨어질 것이라고 한다.
③ 해가 떨어지기 전에 이 일을 마치도록 하여라.
④ 아이가 부모와 떨어져 지내는 것은 힘든 일이다.

우리는 흔히 방언을 한 언어의 하위에 속하는 변이형 정도로 인식하는 경향이 있다. 하지만 몇 개의 사례만 살펴보면 이러한 관계 인식이 그다지 명료하지 못함을 쉽게 알 수 있다. 예를 들어, 영국 영어와 미국 영어는 별개의 언어인가, 아니면 영어라는 한 언어의 방언들인가? 또한 호주에서 사용되는 영어는 이들과 어떤 관계에 있는 것일까?

아마도 순수하게 언어학적인 기준만을 가지고는 대상 언어가 개별 언어인지 아니면 한 언어의 하위 방언인지를 명료하게 구별하기가 매우 어려워 보인다. 이러한 이유로 세계의 특히 유럽의 많은 언어학자들은 언어와 방언의 개념을 구별하지 않고, 이 둘을 '코드(code)'라는 하나의 중립적인 용어로 통합하여 사용하고 있다. 우리나라의 경우 한국어, 경상도 방언, 전라도 방언, 충청도 방언 등이 모두 동일한 자격으로 이 코드에 해당되는 것이다. '코드'는 방언이라는 용어에 숨어 있는 부정적 함축은 물론 언어와 방언 간의 모호한 계층 관계로 인한 문제점을 피할 수 있게 해 준다. 이에 따라 코드는 세계의 언어학계에서 언어와 방언이라는 용어를 대신해 사용될 수 있는 적절한 용어로 인정받고 있다.

우리는 보통 다양한 일상생활 속에서 여러 개의 코드를 사용하며 살아갈 수 있는데, 현재 처한 사회적 상황이나 담화 맥락 등을 고려하여 특정 코드 하나를 선택하게 되는 것을 '코드 선택(codechoice)'이라 한다. 이 코드 선택은 그 선택의 주체가 누구냐에 따라 개인적 차원의 코드 선택과 국가적 차원의 코드 선택으로 나누어 볼 수 있다. 전자는 개별 화자가 대화 참여자나 화제 등과 같은 미시적인 대화 상황을 고려하여 자신의 의지로 특정 코드를 선택하는 것이다. 그 예로는 재미교포 학생이 학교에서 한국 친구와 대화할 때 한국어와 영어 중 하나를 선택하는 것이나 회사원이 회사에서 업무를 볼 때 표준어와 지역 방언 중 하나를 선택하는 것을 들 수 있다. 다음으로 후자는 국가가 자국의 언어 상황이나 정치·경제적 이익 관계 또는 국제 외교 관계 등의 거시적 차원을 고려하여 특정 코드를 선택하는 것이다. ㉠최근 우크라이나에 친유럽 성향의 정부가 들어서고 크림 반도를 러시아군이 장악하게 되면서, 우크라이나가 러시아의 군사 개입에 대한 일종의 반감의 표시로 자국 내에서 러시아어가 가지고 있던 제2공식어로서의 지위를 박탈한 것은 그 좋은 예라 할 수 있다.

또한 우리는 이미 특정 코드를 선택하여 사용하는 도중에 다른 코드를 사용해야 하는 상황에 처하기도 한다. 이러한 상황에서 개별 화자가 이제껏 사용해 왔던 코드를 다른 것으로 교체하는 현상을 '코드 전환(code switching)'이라 한다. 이 코드 전환은 그것이 발생하게 되는 동기에 따라 상황적 코드 전환과 인식적 코드 전환의 둘로 구분할 수 있다. 먼저 상황적 코드 전환은 대화 참여자, 화제, 맥락 등과 같은 담화 구성 성분의 변화, 즉 외적 동기에 의해서 화자가 다른 코드를 새로이 선택하게 될 때 발생한다. 딸과 표준말로 대화를 나누고 있던 한 어머니가 친정어머니로부터 전화를 받게 되자 자신의 고향 방언인 경상도 말을 사용해 통화하는 모습은 좋은 사례가 될 수 있다. 다음으로 인식적 코드 전환은 비록 담화 구성 성분은 변하지 않았지만, 화자가 전략적으로 특정 의사소통 효과

를 만들어 내려는 의도, 즉 내적 동기에 의해서 다른 코드를 사용하게 될 때 발생한다. 표준말로 강의를 하던 선생님이 학생들 간의 활발한 토론을 이끌어 내려는 목적으로 학생들이 주로 사용하는 방언을 사용해 말하기 시작하는 것은 그 좋은 예가 될 수 있다.

24. 윗글에서 알 수 있는 내용이 아닌 것은?

① 언어학적인 기준만을 가지고 언어와 방언을 명료하게 구별하기는 어렵다.
② 세계의 많은 언어학자들은 언어나 방언 대신 코드라는 중립적 용어를 사용하고 있다.
③ 개별 화자들은 사회적 상황이나 담화 맥락을 고려하여 특정 코드를 선택해 사용한다.
④ 대부분의 화자들은 담화 구성 성분상의 변화가 없을 경우에 상황적 코드 전환을 한다.

25. 윗글을 읽은 독자가 ㉠의 상황에 대해 내릴 수 있는 판단으로 가장 적절한 것은?

① 우크라이나어와 러시아어도 별개의 언어인지 아니면 한 언어의 방언인지가 불명확했군.
② 우크라이나에는 우크라이나어보다 러시아어를 코드 선택해서 사용하는 이가 더 많았겠군.
③ 우크라이나는 언어가 아닌 정치, 군사, 외교적 차원에서 국가적 차원의 코드 선택을 하였군.
④ 러시아에는 러시아어에서 우크라이나어로 상황적 코드 전환을 시도하는 이가 거의 없었겠군.

역사적으로 볼 때 기본권은 인권 사상에서 유래되었지만 개념상으로 인권과 기본권은 구별된다. 인권은 인간의 권리, 즉 인간이 인간이기 때문에 당연히 갖는다고 생각되는 생래적(生來的), 천부적(天賦的) 권리를 말하며, 기본권은 헌법이 보장하는 국민의 기본적인 권리를 의미한다. 기본권 중에는 생래적 권리가 헌법에 수용된 것도 있지만 헌법에 의해서 비로소 형성되거나 구체화된다고 생각되는 청구권적 기본권, 참정권, 환경권 등도 있으므로 엄격한 의미에서 인권과 기본권은 동일한 것으로 볼 수 없다.

기본권은 일반적으로 주관적 공권(公權)으로서의 성격을 가진다. 이는 기본권이 기본권의 주체인 개인이 자기 자신을 위하여 가지는 현실적이고 구체적인 권리이기 때문에 국가 권력을

직접적으로 구속하고, 따라서 개인은 국가에 대하여 작위(作爲)나 부작위(不作爲)를 요청할 수 있으며 헌법 질서를 형성하고 개선해 나갈 수 있다는 것을 뜻한다. 그런데 이러한 주관적 공권으로서의 권리가 어떠한 성질의 것이냐에 대하여서는 자연권설, 실정권설, 통합 가치설 등으로 견해가 나뉘고 있다. 자연권설(自然權說)에서는 기본권의 자연권적 성격은 시대나 국가에 따라 차이가 있을 수 있지만 기본권은 본질적으로 인간의 본성에 의거하여 인간이 가지는 권리이고, 국가 권력의 침해와 간섭을 배제하는 기본권의 방어적, 저항적 성격은 오늘날에도 여전히 부정될 수 없다고 주장한다. 그리고 헌법 제정 권력자도 기본권 존중이라는 근본 규범에는 구속되는 것이기 때문에 기본권은 전(前) 국가적, 초(超)국가적인 천부적 자연권이라고 본다. 또한 헌법상의 기본권 보장 규정은 그 헌법의 규정이 기본권을 창설(創設)하는 것이 아니라 단지 인간이 인간으로서 당연히 가지고 있는 권리를 문서로 확인, 선언하고 있는 것에 지나지 않는 것으로 본다.

실정권설(實定權說)에서는 헌법에 규정된 모든 기본권은 실정권으로 파악한다. 사상과 언론의 자유, 신체의 자유 등과 같은 전통적인 자유권적 기본권도 그 역사적인 전개 과정에서는 자연법상의 권리로 주장된 것이지만, 사회는 공동 생활체이므로 개인의 자유는 조정되지 않으면 안 된다. 또한 국가 영역 안에서는 그 최후의 조정자가 국가인 이상 국가에 의한 국민의 자유의 제한, 조정은 필요 불가결하므로, 결국 자유권도 헌법 또는 법률에 의하지 않고는 제한되지 않는 인간의 자유를 말하는 것이다. 그렇다면 자유권도, 그것을 제한할 수도 있다는 헌법 또는 법률이 국가의 실정법인 이상 그것에 의해서만 제한될 수 있다는 의미에서 실정법상의 권리일 수밖에 없다고 주장한다. 실정권설에 의하면 기본권도 헌법에 규정되어야만 비로소 권리로서 인정되기 때문에 헌법의 기본권 보장 규정은 기본권을 확인, 선언하는 것이 아니라 기본권을 창설하는 것이라고 본다.

통합가치설(統合價值說)에서는 질서와 관련하여 기본권을 바라본다. 현실의 인간은 일정한 질서 속에서 존재하기 때문에 인간의 자유와 권리는 질서 내의 자유와 권리를 뜻할 수밖에 없다. 그에 따라 통합가치설에서 기본권은 헌법적인 질서 속에서의 자유와 권리를 뜻하고 사회 공동체가 동화되고 통합되어가기 위한 실질적인 ㉠원동력을 의미하므로, 본질적으로 사회 공동체의 구성원 모두가 공감할 수 있는 가치의 세계를 나타내는 것으로 본다. 또한 헌법 질서 내의 국가 권력은 국민에 앞서 존재하는 것이 아니라 국민의 기본권 행사에 의해서 창설되고, 국가 내에서 행사되는 모든 권력이 국민의 기본권에 의해 통제되고 정당화된다고 주장한다. 그에 따라 통합가치설은 기본권의 국가 형성적 기능과 동화적(同化的) 통합 기능을 강조하고 이러한 기능을 가능하게 하는 기본권의 정치적 성격을 중시한다.

26. 윗글의 내용을 잘못 이해한 것은?

① 기본권은 인권 사상에서 유래한 것으로 주관적 공권으로서의 성격을 가진다.

② 기본권은 국가 권력을 직접적으로 구속하므로 개인은 국가에 대해 작위나 부작위를 요청할 수 있다.

③ 자연권설에서는 기본권이 자연권으로서 가지는 방어적, 저항적 성격이 점차 약화되고 있음을 인정하고 있다.

④ 실정권설에서는 자유권을 헌법 또는 법률에 의하지 않고는 제한되지 않는 자유로 이해한다.

27. 윗글에 근거하여 다음의 헌법 조문을 이해한 반응으로 적절하지 않은 것은?

> 제10조 모든 국민은 인간으로서의 존엄과 가치를 가지며, 행복을 추구할 권리를 가진다. 국가는 개인이 가지는 불가침의 기본적 인권을 확인하고 이를 보장할 의무를 진다.
> 제37조 ① 국민의 자유와 권리는 헌법에 열거되지 아니한 이유로 경시되지 아니한다.
> ② 국민의 모든 자유와 권리는 국가안전보장 질서유지 또는 공공복리를 위하여 필요한 경우에 한하여 법률로써 제한할 수 있으며, 제한하는 경우에도 자유와 권리의 본질적인 내용을 침해할 수 없다.

① 자연권설에 의하면 '제10조'의 '모든 국민은 인간으로서의 존엄과 가치를 가지며, 행복을 추구할 권리를 가진다.'는 기본권이 가지는 자연권으로서의 성격을 확인, 선언한 조항이라 할 수 있다.

② 통합가치설은 '제37조 ①'의 '헌법에 열거되지 아니한'자유와 권리는, 헌법적 질서의 외부에 존재하는 자유와 권리를 지칭한 것으로 이해할 것이다.

③ '제37조 ②'의 '자유와 권리는 국가안전보장 질서유지 또는 공공복리를 위하여 필요한 경우에 한하여 법률로써 제한할 수 있다는 내용은, 기본권이 실정법상의 권리라는 실정권설의 관점을 뒷받침할 수 있다.

④ '제10조'에 대해 통합가치설은 헌법의 기본권 보장의 가치 지표가, 인간으로서의 존엄과 가치를 핵심적 가치로 하는 동화적 통합 질서를 마련하는 데 있음을 밝히는 것으로 해석할 것이다.

28. ㉠의 의미를 구성하고 있는 요소로 보기 어려운 것은?

① 힘

② 바닥

③ 일으킴

④ 본바탕

┃29~32┃ 다음 글을 읽고 물음에 답하시오.

양자(量子)는 원자, 전자, 광자 등의 덩어리진 작은 입자를 말하며, 양자 물리학은 양자들이 입자와 파동이라는 이중적인 속성을 갖고 있음에 ⓐ주목하는 학문이다. 파동의 특징 중 하나는 '중첩'인데, 중첩이란 기타 줄을 퉁겼을 때처럼 파장이 다른 여러 파가 겹쳐 있는 상태를 말한다. 전자가 원자핵을 도는 것도 여러 개의 파들이 중첩된 파동으로 볼 수 있다. 전자가 어떤 곳에서 발견될 수 있는가는 확률로 주어지는데, 측정을 하게 되면 '중첩' 상태가 깨지고 특정 값을 갖는 상태로 '확정'된다. 이는 측정 행위가 파동에 ⓑ영향을 주었기 때문으로 생각되며, 따라서 중첩된 상태의 모든 값을 측정했다고 할 수 없다. 이를 양자 물리학의 정론인 코펜하겐 해석이라고 한다. 확률을 세계의 본질로 보고 미래의 우연성을 ⓒ용인하는 이러한 경향에 대해 아인슈타인은 "신은 주사위 놀이를 하지 않는다."라는 말로 비판한 바 있다. 그는 양자 물리학이 우주의 숨은 변수들을 모두 알게 되면 확률이 아닌 정확한 수치를 측정할 수 있을 것이라고도 했다. 그에게 우주의 인과관계는 신의 질서와도 같아서, 단순하고 명쾌한 이론으로 아름답게 설명되어야 하는 것이었다. 양자 물리학이 ⓓ전제로 삼고 있는 '중첩' 상태의 깨짐과 상태의 '확정'에 대해 다양한 해석들이 제출되었는데, 폰 노이만은 측정 장비들도 양자로 구성되어 있으므로, 측정 단계에서는 '중첩' 상태의 변화가 없고, 측정 결과를 '인간이 인식할 때'비로소 '중첩'이 깨지고 값이 '확정'된다는 다소 급진적인 주장을 내놓았다.

이에 대해 슈뢰딩거는 '슈뢰딩거의 고양이'라는 사고 실험을 제안했다. 쇠로 된 상자 안에 고양이와 방사성 원자, 방사선 검출기, 그리고 독약병을 넣어둔다. 양자인 방사성 원자는 한 시간에 50%의 확률로 붕괴하여 방사선을 방출하도록 되어 있으며, 방사선이 검출되면 독약병이 깨지고 고양이에게 치명적인 독가스를 발생시키도록 기계 장치가 설치되어 있다. 한 시간이 지난 후 고양이의 생사는 어떻게 되었을까?

폰 노이만의 해석을 따르자면, 한 시간이 지나도 여전히 상자 안의 고양이는 살아 있는 상태와 죽어 있는 상태의 '중첩'된 상태에 있지만, 상자를 열어 생사를 확인하는 순간 두 상태 중의 하나로 '확정'된다. 고양이의 생사를 결정하는 계기가 되는 것은 생사를 확인하는 행위이며, 고양이의 생사는 '중첩'된 상태와 확인 행위와의 상호 작용의 결과라 할 수 있다. 그러나 ㉠슈뢰딩거의 해석을 따르자면, 반생반사(半生半死)의 고양이는 있을 수 없다. 한 시간 후 고양이의 생사는 이미 결정되어 있으며, 상자를 열어 보는 행위는 이미 벌어진 일을 확인하는 데 불과하다.

한편, '슈뢰딩거의 고양이'에 대해 코펜하겐 해석을 정밀하게 적용하면 다음과 같은 결론을 얻게 된다. 아무리 작은 검출기라도 양자적인 특성을 온전히 갖기엔 거시적이다. 따라서 방사성 원자의 중첩 '상태'를 깨뜨리고 특정한 상태로 '확정'시킨 것은 고양이의 상태를 확인하는 사람이 아닌 검출기라는 것이다. 많은 해석 중에서 이는 가장 많은 물리학자들의 지지를 받았다. 이와 같은 일련의 과학 논쟁을 촉발한 '슈뢰딩거의 고양이'사고 실험은 파동의 '중첩'상태가 '확정'되는 시점에 대한 문제의식을 담은 것으로, 미시 세계의 원인과 거시 세계의 결과를 연결시켜 놓았다는 의의를 갖는다.

수많은 학자들의 비판과 기여 속에 양자 물리학은 20세기 물리학의 중심으로 자리 잡았다. 21세기에 들어서 보안성이 높은 양자 암호와 우수한 성능이 기대되는 양자 컴퓨터 등 양자 물리학을 이용한 기술은 점차 우리 생활 속에서 현실화되고 있다. ㉡그러나 여전히 슈뢰딩거의 고양이는 물리학자들의 머릿속에서 생사의 기로에 놓여 있다.

29. 윗글에 대한 이해로 적절하지 않은 것은?

① 코펜하겐 해석에서는 양자의 상태를 정확한 수치로 측정하는 것이 가능하다고 보았다.

② 아인슈타인은 세계를 이해할 때 확률과 우연을 배제하고자 했다.

③ 아인슈타인은 우주가 엄밀한 인과 관계로 작동하고 있다고 보았다.

④ 양자 물리학에서는 양자가 입자와 파동의 이중적 속성을 가지고 있다고 보았다.

30. 다음에서 ㉠에 해당하는 것만으로 짝지은 것은?

㉠ 중첩된 상태를 특정한 상태로 확정하는 것은 검출기이다.

㉡ 살아 있으면서 동시에 죽어 있는 고양이는 있을 수 없다.

㉢ 상자를 열어서 확인하는 순간 고양이의 중첩 상태가 깨진다.

㉣ 상자를 열어서 결과를 확인하는 행위와 고양이의 생사는 독립적이다.

㉤ 고양이의 생사는 중첩 상태의 고양이와 상자를 열어서 확인한 사람의 상호 작용의 결과이다.

① ㉠, ㉤

② ㉠, ㉢

③ ㉡, ㉣

④ ㉡, ㉤

31. ⓒ의 의미를 해석한 것으로 가장 적절한 것은?

① 실제로 수많은 고양이들이 실험의 대상이 되고 있다.

② 양자 물리학은 '중첩'상태에 대해 정확히 이해하고 있다.

③ 미시 세계의 원인과 거시 세계의 결과는 연결되어 있지 않다.

④ '슈뢰딩거의 고양이'사고 실험이 지닌 문제의식은 여전히 유효하다.

32. ⓐ~ⓓ의 사전적 의미로 적절하지 않은 것은?

① ⓐ : 관심을 가지고 주의 깊게 살핌

② ⓑ : 어떤 사물의 효과나 작용이 다른 것에 미치는 일

③ ⓒ : 거두어들여 사용함

④ ⓓ : 추리를 할 때, 결론의 기초가 되는 판단

▌33~35▐ 다음 글을 읽고 물음에 답하시오.

「정의론」을 통해 현대 영미 윤리학계에 정의에 대한 화두를 던진 사회철학자 롤즈는 전형적인 절차주의적 정의론자이다. 그는 정의로운 사회 체제에 대한 논의를 주도해 온 공리주의가 소수자 및 개인의 권리를 고려하지 못한다는 점에 주목하여 사회계약론적 토대 하에 대안적 정의론을 정립하고자 하였다.

롤즈는 개인이 정의로운 제도 하에서 자유롭게 자신들의 욕구를 추구하기 위해서는 자유와 권리, 임금과 재산, 권한과 기회 등이 필요하며, 이들은 사회의 기본 구조를 통해서 최대한 공정하게 분배되어야 한다고 생각했다. 그리고 이를 실현할 수 있는 사회 체제에 대한 논의가, 자유롭고 평등하며 합리적인 개인들이 모두 동의할 수 있는 원리들을 탐구하는 데에서 출발해야 한다고 보고 ㉠'원초적 상황'의 개념을 제시하였다. '원초적 상황'은 정의로운 사회 체제의 기본 원칙들을 선택하는 합의 당사자들로 구성된 가설적 상황으로, 이들은 향후 헌법과 하위 규범들이 따라야 하는 가장 근본적인 원리들을 합의한다.

'원초적 상황'에서 합의 당사자들은 자신들의 사회적 계층, 성, 인종 그리고 자신들의 타고난 재능, 취향 등에 대한 정보를 모르는 상태에 놓이게 되는데 이를 ㉡'무지의 베일'이라고 한다. 단, 합의 당사자들은 인간의 심리, 본성 등에 대한 지식, 제도의 영향력과 같은 사회에 대한 일반적 지식을 알고 있으며, 공적으로 합의된 규칙을 준수하고, 합리적인 욕구를 추구할 수 있는 존재로 간주된다.

롤즈는 이러한 '무지의 베일'상태에서 사회 체제의 기본 원칙들 에 만장일치로 합의하는 것이 보장된다고 생각하였다. 또한 무지의 베일을 벗은 후에 겪을지 모를 피해를 우려하여 합의 당사자들이 자신의 피해를 최소화할 수 있는 내용을 계약에 포함시킬 것으로 보았다.

위와 같은 원초적 상황을 전제로 합의 당사자들은 정의의 원칙들을 선택하게 된다. 제1원칙은 모든 사람이 다른 개인들의 자유와 양립 가능한 한도 내에서 '기본적 자유'에 대한 평등한 권리를 갖는다는 것인데, 이를 '자유의 원칙'이라고 한다. 여기서 롤즈가 말하는 '기본적 자유'는 양심과 사고 표현의 자유, 연합의 자유, 정치적 자유, 사적 공간 및 거주와 개인적 재산에 대한 권리, 법치를 받을 자유 등을 포함한다.

사회적, 경제적 불평등은 다음의 두 조건을 만족하는 한에서 허용된다는 것이 제2원칙이다. 제2원칙은 '공정한 기회 평등의 원칙', '차등의 원칙'으로 이루어져 있다. '공정한 기회 평등의 원칙'은 동등한 능력과 동기를 가진 사람들은 직책이나 직위와 관련하여 동등한 삶의 전망을 가질 수 있어야 한다는 것이다. 이는 어떤 가정이나 계층에서 태어나더라도 그 재능을 계발할 기회를 가질 수 있도록 낮은 계층에 대한 교육 및 훈련 기회의 지원이 이루어져야 함을 뜻한다. '차등의 원칙'은 본인의 의지와 상관없이 타고난 조건이 불리한 최소 수혜자에게 불평등을 통해서라도 최대의 이득을 보장해야 한다는 것이다. 롤즈는 정의의 원칙들 간의 우선성과 관련하여 제1원칙이 제2원칙에 우선하며, 제2원칙 내에서는 '공정한 기회 평등의 원칙'이 '차등의 원칙'에 우선한다고 하였다.

롤즈의 정의론을 비판하는 입장에서는 '무지의 베일'이 현실적으로 정의의 원칙들이 선택되기에 적합한 상황이 아닐 수 있으며, 사적 재산의 소유권이 침해될 수 있고, 최소 수혜자에 대한 정의가 불분명하다는 점 등을 지적한다. 그럼에도 롤즈의 정의론은 보다 실질적이고 규범적인 윤리학적 논의의 가능성을 제시하였다는 점에서 사회 정의에 대한 철학적 논의의 지평을 넓힌 이론으로 평가될 수 있다.

33. 롤즈의 '정의론'과 관련하여, 윗글에서 확인할 수 없는 내용은?

① 정의의 원칙들 간의 우선 순위

② 롤즈의 '정의론'의 한계와 의의

③ 롤즈의 '정의론'이 등장하게 된 배경

④ 정의의 개념이 시대에 따라 변하게 된 이유

34. ⊙과 ⓒ에 대한 설명으로 적절하지 않은 것은?

① 롤즈는 합의 당사자들이 ⊙에서 정의의 제1, 2원칙을 선택할 것이라고 보았다.

② 롤즈는 ⊙이 현실적으로 적용하기에 어렵다는 점을 보완하기 위해 ⓒ을 제시하였다.

③ 롤즈는 ⓒ 상태에서 합의 당사자들이 사회 체제의 기본 원칙들에 만장일치로 합의하는 것이 가능하다고 생각했다.

④ 롤즈는 합의 당사자들이 ⓒ 상태에서 벗어난 후에 겪을지 모를 자신의 피해를 최소화할 수 있는 내용을 계약에 포함시킬 것이라고 보았다.

35. 윗글에 제시된 롤즈의 견해에 근거하여 다음에 대해 평가한 내용으로 적절하지 않은 것은?

- A국은 국민에게 '기본적 자유'에 대한 평등한 권리가 주어지는 민주 사회이다. '모든 국민은 성별, 인종 등에 따라 교육받을 기회를 차별받지 않는다.'는 교육법 조항 하에 학교에 입학할 기회가 모두에게 평등하게 주어진다. 단, 국가가 의무교육을 실시하지 않으며, 빈곤층의 자녀 중학교 교육 대신 노동을 택하는 비율이 중산층 자녀의 노동 선택 비율에 비해 높은 편이다.

- B국은 출생 신분에 따라 귀족, 중인, 노예라는 세 계급으로 나누어지는데 귀족 계급만이 참정권을 갖고 이동과 거주의 자유를 누린다. 중인 계급은 거주 지역이 따로 분리되며 귀족 계급 거주지에 살 수 없다. 귀족 계급은 노예를 소유할 권리를 부여받는다.

- C국은 국민의 기본 자유를 평등하게 보장하며, 모두 동일한 출발선상에서 경쟁을 할 수 있도록 정부에서 특별한 정책을 실시한다. 빈곤층을 위한 교육·보건 정책 비용을 마련하기 위해 부유할수록 세금을 더 부과하는 방식을 택하고 있다.

① A국은 국민에게 '기본적 자유'가 보장되므로 '자유의 원칙'을 추구하는 사회라고 볼 수 있다.

② A국은 자신이 속한 환경에 따라 능력을 발휘하지 못할 수 있으므로 정의로운 사회로 볼 수 없다.

③ B국은 거주의 자유, 정치에 대한 권리가 출신에 따라 제한되므로 정의로운 사회로 볼 수 없다.

④ C국은 '모두 동일한 출발선상'에서 경쟁을 하므로 '자유의 원칙'에 어긋나는 사회라고 볼 수 있다.

┃36~38 ┃ 다음은 온수매트의 사용설명서이다. 다음의 내용을 확인한 후 주어진 질문에 답하시오.

〈설치방법〉

바닥 사용 시 열손실 방지를 위해 별도의 매트나 요를 깔고 그 위에 매트를 설치해 주세요..

1. 커버를 매트에 씌워 주세요.
   커버가 없을 경우 패드나 담요 등을 매트 위에 덮어 주세요.
   ※ 커버나 패드를 덮지 않고 장시간 사용 시 저온 화상의 위험이 있습니다.

2. 온수매트를 사용할 위치를 선정해 주세요.
   매트부의 호스가 나오는 방향을 발 아래쪽으로 가게하고 보일러와 매트의 거리는 30cm 이상 띄워주세요.
   설치 초기 단계에서는 원활한 물 순환을 위해 보일러와 매트의 높이를 수평으로 맞추기를 권장합니다. 이후 사용 시에는 침대 높이 1m 이하의 경우, 보일러를 매트보다 낮은 곳에 두고 사용하셔도 무방합니다.

3. 보일러와 매트의 호스를 연결해 주세요.
   매트의 호스를 꼬이지 않도록 반듯하게 늘어놓고 매트에 연결된 호스의 커넥터의 누르는 부분을 위로 오게 하여 보일러 뒷부분의 출수/환수 입구에 맞추어 "딸깍" 소리가 날 때까지 밀어 연결해 주세요.

4. 보일러의 전원코드를 콘센트에 연결하고 전원 버튼을 터치하세요.
   첫 사용시 Er 02(물부족 에러코드)가 표시되고 수위표시 램프가 깜빡이며 점검램프가 켜집니다.

5. 물 주입을 시작합니다.
   ① 주입할 물을 준비해 주세요.
   (총 물 주입량 : 라지킹 1,800ml, 킹 1,700ml, 퀸 1,550ml, 싱글 1,250ml)
   ② 물 주입구의 덮개를 밀어 열고 마개를 반시계 방향으로 돌려서 열어주세요.
   ③ 수위표시 램프를 확인하면서 천천히 물을 주입해 주세요.
   ④ 물 보충 완료 안내와 함께 수위표시 램프에 고수위가 표시되면 물 주입을 중지하고 잠시 기다려 주세요. 물이 매트로 이동하는데 시간이 필요하므로 조금만 기다려 주세요.
   ⑤ 다시 저수위가 표시되며 물 부족 안내가 나오면 고수위가 표시될 때까지 천천히 물을 주입해 주세요.
   ⑥ 물 보충 완료 안내와 함께 물 주입이 완료되면 마개를 시계방향으로 돌려서 닫은 후 덮개를 덮어 주세요.
   ※ 첫 사용 시 물 부족 에러코드가 2~3회 정도 발생할 수 있으며 충분히 물이 보충될 때까지 위 안내에 따라 물 보충 작업을 반복해 주세요.

※ 생수, 정수 또는 수돗물 사용을 권장합니다.
단, 수돗물을 사용 시 물 변색이 발생할 수 있으나 제품 사용에는 이상 없습니다.
※ 물 주입구 내부의 안전망에 물이 닿을 경우 넘칠 수 있으므로 안전망에 닿지 않도록 주의하시고, 넘치는 경우 제거해 주세요.
※ 물 보충 완료 후에 과다하게 물을 주입하면 마개의 작은 공기 구멍을 통해 물이 새어 나올 우려가 있으므로 주의하세요.
※ 지속적이고 안정적인 난방을 위해 2단계(중수위) 이상 물을 채워 사용할 것을 권장합니다.

6. 원하는 온도를 설정하여 사용을 시작하세요.
   설정 방법은 "제품 사용 방법" 안내 페이지를 참조하세요.

〈에러코드 안내〉

에러코드	코드설명	이상내용	조치방법
Er 02	물 부족 에러	물이 부족한 경우입니다.	물 보충 안내 방법에 따라 물을 보충해주세요.
Er 05	물탱크 공급 온도 센서 에러	공급 온도에 이상이 발생된 경우입니다.	콜센터로 연락해주세요.
Er 11	수위 감지 에러	정상 수위 감지가 아닐 경우입니다.	콜센터로 연락해주세요.
Er 16	물탱크 과열 에러	물탱크의 온도가 과열되었을 경우입니다.	콜센터로 연락해주세요.
Er 17	난방 이상 에러	난방과 관련된 부품(온도퓨즈, 전류퓨즈)에 이상이 생긴 경우입니다.	콜센터로 연락해주세요.
Er 18	환수 온도 센서 에러	환수 온도 센서에 이상이 발생된 경우입니다.	콜센터로 연락해주세요.
Er 28	누수 에러	매트 내부 호스 파손에 의한 누수가 감지되었을 경우입니다.	콜센터로 연락해주세요.

〈제품 관리 방법〉

1. 보일러 관리 방법
   보일러 외관을 청소할 때는 부드러운 헝겊을 미지근한 물에 적셔 꼭 짠 후 가볍게 닦아주세요.
   화면 표시창 및 보일러 조작부는 알칼리성 세제로 닦지 마세요.
   황산, 염산 또는 유기용제(시너, 등유, 아세톤 등)를 사용하여 보일러의 표면을 닦지 마세요.

스티커 등을 붙이지 마세요. 표면이 손상될 수 있습니다.

2. 매트 관리 방법
   매트를 청소할 때는 커버를 벗겨내고 물티슈나 젖은 수건으로 가볍게 문질러 닦아낸 후 건조해 주세요.

3. 커버 관리 방법
   커버를 매트에서 벗겨낸 후 뒤집어서 반드시 지퍼를 잠가 주세요.
   찬물에 약하게 손세탁하세요.
   세탁한 커버는 자연 건조한 후 매트에 씌워 사용하세요.

※ 커버를 물에 담가두거나 삶지 마세요.
   심한 오염 시엔 표백제를 사용하지 마시고 즉시 세탁하세요.
   기계 건조를 사용하지 마세요.

36. 온수매트 설치 방법에 대한 설명으로 옳지 않은 것은?

① 바닥 사용 시 열손실 방지를 위해 별도의 매트나 요를 깔고 그 위에 매트를 설치한다.
② 보일러와 매트의 거리는 10cm 정도 띄워 준다.
③ 물 주입 시 물 주입구의 덮개를 밀어 열고 마개를 반시계 방향으로 돌려서 연 다음 수위표시 램프를 확인하면서 천천히 물을 주입한다.
④ 호스 연결 시 보일러 뒷부분의 출수/환수 입구에 맞추어 "딸깍" 소리가 날 때까지 밀어준다.

37. 온수매트의 보일러 관리 방법으로 적절하지 못한 것은?

① 보일러 외관에 스티커를 붙이면 표면이 손상될 수 있다.
② 보일러 외관은 부드러운 헝겊을 미지근한 물에 적셔 짠 후 가볍게 닦도록 한다.
③ 화면 표시창 및 조작부는 알칼리성 세제로 닦으면 안 된다.
④ 보일러 표면을 깨끗이 유지하려면 유지용제를 사용하여 닦으면 된다.

38. 물탱크의 온도가 과열되었을 경우 나타나는 에러 코드에 해당하는 것은?

① Er 02　　　　　② Er 11
③ Er 16　　　　　④ Er 28

▌39~43▌ 다음은 냉장고의 사용설명서이다. 내용을 확인 후 주어진 질문에 답하시오.

〈기본 설치위치〉

1. 바닥이 평탄하고 고른지 확인하세요.
   냉장고 설치바닥이 고르지 않으면?
   • 진동과 소음의 원인이 됩니다.
   • 문의 개폐 등으로 냉장고가 넘어져 다칠 수 있습니다.
   ※ 융단이나 마룻바닥 위에 설치할 때는 단단한 깔판을 깔아주세요.

2. 주위와 적당한 간격을 유지해주세요.
   • 주위와의 간격이 너무 좁으면 냉각력이 떨어지고 전기료가 많이 나오게 됩니다.
   • 제품과 벽 사이 간격이 너무 좁으면 통풍이 되지 않아 냉각력이 떨어져 제품 외벽에 이슬이 생길 수 있고, 전기료가 많이 부과될 수 있습니다.
   • 제품 치수와 주변 공간을 확인한 후 설치해주세요.

3. 열기, 연탄가스가 많은 곳은 피해주세요.
   연탄가스나 연기가 많은 곳에서는 냉장고 외관이 변색될 수도 있습니다.

4. 습기가 적고 통풍이 잘되는 곳에 설치해주세요.
   습한 곳이나 물이 묻기 쉬운 곳에 설치하지 마세요. 제품이 녹이 슬거나 감전의 원인이 됩니다. 또 통풍이 잘되는 곳에 설치해주세요.
   ※ 참고 : 주위 온도가 5℃ 이상 43℃ 이하인 곳에 설치해주세요.
   • 범위를 초과하는 온도에서 제품을 사용하지 마십시오.
   • 내부 온도는 제품의 위치, 주변온도, 문을 여는 횟수에 영향을 받을 수 있습니다.
   • 설치 장소의 온도가 너무 높거나 낮으면 제품 성능 저하 또는 과도한 전기료 부과의 원인이 됩니다.

〈올바른 냉장고 사용방법〉

냉장고 안전 10계명

1. 식품표시사항(보관방법)을 확인한 후 보관하세요.
2. 냉장이나 냉동이 필요한 식품은 들고 온 후 바로 냉장고나 냉동고에 넣으세요.
3. 냉장고 보관 전 이물질, 흙을 제거하고 랩이나 용기에 밀봉하여 보관하세요.
   고기, 생선, 채소 등 신선식품과 캔, 병 등의 포장 식품에는 미생물이나 곤충, 세균 등 이물질이 묻어있어서 그대로 넣으면 다른 식품까지 오염될 수 있습니다.
4. 채소는 신문지에 싸서 보관하지 마세요.
   신문지 인쇄 물질 혹은 다른 이물질이 식품에 묻을 수 있습니다.
5. 장기간 보존하는 것과 온도변화에 민감한 식품은 냉동고 안쪽 깊숙이 넣으세요.
   위치별 온도 : 냉장 문쪽 〉 냉장 채소칸 〉 냉장 안쪽 〉 냉동 문쪽 〉 냉동 안쪽
6. 냉장고를 꽉 채우지 마세요. 70% 이하로 넣으세요.
   지나치게 꽉 채워 넣으면 냉기의 순환이 원활하지 못합니다.
7. 뜨거운 것은 재빨리 식힌 후에 보관하세요.
   많은 양의 뜨거운 식품을 넣으면 냉장고 내부 온도가 상승하여 주변 식품에 영향을 주게 됩니다.
8. 냉장고 문을 너무 자주 여닫지 마세요.
9. 냉동 보관하더라도 보존 기간은 1주~3주로 해주세요.
10. 항상 청결하게 사용하세요.
    ※ 식생활 안전 관련 더 자세한 내용은 식약처 홈페이지 알림 →언론홍보자료를 참조하세요.

〈고장이 아닙니다〉

1. 소음

① "딱", "뚝" 하는 소리가 들릴 때 – 냉장고 내의 온도 변화에 따라 여러 부품들이 수축, 팽창하거나, 각종 제어 장치들이 작동할 때 나는 소리입니다.

② "드르륵~", "덜컥", "웅~" 같은 소리가 들릴 때 – 냉장고가 운전을 시작하거나 끝날 때 압축기나 팬 등에 의해 발생하는 소리로 자동차의 시동을 켜거나 끌 때 발생하는 소리와 유사한 원리입니다.

③ "꾸르륵~" 하며 물 흐르는 소리가 들릴 때 – 냉동/냉장실에 냉매가 상태 변화를 하면서 나는 소리입니다. 액체가 기체로 바뀔 때는 물 흐르는 소리, 기체가 액체로 바뀔 때는 "꾸르륵" 소리가 납니다.

④ 문을 닫은 직후 "슈~", "쉭~" 하는 바람소리가 들릴 때 – 냉장실 또는 냉동실로 들어온 더운 공기가 빨리 냉각되면서 내부 압력이 일시적으로 낮아져서 발생하는 소리입니다.

⑤ 떨리는 소리가 들릴 때 – 마룻바닥이나 목재로 된 벽면에 냉장고를 설치하거나 수평조절이 바르지 못하면 진동으로 소리가 커질 수 있습니다.

⑥ 냉장고가 운전을 계속 할 때 – 1등급 모델의 경우 2개의 압축기를 사용하여 운전을 오래 할 수 있습니다. 냉장고가 오래 운전하는 것은 최적온도를 유지하고 소비전력을 좋게 하기 위함입니다. 자동차가 정속 운전 시에 효율이 높은 것과 동일한 원리입니다.

⑦ 처음 설피 시 소리가 크게 들릴 때 – 처음으로 냉장고를 운전시키면 온도를 빨리 낮추기 위해 고속으로 회전하기 때문에 소리가 크게 들릴 수 있습니다. 일정 온도 이하로 내려가면 소리도 점차 작아집니다.

2. 문열림

문을 닫은 후 문이 살짝 열릴 때 – 냉장실 또는 냉동실 문을 닫을 때 문을 닫는 힘이나 속도에 따라 문이 살짝 열린 후 닫힐 수 있습니다. 너무 세게 닫지 않도록 주의해주세요.

3. 성에 / 이슬

냉장고 안쪽 또는 바깥쪽에 성에나 이슬이 생길 때 – 차가운 냉장고 안쪽에 바깥공기가 들어가면 성에 / 이슬이 생길 수 있습니다. 특히, 문을 자주 여닫거나 문이 덜 닫혔을 경우에 생기기 쉽습니다. 또한, 설치 장소의 습도가 높거나 장마철 비가 오는 날과 같이 습도가 높으면 냉장고 바깥쪽에 이슬이 맺히는 일이 있습니다. 습도가 매우 높을 때 일어나는 현상으로 이때는 마른 수건으로 닦아주세요.

4. 온도

① 냉장고 앞쪽이 따뜻할 때 – 냉장고 전면의 둘레와 냉동실과 냉장실의 칸막이 부분은 이슬 맺힘을 방지하는 방열 파이프가 설치되어 있습니다. 특히, 냉장고 설치 후나 여름철에는 뜨겁게 느껴질 수 있으나 고장이 아니므로 안심하고 사용하세요.

② 냉장고 측면 아래가 따뜻하거나 뒤쪽에서 따뜻한 바람이 나올 때 – 냉장고 설치 후 빠른 냉각을 위해 압축기가 운전을 많이 하므로, 일시적으로 냉장고 오른쪽 측면 아래가 따뜻하거나 따뜻한 바람이 나올 수 있습니다. 냉장고 내 온도가 안정된 후에는 주위 온도와 유사한 수준이 되므로 안심하고 사용하세요.

〈고장 신고 전에 꼭 확인하세요〉

1. 냉동, 냉장이 전혀 되지 않을 때

Q		A	
	정전이 되지 않았습니까?		다른 제품의 전원을 확인하세요.
	전원 플러그가 콘센트에서 빠져있지 않습니까?		전원코드를 콘센트에 바르게 연결해주세요.
	전원은 220V입니까?		110V일 경우에는 변압기를 연결하여 사용해주세요.
	변압기를 사용할 경우, 변압기의 전원 램프가 꺼져있습니까?		변압기의 전원 램프를 켜주세요.

2. 냉동/냉장이 잘 되지 않을 때

Q		A	
Q	냉장실 온도조절이 '약' 쪽에 있지 않습니까?	A	온도조절을 '중' 이상으로 맞추세요.
	직사광선을 받거나 가스레인지 등의 열기구에 가까이 있지 않습니까?		설치장소를 확인해주세요.
	뜨거운 식품을 식히지 않고 넣지 않았습니까?		뜨거운 음식을 곧바로 넣지 마시고 식혀서 넣어주세요.
	식품을 너무 많이 넣지 않았습니까?		식품은 적당한 간격을 두고 넣어주세요.
	문은 완전히 닫혀있습니까?		보관 음식이 문에 끼지 않게 한 후 문을 꼭 닫아주세요.
	냉장고 주위에 적당한 간격이 유지되어 있습니까?		주위에 적당한 간격을 두세요.
	설치장소의 온도가 5℃ 이하로 되지 않았습니까?		기본 설치방법을 참조하여 주위 온도가 5℃ 이상인 곳에 설치해주세요.
	이동형 제빙칸이 램프 덮개가 있는 두 번째 칸에 있습니까?		냉동실 문이 닫히지 않으므로 다른 칸으로 이동해주세요.

3. 냉장실 식품이 얼 때(과잉냉각상태)

Q		A	
Q	냉장실 온도조절이 '강'에 있지 않습니까?	A	온도조절을 '중' 이하로 낮춰주세요.
	수분이 많고 얼기 쉬운 식품을 선반 안쪽의 냉기가 나오는 입구 부분에 넣지 않았습니까?		수분이 많고 얼기 쉬운 식품은 선반의 바깥쪽에 넣어주세요.
	수분이 많고 얼기 쉬운 식품을 냉장실 위쪽 선반에 넣지 않았습니까?		수분이 많고 얼기 쉬운 식품은 냉장실 아래쪽 선반에 넣어주세요.

4. 소음이 심하고 이상한 소리가 날 때

Q		A	
Q	냉장고 설치장소의 바닥이 약하거나, 불안정하게 설치되어 있지 않습니까?	A	바닥이 튼튼하고 고른 곳에 설치하세요.
	냉장고 뒷면이 벽에 닿지 않았습니까?		주위에 적당한 간격을 주세요.
	냉장고 뒷면에 물건이 떨어져 있지 않습니까?		물건을 치워주세요.
	냉장고 위에 물건이 올려져 있지 않습니까?		무거운 물건을 올리지 마세요.

5. 냉장고에서 냄새가 날 때

Q		A	
Q	냉동, 냉장실 온도조절 스위치가 '약' 쪽에 있지 않습니까?	A	온도조절을 '중' 이상으로 맞추세요.
	자극성 음식물을 넣지 않았습니까?		냄새가 강한 음식물은 밀폐용기에 넣어서 보관하세요.
	야채실의 야채가 상하지 않았습니까?		야채실의 야채는 너무 오래 보관하지 마세요.

6. LED 램프가 켜지지 않을 때에는

Q		A	
Q	LED 램프가 꺼져있습니까?	A	LED 램프는 소비자가 직접 교환하기 어려우므로 불이 들어오지 않을 경우에는 서비스 센터로 연락하여 주세요.

7. 냉장고 문이 잘 닫히지 않을 때

Q		A	
Q	냉장고가 앞쪽으로 기울어져 있지 않습니까?	A	높이조절나사를 조절하여 냉장고 앞쪽을 약간 높게 하면 냉장고 문이 잘 닫힙니다.
	문이 잘 열리지 않을 경우		문을 열고 닫은 후 1분 이내에 다시 열려고 하면 냉장고 내부의 압력 때문에 잘 열리지 않을 수 있습니다.

8. 냉장고 안쪽이나 야채실 덮개 밑면에 이슬이 맺힐 때

Q		A	
Q	뜨거운 음식을 식히지 않고 넣지 않았습니까?	A	뜨거운 음식은 반드시 식혀서 보관하세요.
	문을 오랫동안 열어두지 않았습니까?		문을 닫아 두면 이슬이 자동으로 없어지긴 하지만 마른걸레로 닦아주시면 더 좋습니다.
	문을 자주 여닫지 않았습니까?		음식을 보관할 때에는 뚜껑이 있는 용기에 담거나 밀봉하여 보관하세요.
	물기가 많은 식품을 뚜껑을 닫지 않고 넣지 않았습니까?		

9. 성에(얼음)가 생길 때

Q	문을 잘 닫았습니까?	A	보관 식품에 간섭될 수 있으므로, 문을 정확히 닫아주세요.
	뜨거운 음식을 식히지 않고 넣지 않았습니까?		뜨거운 음식은 반드시 식혀서 보관하세요.
	냉동실의 공기 입구나 출구가 막혀있지 않습니까?		냉장고 내 공기의 순환이 잘 되도록 공기 입구나 출구가 막히지 않게 보관해주세요.
	냉동실에 식품을 빽빽하게 넣지 않았습니까?		식품은 적당한 간격을 두십시오.

39. 다음 중 서비스센터에 연락을 하여야 하는 경우에 해당하는 것은?

① 냉장고 문이 잘 닫히지 않을 때

② 소음이 심하고 이상한 소리가 날 때

③ LED 램프가 켜지지 않을 때에는

④ 냉장고에서 냄새가 날 때

40. 냉장고의 설치 위치로 적당하지 않은 장소는?

① 습기가 적고 통풍이 잘 되는 장소

② 주위 온도가 5℃ 이상 43℃ 이하인 장소

③ 열기, 연탄가스가 많은 장소

④ 바닥이 평탄하고 고른 장소

41. 다음 중 냉장고의 올바른 사용 방법이 아닌 것은?

① 고기, 생선 등 신선식품은 랩이나 용기에 밀봉하여 넣도록 한다.

② 채소는 신문지에 싸서 보관한다.

③ 냉장고 안은 70% 이하의 정도만 채워 넣는다.

④ 뜨거운 음식은 식힌 후에 넣도록 한다.

42. 다음 중 냉동, 냉장이 전혀 되지 않을 때 고장 신고 전 확인할 사항으로 옳지 않은 것은?

① 전원코드가 콘센트와 잘 연결되어 있는지 확인해 본다.

② 전원이 110V인지 220V인지를 확인한다.

③ 변압기를 사용할 경우라면 변압기의 전원이 작동되는지 확인해 본다.

④ 온도조절은 '중' 이상으로 맞춰본다.

43. 다음 중 냉장고의 고장이 확실한 상태는?

① 문을 닫은 직후 "슈~", "쉭~" 하는 바람소리가 들릴 때

② 냉장고 안쪽 또는 바깥쪽에 성에나 이슬이 생길 때

③ 문을 닫은 후 문이 살짝 열릴 때

④ 냉장고 위에 아무것도 없는데 소음이 심하고 이상한 소리가 날 때

‖ 44~46 ‖ 다음은 전화 응대 관련 매뉴얼이다. 이를 보고 관련 질문에 답하시오.

〈전화를 받을 때〉

1. 전화를 받을 때는 최대한 신속하게 받는다.
   • 세 번 이상 벨이 울리기 전 받는 것이 예의이다.
   • 만약 세 번 이상 울린 후 받을 경우 "기다리게 해서 죄송합니다."라고 예의를 갖춘다.

2. 전화를 받음과 동시에 감사 인사와 함께 소속을 전한다.
   "감사합니다! ○○(기관, 회사)입니다"

3. 상대방의 신원을 정중히 확인한다.
   "실례지만, 누구십니까?"

4. 상대방 신원 확인 후 밝게 인사를 한다.
   "안녕하세요? ○○(기관, 회사) 김○○ 대리입니다."

5. 용건을 묻는다.
   • "어떤 용무로 전화 주셨습니까?"
   • 5W 1H 원칙에 의해 요점을 메모한다.
     ※ 5W 1H 원칙 … WHY(왜 그것이 필요한가?), WHAT(그 목적은 무엇인가?), WHERE(어디서 하는 것이 좋은가?), WHEN(언제 하는 것이 옳은가?), WHO(누가 가장 적격인가?), HOW(어떤 방법이 좋은가?)

6. 중요한 내용은 상대에게 재확인한다.
   "회신 받으실 메일 주소가 ABCDEFG@naver.com이 맞는지 확인 부탁드립니다."

7. 전화를 끊을 때는 간단한 안부 인사를 전한다.
   • "전화 주셔서 감사합니다. 좋은 하루 보내세요!"
   • 수화기를 놓을 때는 상대방이 전화를 끊은 것을 확인한 후 조용히 내려놓는다.

〈담당자가 부재중일 경우〉

1. 담당자가 부재중일 경우 용건을 묻는다.
   - "현재 담당자가 잠시 자리를 비워 들어오시면 전화를 드리도록 할까요?"
   - "실례지만, 전화번호와 (소속, 성함, 직책 등)을 알려주시겠습니까?"
2. 담당자를 대신하여 용건을 전달해 줄 것을 요청받을 때
   "메모하여 담당자한테 전하겠습니다. 전하실 내용을 말씀해 주십시오."
3. 메모는 성함, 소속, 시간, 전화번호, 용건 내용 등을 메모한다.
   - 5W 1H 원칙으로 간단, 명료하게 메모한다.
   - 메모 후 내용을 재확인한다.
   - 더 필요하신 사항이 있는지 확인한다.
4. 끝맺음 인사
   - 소속과 이름을 말하며 책임의 소재를 명확히 한다.
   - "저는 ○○팀의 김○○대리입니다. 이○○ 주임이 들어오면 내용 전달하겠습니다."
   - "신속히 처리해드리겠습니다. 감사합니다!"
   - 상대방이 전화를 끊은 것을 확인한 후 조용히 내려놓는다.

〈잘못 걸려온 전화일 경우〉

1. 다른 곳으로 착각하여 전화를 건 경우 정중히 안내한다.
   "고객님 저희는 이러한 일을 하는 ○○기관입니다. 실례지만, 저희 기관이 맞는지 확인 부탁드립니다."
2. 다른 직원이 업무 전화가 걸려 왔을 때 안내 후 전화를 돌려준다.
   "담당자 분께 전화 돌려 드리겠습니다. 잠시만 기다려 주십시오."
3. 답변 가능한 내용이면 직접 안내를 드린다.
   "말씀 주신 내용 제가 처리해드려도 되겠습니까?"

〈전화를 걸 때〉

1. 전화를 걸기 전에 통화할 내용을 미리 정리하여 숙지한다.
   - 상대의 소속, 직책, 성함, 전화번호 등
   - 필요한 서류 자료, 메모지, 필기구 준비
2. 상대방이 전화를 받으면 간단한 인사와 함께 본인의 소속과 이름을 먼저 밝힌다.
   "안녕하세요? ○○기관 김○○대리입니다."
3. 전화를 건 용무와 상대방을 확인한다.
   "○○건으로 연락드렸습니다. 이○○ 주임님 맞으신가요?"
4. 담당자가 부재일 경우
   부재의 이유를 물은 뒤 메모를 부탁하거나 일정을 물은 뒤 전화를 다시 하겠다는 등의 약속을 한다.
5. 용건을 간결하고 정확하게 전달한 후 끝인사를 한다.
   "수고하십시오.", "잘 부탁드립니다."

〈항의 전화 응대 시〉

1. 상대방의 감정이 상하지 않도록 항의 내용을 최대한 끝까지 듣는다.
   - 상대방을 부정한다든지, 의심하는 것은 금물이다.
   - 항의 내용을 정확히 메모한다.
2. 사실을 확인하고 변명하지 않으며, 항의에 대해 정중히 사과한다.
   "죄송합니다. 고객님 착오가 있었던 거 같습니다. 정중히 사과드립니다."
3. 본인이 판단할 수 없는 내용 또는 권한이 필요한 사항이면 상사와 논의한다.
   "죄송합니다. 고객님 주신 말씀 충분히 이해했습니다만, 그 부분에 대해서는 제가 판단할 수 있는 부분이 아니라, 내부 검토 후 다시 연락드려도 되겠습니까? 최대한 빨리 처리해드리겠습니다."
4. 반드시 본인 영역의 업무가 아니라도 화를 내거나 언성을 높이면 절대 안 된다.
   - 우선 사과 또는 공감 → 경청 → 공감 또는 재사과 → 원인 분석 → 해결방안 → 동조 확인 → 대안 제시 → 거듭 사과 → 감사 표현

44. 전화를 받을 때의 응대요령으로 적절하지 못한 것은?

① 상대방의 신원을 정중히 확인한다.
② 전화를 받음과 동시에 감사 인사와 함께 소속을 전한다.
③ 중요한 내용은 상대에게 재확인한다.
④ 네 번 이상 벨이 울리기 전 받는 것이 예의이다.

45. 고객의 항의 전화 응대 시 가장 적절한 대응행동으로 볼 수 없는 것은?

① 상대방의 감정이 상하지 않도록 항의 내용을 최대한 끝까지 듣는다.
② 사실을 확인하고 변명하지 않으며, 항의에 대해 정중히 사과한다.
③ 본인이 판단할 수 없는 내용 또는 권한이 필요한 사항이면 상사와 논의한다.
④ 본인 영역의 업무가 아닐 경우 화를 내거나 언성을 높이는 것은 괜찮다.

46. 전화응대 시 용건을 묻거나 메모를 할 경우 사용하는 5W 1H 원칙에 해당하지 않는 것은?

① WHY
② WHOM
③ WHEN
④ HOW

┃47~49┃ 다음 지문을 읽고 주어진 질문의 답을 고르시오.

당신은 소정그룹 영업부의 대리로 오늘 지방출장으로 오후 1시에 대구에 도착하여 들러야 할 거래업체는 다음과 같다. 금일 내로 아래 목록의 거래업체를 모두 방문해야 하며, 하룻밤을 숙박한 후 다른 방으로 이동해야 한다. 도착 후 제일 먼저 숙박업소를 예약한 후 거래업체의 방문을 시작하도록 한다. 대구에서의 교통수단은 지하철로만 이동해야 하고, 지하철로 한 정거장을 이동할 때는 3분이 소요된다. 환승할 경우 환승하는 시간은 10분이다. 또한 한 정거장을 이동할 때마다 요금은 1,000원이 소요되고 환승할 경우 추가 요금은 없다.

대구지역의 숙박정보

호텔명	지하철역
그랜드 호텔	범어역
인터불고 호텔	아양교역
엘디스 리젠트 호텔	신남역
노보텔 엠베서더 호텔	중앙로역

거래업체 정보

거래업체명	지하철역	역에서 이동시간
A	상인역	5분
B	성서산업단지역	10분
C	고산역	2분
D	공단역	1분
E	대곡역	3분
F	지산역	7분

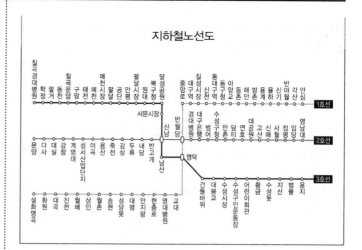

지하철노선도

47. 당신이 숙박업소를 엘디스 리젠트 호텔로 정하고 체크인을 한 후 모든 거래업체를 방문한다고 할 때, 가장 시간이 적게 걸리는 순서는? (단, 역에서의 이동시간은 고려하지 않는다)

① B→D→F→E→A→C
② C→E→A→D→F→B
③ F→E→A→C→B→D
④ D→F→E→A→C→B

48. 마지막 거래처가 E일 경우 가장 가까운 숙박업소는 어디이며 소요시간은 얼마인가?

① 엘디스 리젠트 호텔 – 52분
② 노보텔 엠베서더 호텔 – 42분
③ 그랜드 호텔 – 58분
④ 인터불고 호텔 – 60분

49. 당신이 숙박정보를 고려하지 않고 하루 만에 A~F 거래업체를 모두 방문한다고 할 때, 다음 중 소요시간이 가장 적게 걸리는 순서는 무엇인가? (단, 역에서의 이동시간은 고려하지 않는다)

① E→A→C→B→D→F
② B→D→C→E→A→F
③ F→E→A→B→D→C
④ C→F→E→A→B→D

50. 다음 조건을 순차적으로 처리할 때 다음 시스템에서 취해야 할 행동으로 적합한 것은?

〈조건〉
① 레버 3개의 위치에 따라 다음과 같이 오류값을 선택한다. 오류값을 선택할 때, 음영 처리가 된 오류값만 선택한다.
 • 레버 3개중 1개만 아래로 내려가 있다. → 오류값들의 총합
 • 레버 3개중 2개만 아래로 내려가 있다. → 오류값 중 가장 큰 수
 • 레버 3개가 모두 아래로 내려가 있다. → 오류값 중 가장 작은 수
② 오류값에 따라 다음과 같이 상황을 판단한다.

오류값 허용 범위	상황	상황별 행동
오류값 ≤ 4	안전	아무 버튼도 누르지 않는다.
4 < 오류값 ≤ 8	경고	파란 버튼을 누른다. 단, 내려간 레버가 2개 이상이면 빨간 버튼을 누른다.
8 < 오류값	위험	파란 버튼과 빨간 버튼을 모두 누른다.

③ 음영 처리된 오류값이 2개 이하이면 무조건 안전, 4개 이상이면 무조건 경고
④ 계기판 수치가 12 이상이면 한 단계 격상
⑤ 단, 위험단계에서 격상되어도 위험상태를 유지

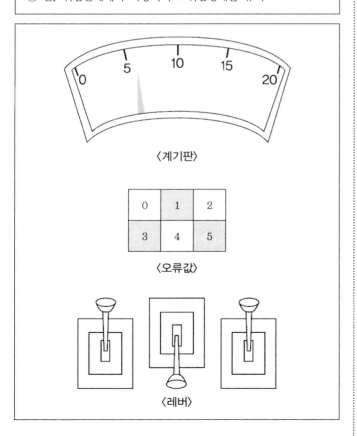

〈계기판〉

0	1	2
3	4	5

〈오류값〉

〈레버〉

① 아무 버튼도 누르지 않는다.
② 파란 버튼을 누른다.
③ 빨간 버튼을 누른다.
④ 파란 버튼과 빨간 버튼을 누른다.

51. 다음 조건을 순차적으로 처리할 때 다음 시스템에서 취해야 할 행동은 무엇인가?

〈조건〉
① 레버 3개의 위치에 따라 다음과 같이 오류값을 선택한다. 오류값을 선택할 때에는 음영 처리가 된 오류값만 선택한다.
 • 레버 3개 중 1개만 위로 올라가 있다. → 오류값 중 가장 큰 수와 가장 작은 수의 차이
 • 레버 3개 중 2개만 위로 올라가 있다. → 오류값 중 가장 큰 수와 가장 작은 수의 합
 • 레버 3개가 모두 위로 올라가 있다. → 오류값들의 평균값 (소수 첫째자리에서 반올림)
② 오류값에 따라 다음과 같이 상황을 판단한다.

오류값 허용 범위	상황	상황별 행동
오류값 < 5	안전	아무 버튼도 누르지 않는다.
5 ≤ 오류값 < 10	경고	파란 버튼을 누른다. 단, 올라간 레버가 2개 이상이면 빨간 버튼도 함께 누른다.
10 ≤ 오류값 < 15	위험	빨간 버튼을 모두 누른다.

③ 계기판 수치가 5 이하이면 무조건 안전, 15 이상이면 무조건 경고
④ 음영 처리된 오류값이 2개 이하이면 한 단계 격하, 음영 처리된 오류값이 5개 이상이면 한 단계 격상
⑤ 안전단계에서 격하되어도 안전 상태를 유지, 위험단계에서 격상되어도 위험단계를 유지

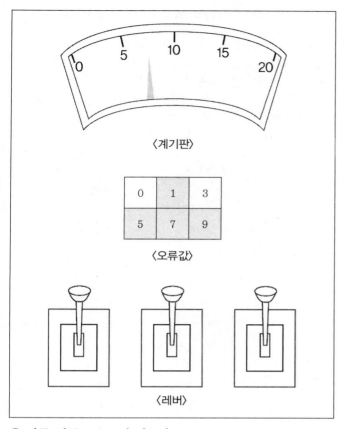

〈계기판〉

| 0 | 1 | 3 |
| 5 | 7 | 9 |

〈오류값〉

〈레버〉

① 아무 버튼도 누르지 않는다.

② 파란 버튼을 누른다.

③ 빨간 버튼을 누른다.

④ 파란 버튼과 빨간 버튼을 모두 누른다.

52. 다음 조건을 순차적으로 처리할 때, 다음 시스템에서 취해야 할 행동으로 옳은 것은?

〈조건〉

① 오류값 중 제일 아래 행에 있는 값들이 음영 처리된 경우, 다음과 같이 행동한다. 단, 다음 3개 중 &와 함께 음영 처리가 되면 &에 관련된 행동을 먼저 취한다.

오류값	행동
&	음영 처리 반전
0	오류값 3, 6는 무조건 음영 처리된 것으로 판단
#	오류값 2, 5는 무조건 음영 처리되지 않은 것으로 판단

② 레버 3개의 위치에 따라 다음과 같이 오류값을 선택한다. 오류값을 선택할 때, 음영 처리가 된 오류값만 선택한다.
- 레버 3개 중 1개만 아래로 내려가 있다. → 오류값들의 총합
- 레버 3개 중 2개만 아래로 내려가 있다. → 오류값 중 가장 큰 수
- 레버 3개가 모두 아래로 내려가 있다. → 오류값 중 가장 작은 수

③ 오류값에 따라 다음과 같이 상황을 판단한다.

오류값 허용 범위	상황	상황별 행동
오류값 < 5	안전	아무 버튼도 누르지 않는다.
5 ≤ 오류값 < 10	경고	노란 버튼을 누른다. 단, 내려간 레버가 2개 이상이면 초록 버튼을 누른다.
10 ≤ 오류값 < 15	위험	노란 버튼과 초록 버튼을 모두 누른다.

④ 음영 처리된 오류값이 2개 이하이면 무조건 안전, 5개 이상이면 무조건 경고

⑤ 계기판의 바늘 2개가 겹치면 한 단계 격상, 겹치지 않으면 아무 변화 없음

⑥ 계기판이 두 바늘이 가리키는 수치가 하나라도 15 이상이면 한 단계 추가 격상

⑦ 위험단계에서 격상되어도 위험상태를 유지

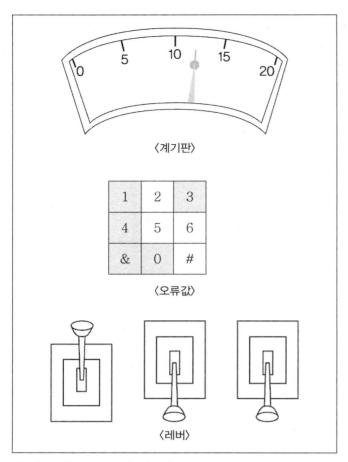

〈계기판〉

〈오류값〉

〈레버〉

① 아무 버튼도 누르지 않는다.

② 노란 버튼을 누른다.

③ 초록 버튼을 누른다.

④ 노란 버튼과 초록 버튼을 누른다.

┃ 53~55 ┃ 다음의 내용을 보고 주어진 질문에 답하시오.

당신은 ○○그룹 국내영업팀 대리이다. 오늘 하루 들러야 할 거래업체는 다음과 같으며 모든 업체를 방문해야 한다. 당신이 이용해야 하는 교통수단은 지하철뿐이며, 지하철로 한 정거장 이동할 때는 3분이 소요된다. 환승할 경우 환승하는 시간은 10분이며, 한 정거장 이동할 때마다 요금은 1,000원이 소요된다. 단, 환승할 경우 추가 요금은 없다.

〈방문할 거래업체〉

거래업체	지하철역
A	구일역
B	신목동역
C	남영역
D	구반포역
E	여의도역
F	마곡역

〈지하철노선도〉

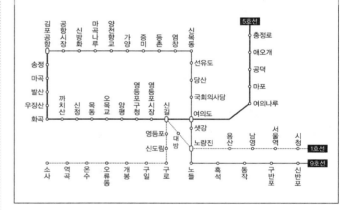

53. 당신이 애오개역에서 출발하여 A업체를 방문 후 B업체를 들린 다음 나머지 거래업체를 모두 방문해야 할 때 다음 중 소요시간이 가장 긴 순서는?

① A→B→E→F→C→D

② A→B→C→E→D→F

③ A→B→F→D→C→E

④ A→B→E→F→C→D

54. 당신은 거래처 E를 방문한 다음 F업체로 갔다가 마지막에 D 업체를 방문 후 퇴근을 하려 한다. 그런데 1호선의 노후화로 인한 고장이 발생하여 1호선을 운행을 하지 않는다고 할 때, 당신이 이동하는 E업체에서부터 D업체까지의 소요시간은 얼마인가?

① 100분　　　　　　　② 105분

③ 110분　　　　　　　④ 115분

55. 당신이 거래업체 E를 방문한 다음 F업체를 들른 후 D업체에 방문할 경우 가장 저렴한 지하철 비용은 얼마인가? (단, 모든 지하철은 정상운행을 한다)

① 29,000원　　　　　② 30,000원

③ 31,000원　　　　　④ 32,000원

|56~58| 다음 지문을 읽고 주어진 질문에 답하시오.

　당신은 ㅁㅁ그룹 영업부 사원으로 오늘 하루 외근을 하면서 들려야 하는 거래업체는 다음과 같다. 금일 내로 아래 목록의 업체에 모두 방문해야 하는데 교통수단으로는 지하철을 타고 이동을 해야 하며, 지하철로 한 정거장 이동할 때에는 3분이 소요된다. 환승할 경우 환승하는 시간은 10분이며, 한 정거장 이동할 때마다 요금은 1,000원이 소요되며, 환승할 경우 추가 요금은 없다.

〈방문할 거래업체〉

거래업체	지하철역
A	과천역
B	오이도역
C	금천구청역
D	화서역
E	구로역
F	연수역

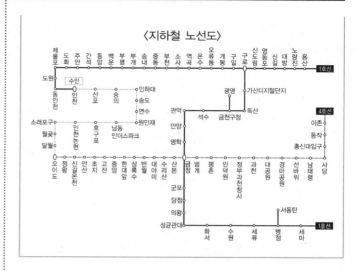

〈지하철 노선도〉

56. 군포에서 출발하여 A업체에 들러 서류를 받은 후 B업체로 전달을 한 다음 나머지 모든 거래업체를 방문해야 한다. 소요시간을 고려할 때 가장 효율적인 경로는?

① A→B→E→F→D→C

② A→B→F→E→C→D

③ A→B→C→D→E→F

④ A→B→D→E→F→C

57. 당신은 E업체를 방문한 다음 F업체에 들러 서류를 받은 후 D 업체로 전달하여야 한다. E업체를 출발하여 D업체까지 이동할 경우 소요시간은? (단, 지하철 4호선은 고장으로 모든 노선이 운행을 하지 않는다)

① 200분　　　　　　　② 209분

③ 215분　　　　　　　④ 220분

58. 모든 지하철이 정상운행을 할 경우 당신이 E업체에서 출발하여 F업체를 들른 후 D업체로 가야 할 때 가장 저렴한 지하철 비용은 얼마인가?

① 50,000원　　　　　② 51,000원

③ 52,000원　　　　　④ 53,000원

59. 다음 조건을 순차적으로 처리할 때 다음 시스템에서 취해야 할 행동은 무엇인가?

〈조건〉

① 오류값 중 제일 아래 행에 있는 값들이 음영처리된 경우, 다음과 같이 행동한다. 단, 3개 중 2개 이상이 음영처리가 되면 7, 8, 9의 순서로 관련된 행동을 먼저 취한다.

오류값	행동
7	1번째 열의 음영처리 반전
8	3번째 열의 음영처리 반전
9	2번째 행은 모두 음영처리되지 않은 것으로 판단

② 레버 3개의 위치에 따라 아래와 같이 오류값을 선택한다. 오류값을 선택할 때, 음영처리가 된 오류값만 선택한다.
 • 레버 3개 중 1개만 위로 올라가 있다. → 오류값 중 가장 큰 수와 가장 작은 수의 차이
 • 레버 3개 중 2개만 위로 올라가 있다. → 오류값 중 가장 큰 수와 가장 작은 수의 합
 • 레버 3개가 모두 위로 올라가 있다. → 오류값들의 평균값 (소수 첫째자리에서 반올림)

③ 오류값에 따라 다음과 같이 상황을 판단한다.

오류값 허용 범위	상황	상황별 행동
오류값 ≤ 4	안전	아무 버튼도 누르지 않는다.
4 < 오류값 ≤ 8	경고	빨간 버튼을 누른다. 단, 올라간 레버가 2개 이상이면 파란 버튼도 함께 누른다.
8 < 오류값	위험	파란 버튼을 누른다.

④ 계기판의 바늘 2개의 수치 차이가 5 이하이면 무조건 안전, 15 이상이면 무조건 경고

⑤ 계기판 수치가 5 이하인 바늘이 하나라도 있으면 한 단계 격하

⑥ 음영처리된 오류값이 2개 이하이면 한 단계 격하, 음영처리된 오류값이 5개 이상이면 한 단계 격상

⑦ 안전단계에서 격하되어도 안전상태를 유지, 위험단계에서 격상되어도 위험상태를 유지

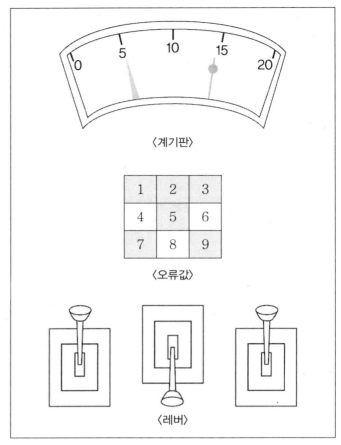

〈계기판〉

〈오류값〉

〈레버〉

① 아무 버튼도 누르지 않는다.
② 빨간 버튼을 누른다.
③ 파란 버튼을 누른다.
④ 빨간 버튼과 파란 버튼을 모두 누른다.

60. 다음 조건을 순차적으로 처리할 때 다음 시스템에서 취해야 할 행동은 무엇인가?

〈조건〉

① 오류값 중 제일 아래 행에 있는 값들이 음영처리된 경우, 다음과 같이 행동한다. 단, 3개 중 2개 이상이 음영처리가 된 경우에는 7, 9, 8의 순서로 관련된 행동을 먼저 취한다.

오류값	행동
7	1번째 열의 음영처리 반전
8	3번째 행의 음영처리 반전
9	2번째 행은 모두 음영처리 되지 않은 것으로 판단

② 레버 3개의 위치에 따라 다음과 같이 오류값을 선택한다. 오류값을 선택할 때, 음영처리가 된 오류값만 선택한다.
- 레버 3개 중 1개만 위로 올라가 있다. → 오류값 중 가장 큰 수와 가장 작은 수의 차이
- 레버 3개 중 2개만 위로 올라가 있다. → 오류값 중 가장 큰 수와 가장 작은 수의 합
- 레버 3개가 모두 위로 올라가 있다. → 오류값들의 평균값 (소수 첫째자리에서 반올림)

③ 오류값에 따라 다음과 같이 상황을 판단한다.

오류값 허용 범위	상황	상황별 행동
오류값 ≤ 4	안전	아무 버튼도 누르지 않는다.
4 < 오류값 ≤ 8	경고	하얀 버튼을 누른다. 단, 올라간 레버가 2개 이상이면 검정 버튼도 함께 누른다.
8 < 오류값	위험	검정 버튼을 누른다.

④ 계기판의 바늘 2개의 수치 차이가 5 이하이면 무조건 안전, 15 이상이면 무조건 경고
⑤ 계기판 수치가 5 이하인 바늘이 하나라도 있으면 격하
⑥ 음영처리된 오류값이 2개 이하이면 한 단계 격하, 음영처리된 오류값이 5개 이상이면 한 단계 격상
⑦ 안전단계에서 격하되어도 안전상태를 유지, 위험단계에서 격상되어도 위험상태를 유지

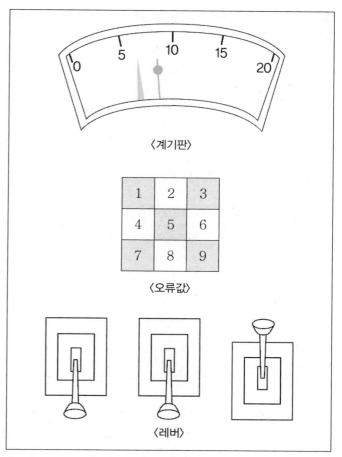

〈계기판〉

〈오류값〉

〈레버〉

① 아무 버튼도 누르지 않는다.
② 하얀 버튼을 누른다.
③ 검정 버튼을 누른다.
④ 하얀 버튼과 검정 버튼을 모두 누른다.

61. 다음 조건을 순차적으로 처리할 때, 다음 시스템에서 취해야 할 행동은 무엇인가?

〈조건〉

① 레버 3개의 위치에 따라 다음과 같이 오류값을 선택한다. 오류값을 선택할 때, 음영처리가 된 오류값만 선택한다.
- 레버 3개 중 1개만 아래로 내려가 있다. → 오류값들의 총합
- 레버 3개 중 2개만 아래로 내려가 있다. → 오류값 중 가장 큰 수
- 레버 3개가 모두 아래로 내려가 있다. → 오류값 중 가장 작은 수

② 오류값에 따라 다음과 같이 상황을 판단한다.

오류값 허용 범위	상황	상황별 행동
오류값 < 5	안전	아무 버튼도 누르지 않는다.
5 ≤ 오류값 < 10	경고	빨간 버튼을 누른다. 단, 내려간 레버가 2개 이상이면 파란 버튼을 누른다.
10 ≤ 오류값 < 15	위험	빨간 버튼과 파란 버튼을 모두 누른다.

③ 음영처리된 오류값이 2개 이하이면 무조건 안전, 5개 이상이면 무조건 경고
④ 계기판 수치가 15 이상이면 한 단계 격상
⑤ 위험단계에서 격상되어도 위험상태를 유지

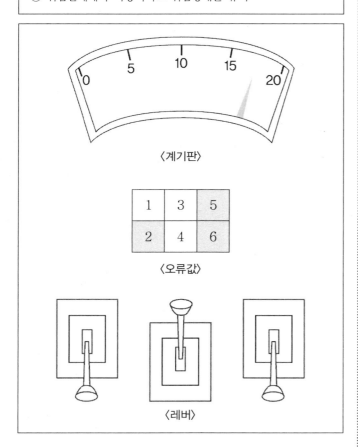

〈계기판〉

〈오류값〉

〈레버〉

① 아무 버튼도 누르지 않는다.
② 빨간 버튼을 누른다.
③ 파란 버튼을 누른다.
④ 빨간 버튼과 파란 버튼을 모두 누른다.

62. 다음 제시된 조건을 순차적으로 처리할 때, 다음 시스템에서 취해야 할 행동으로 옳은 것은?

〈조건〉

① 레버 3개의 위치에 따라 다음과 같이 오류값을 선택한다. 오류값을 선택할 때, 음영처리가 된 오류값만 선택한다.
- 레버 3개 중 1개만 위로 올라가 있다. → 오류값 중 가장 큰 수와 가장 작은 수의 차이
- 레버 3개 중 2개만 위로 올라가 있다. → 오류값 중 가장 큰 수와 가장 작은 수의 합
- 레버 3개가 모두 위로 올라가 있다. → 오류값들의 평균값 (소수 첫째자리에서 반올림)

② 오류값에 따라 다음과 같이 상황을 판단한다.

오류값 허용 범위	상황	상황별 행동
오류값 < 4	안전	아무 버튼도 누르지 않는다.
4 ≤ 오류값 < 8	경고	노란 버튼을 누른다. 단, 내려간 레버가 2개 이상이면 초록 버튼도 함께 누른다.
8 < 오류값	위험	초록 버튼을 누른다.

③ 계기판의 수치가 5 이하이면 무조건 안전, 15 이상이면 무조건 경고
④ 음영처리된 오류값이 2개 이하이면 한 단계 격하, 음영처리된 오류값이 5개 이상이면 한 단계 격상
⑤ 안전단계에서 격하되어도 안전상태를 유지, 위험단계에서 격상되어도 위험상태를 유지

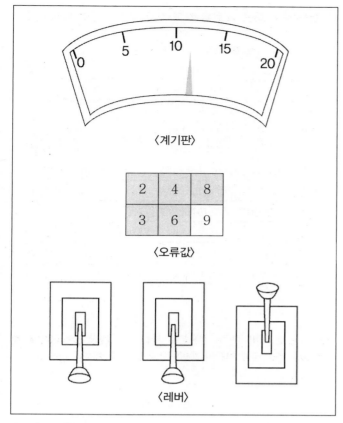

〈계기판〉

| 2 | 4 | 8 |
| 3 | 6 | 9 |

〈오류값〉

〈레버〉

① 아무 버튼도 누르지 않는다.
② 노란 버튼을 누른다.
③ 초록 버튼을 누른다.
④ 노란 버튼과 초록 버튼을 모두 누른다.

▮63~65▮ 다음 내용을 보고 이어지는 물음에 답하시오.

(주)서원각 마케팅 사업부는 대구에서 열리는 워크숍에 참가하기 위해 교통편을 알아보고 있다. 김 대리는 당일 부서회의에 참가해야 하며, 회의 종료시간은 오전 11시이다.

• 워크숍 일정 안내
- 일시 및 장소 : 2018. 11. 5(월) 11 : 00~18 : 00, 대구 노보텔 앰배서더 호텔
- 15 : 00 이후에는 노보텔 앰배서더 호텔 입장이 제한됩니다.

• 회사에서 공항, 기차역, 고속버스터미널까지의 소요시간

출발지	도착지	소요시간	교통비
회사	김포공항	110분	1,400원
	서울역	50분	1,300원
	강남고속버스터미널	30분	1,200원

• 비행기, 기차, 버스 이동시간

구분	운행요일	출발시간	소요시간	교통비
비행기	월/수/금	13 : 00	40분	85,000원
KTX	매일	매 시 정각	100분	30,000원
고속버스	매일	오전 9 : 00 출발 이후 30분마다	130분	12,000원

• 대구 노보텔 앰배서더 호텔 오시는 길

교통편	출발지	소요시간	교통비
일반버스	대구국제공항	70분	1,300원
	대구역	35분	1,200원
	동대구고속버스터미널	40분	1,200원
택시	대구국제공항	50분	6,000원
	대구역	30분	4,000원
	동대구고속버스터미널	45분	5,000원

63. 김 대리가 워크숍에 참석하려고 할 때 가장 빨리 도착하는 교통편으로 옳은 것은? (단, 기다리는 시간은 없는 것으로 간주하며, 소요시간만 적용한다)

① 회사 → 비행기 → 택시
② 회사 → KTX → 택시
③ 회사 → 고속버스 → 버스
④ 회사 → 고속버스 → 택시

64. 워크숍의 입장제한시간이 2시 10분으로 변경될 경우 김 대리가 입장할 수 있는 경로는?

① 회사 → KTX → 버스
② 회사 → 고속버스 → 버스
③ 회사 → KTX → 택시
④ 회사 → 비행기 → 택시

65. 김 대리가 워크숍에 참석하기 위해 회사에서 서울역으로 가 KTX를 타고 대구역에 도착하여 택시를 타고 목적지에 도착할 때까지 소요되는 교통비는 얼마인가?

① 14,400원
② 18,200원
③ 35,300원
④ 92,400원

┃66~67┃ 다음은 소정연구소에서 제습기 A~E의 습도별 연간소비전력량을 측정한 자료이다. 이와 관련된 질문에 답하시오.

제습기 A~E이 습도별 연간소비전력량

(단위 : kWh)

습도 제습기	40%	50%	60%	70%	80%
A	550	620	680	790	840
B	560	640	740	810	890
C	580	650	730	800	880
D	600	700	810	880	950
E	660	730	800	920	970

66. 습도가 70%일 때 연간소비전력량이 가장 적은 제습기는 무엇인가?

① A　　　　　　　　② B
③ C　　　　　　　　④ D

67. 제습기 중 연간소비전력량이 습도가 80%일 때가 40%일 때의 1.5배 이상이 되지 않는 것은?

① B　　　　　　　　② C
③ D　　　　　　　　④ E

┃68~69┃ 다음 자료를 보고 이어지는 물음에 답하시오.

〈혼인연차별 초혼 · 재혼 비중〉

(단위: 쌍, %)

혼인 연차	Y-1년			Y년		
	신혼 부부 수	초혼 비중	재혼 비중	신혼 부부 수	초혼 비중	재혼 비중
계	1,471,647	(80.1)	(19.9)	1,436,948	(80.1)	(19.8)
5년차	289,258	(80.8)	(19.1)	291,621	(80.9)	(19.0)
4년차	297,118	(80.5)	(19.5)	293,723	(81.2)	(18.8)
3년차	299,543	(80.8)	(19.2)	288,689	(80.1)	(19.9)
2년차	294,962	(79.6)	(20.4)	284,323	(79.4)	(20.6)
1년차	290,766	(78.9)	(21.1)	278,592	(78.8)	(21.1)

68. Y-1년 대비 Y년의 신혼부부 커플 수가 가장 많이 변동된 혼인연차와 가장 적게 변동된 혼인연차의 변동 수 차이는 얼마인가?

① 8,779　　　　　　② 9,811
③ 11,050　　　　　　④ 14,537

69. 다음 중 위의 자료를 올바르게 해석하지 못한 것은 어느 것인가?

① Y년의 전체 신혼부부 커플 수의 전년대비 증감률은 약 -2.36%이다.
② Y년의 부부 중 1명 이상 재혼인 경우가 80.1%로 전년과 동일한 비중을 나타낸다.
③ 신혼부부가 재혼인 비중은 혼인연차가 많을수록 대체적으로 더 적다.
④ Y년의 초혼 비중이 가장 크게 증가한 혼인연차는 4년차이다.

| 70~72 | 다음 표는 통신사 A, B, C의 스마트폰 소매가격 및 평가점수 자료이다. 이에 대한 다음의 물음에 답하시오.

통신사별 스마트폰의 소매가격 및 평가점수
(단위 : 달러, 점)

통신사	스마트폰	소매가격	평가항목 화질	내비게이션	멀티미디어	배터리수명	통화성능	종합품질점수
A	a	150	3	3	3	3	1	13
A	b	200	2	2	3	1	2	10
A	c	200	3	3	3	1	1	11
B	d	180	3	3	3	2	1	12
B	e	100	2	3	3	2	1	11
B	f	70	2	1	3	2	1	9
C	g	200	3	3	3	2	1	13
C	h	50	3	3	3	1	1	11
C	i	150	3	2	2	3	2	12

70. 소매가격이 200달러인 스마트폰 중 '종합품질점수'가 가장 높은 스마트폰은 무엇인가?

① a ② c
③ e ④ g

71. 통신사 각각에 대해서 해당 통신사 스마트폰의 '통화성능' 평가점수의 평균을 계산하여 통신사별로 비교할 경우 그 값이 가장 높은 것은?

① A ② B
③ C ④ 모두 동일

72. 평가항목 각각에 대해서 스마트폰 a~i 평가점수의 합을 계산하여 평가항목별로 비교할 경우 가장 높은 점수를 갖는 것은?

① 내비게이션 ② 멀티미디어
③ 배터리 수명 ④ 통화성능

| 73~75 | 다음은 15개 종목이 개최된 2018 자카르타–팔렘방 아시안게임 참가국 A~D의 메달 획득 결과를 나타낸 자료이다. 이에 대한 물음에 답하시오.

2018 자카르타–팔렘방 아시안게임 참가국 A~D의 메달 획득 결과

종목＼국가메달	A			B			C			D		
	금	은	동	금	은	동	금	은	동	금	은	동
배드민턴	3	1	1					1				
복싱	3	1	2	1							1	1
사격	3	1	3				1	3	2			
사이클 트랙	3	1								1		1
요트				1						1	1	3
기계체조		1	1	4	2	1				1	2	1
소프트볼		1										
역도	1	3					2	1	2			
유도						1	2	1	1	1	1	
롤러스포츠	1								1	1		1
다이빙					1	1	1	4	2			
볼링				1				1	1			
레슬링				1			7	4	3			
수영					1	2		1	1	4	2	1
태권도	1					2					2	2

※ 빈 칸은 0을 의미한다.

73. A~D국 중 메달을 획득한 종목의 수가 가장 많은 국가는 어디인가?

① A ② B
③ C ④ D

74. A국이 복싱, 사이클 트랙, 소프트볼 종목에서 획득한 모든 메달 수의 합은 모두 몇 개인가?

① 10 ② 11
③ 12 ④ 13

75. 획득한 동메달 수가 많은 국가부터 순서대로 바르게 나열한 것은?

① A − B − C − D
② B − C − A − D
③ C − D − A − B
④ D − C − A − B

┃76~78┃ 다음은 우리나라 흥행순위별 2018년 영화개봉작 정보와 월별 개봉편수 및 관객수에 대한 자료이다. 이에 대한 질문에 답하시오.

우리나라 흥행별 2018년 영화개봉작 정보
(단위 : 천 명)

흥행순위	영화명	개봉시기	제작	관객 수
1	신과 함께라면	8월	국내	12,100
2	탐정님	12	국내	8,540
3	베테랑인가	1월	국내	7,817
4	어벤져스팀	7월	국외	7,258
5	범죄시티	10월	국내	6,851
6	공작왕	7월	국내	6,592
7	마녀다	8월	국내	5,636
8	히스토리	1월	국내	5,316
9	미션 불가능	3월	국외	5,138
10	데드푸우	9월	국외	4,945
11	툼레이더스	10월	국외	4,854
12	공조자	11월	국내	4,018
13	택시운전수	12월	국내	4,013
14	1987년도	10월	국내	3,823
15	곰돌이	6월	국외	3,689
16	별들의 전쟁	4월	국외	3,653
17	서서히 퍼지는	4월	국외	3,637
18	빨간 스페로	7월	국외	3,325
19	독화살	9월	국내	3,279
20	통근자	5월	국외	3,050

※ 관객 수는 개봉일로부터 2018년 12월 31일까지 누적한 값이다.

우리나라의 2018년 월별 개봉편수 및 관객 수
(단위 : 편, 천 명)

제작 구분 / 월	국내 개봉편수	국내 관객 수	국외 개봉편수	국외 관객 수
1	35	12,682	105	10,570
2	39	8,900	96	6,282
3	31	4,369	116	9,486
4	29	4,285	80	6,929
5	31	6,470	131	12,210
6	49	4,910	124	10,194
7	50	6,863	96	14,495
8	49	21,382	110	8,504
9	48	5,987	123	6,733
10	35	12,964	91	8,622
11	56	6,427	104	6,729
12	43	18,666	95	5,215
전체	495	113,905	1,271	105,969

※ 관객 수는 당월 상영영화에 대해 월말 집계한 값이다.

76. 국외제작영화 관객 수가 가장 많았던 달에 개봉된 영화 중 흥행순위 1~20위 내에 든 국외제작영화 개봉작은 모두 몇 편인가?

① 1편
② 2편
③ 5편
④ 10편

77. 흥행순위가 1위인 영화의 관객 수는 흥행순위 20위 내의 국내제작영화 전체 관객 수의 약 몇 % 이상인가?

① 10%
② 15%
③ 18%
④ 20%

78. 10월에 개봉되어 흥행순위 1~20위 내에 든 영화 중 국외제작영화는 모두 몇 편인가?

① 1편
② 3편
③ 5편
④ 9편

┃79~80┃ 다음은 8월 1~10일 동안 도시 5곳에 대한 슈퍼컴퓨터 예측 날씨와 실제 날씨를 정리한 표이다. 이에 대한 질문에 답하시오.

8월 1~10일 동안 도시 5곳에 대한 슈퍼컴퓨터 예측 날씨와 실제 날씨

도시 \ 날짜 구분	8.1.	8.2.	8.3.	8.4.	8.5.	8.6.	8.7.	8.8.	8.9.	8.10.
서울 예측	☂	☁	☀	☂	☀	☀	☂	☂	☀	☁
서울 실제	☂	☀	☂	☂	☀	☂	☀	☀	☀	☂
인천 예측	☀	☂	☀	☂	☁	☀	☂	☀	☀	☀
인천 실제	☂	☀	☂	☂	☁	☂	☀	☂	☀	☀
파주 예측	☂	☀	☂	☂	☀	☂	☀	☂	☂	☂
파주 실제	☂	☀	☂	☁	☂	☂	☀	☀	☂	☂
춘천 예측	☂	☂	☀	☀	☂	☂	☂	☂	☀	☂
춘천 실제	☂	☁	☂	☂	☂	☂	☂	☂	☀	☀
태백 예측	☂	☀	☀	☂	☂	☀	☁	☀	☂	
태백 실제	☂	☂	☁	☂	☂	☀	☂	☀	☂	☀

79. 5개 도시 중 예측 날씨와 실제 날씨가 일치한 일수가 가장 많은 도시는 어디인가?

① 서울
② 인천
③ 파주
④ 춘천

80. 8월 1~10일 중 예측 날씨와 실제 날씨가 일치한 도시 수가 가장 적은 날은 언제인가?

① 8월 2일
② 8월 4일
③ 8월 7일
④ 8월 9일

┃81~82┃ 다음은 갑국~정국의 성별 평균소득과 대학진학률의 격차지수만으로 계산한 간이 성평등지수에 대한 표이다. 이에 대한 물음에 답하시오.

갑국~정국의 성별 평균소득과 대학진학률의 격차지수만으로 계산한 간이 성평등지수

(단위 : 달러, %)

항목 국가	평균소득 여성	평균소득 남성	격차지수	대학진학률 여성	대학진학률 남성	격차지수	간이 성평등지수
갑	8,000	16,000	0.50	68	48	1.00	0.75
을	36,000	60,000	0.60	( )	80	( )	( )
병	20,000	25,000	0.80	70	84	0.83	0.82
정	3,500	5,000	0.70	11	15	0.73	0.72

※ 격차지수는 남성 항목값 대비 여성 항목값의 비율로 계산하며, 그 값이 1을 넘으면 1로 한다.
※ 간이 성평등지수는 평균소득 격차지수와 대학진학률 격차지수의 산술 평균이다.
※ 격차지수와 간이 성평등지수는 소수점 셋째자리에서 반올림한다.

81. 을국의 여성 대학진학률이 85%이면 을국의 간이 성평등지수는 얼마가 되는가?

① 0.62
② 0.80
③ 0.90
④ 0.93

82. 정국의 여성 대학진학률이 4%p 상승하면 정국의 간이 성평등지수는 얼마가 되는가?

① 0.72
② 0.80
③ 0.82
④ 0.85

┃83~85┃ 다음 표와 그림은 2018년 한국 골프 팀 A~E의 선수 인원수 및 총 연봉과 각각의 전년대비 증가율을 나타낸 것이다. 이에 대한 질문에 답하시오.

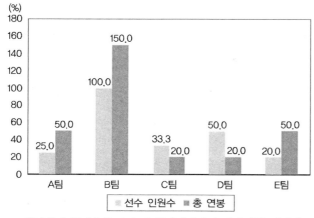

2018년 골프 팀 A~E의 선수 인원수 및 총 연봉

(단위 : 명. 억 원)

골프 팀	선수 인원수	총 연봉
A	5	15
B	10	25
C	8	24
D	6	30
E	6	24

※ 팀 선수 평균 연봉 = $\dfrac{총\ 연봉}{선수\ 인원수}$

2018년 골프 팀 A~E의 선수 인원수 및 총 연봉의 전년대비 증가율

(%)

A팀: 선수 인원수 25.0, 총 연봉 50.0
B팀: 선수 인원수 100.0, 총 연봉 150.0
C팀: 선수 인원수 33.3, 총 연봉 20.0
D팀: 선수 인원수 50.0, 총 연봉 20.0
E팀: 선수 인원수 20.0, 총 연봉 50.0

■ 선수 인원수 ■ 총 연봉

※ 전년대비 증가율은 소수점 둘째자리에서 반올림한 값이다.

83. 2018년 팀 선수 평균 연봉이 가장 많은 팀은?

① A팀 　　　　　② B팀
③ C팀 　　　　　④ D팀

84. 2017년 총 연봉이 두 번째로 많은 팀은 어디인가?

① B팀 　　　　　② C팀
③ D팀 　　　　　④ E팀

85. 2018년 선수 인원수가 전년대비 가장 많이 증가한 팀은 어디인가?

① A팀 　　　　　② B팀
③ C팀 　　　　　④ D팀

┃86~87┃ 다음은 ○○기관에서 파악한 농촌의 유소년, 생산연령, 고령인구 연도별 추이 조사 자료이다. 이를 보고 이어지는 물음에 답하시오.

농촌의 유소년, 생산연령, 고령인구 연도별 추이 조사 자료

(단위 : 천 명, %)

구분		2000	2005	2010	2015
농촌	합계	9,343	8,705	8,627	9,015
	유소년	1,742	1,496	1,286	1,130
	생산연령	6,231	5,590	5,534	5,954
	고령	1,370	1,619	1,807	1,931
- 읍	소계	3,742	3,923	4,149	4,468
	유소년	836	832	765	703
	생산연령	2,549	2,628	2,824	3,105
	고령	357	463	560	660
- 면	소계	5,601	4,782	4,478	4,547
	유소년	906	664	521	427
	생산연령	3,682	2,962	2,710	2,849
	고령	1,013	1,156	1,247	1,271

86. 다음 중 농촌 전체 유소년, 생산연령, 고령 인구의 2000년 대비 2015년의 증감률을 각각 순서대로 올바르게 나열한 것은?

① 약 35.1%, 약 4.4%, 약 40.9%
② 약 33.1%, 약 4.9%, 약 38.5%
③ 약 −37.2%, 약 −3.8%, 약 42.5%
④ 약 −35.1%, 약 −4.4%, 약 40.9%

87. 다음 중 위의 자료를 올바르게 해석하지 못한 것은?

① 유소년 인구는 읍과 면 지역에서 모두 지속적으로 감소하였다.

② 생산연령 인구는 읍과 면 지역에서 모두 증가세를 보였다.

③ 고령인구의 지속적 증가로 노령화 지수는 지속 상승하였다.

④ 농촌의 전체 인구는 면 지역의 생산연령 인구와 증감 추이가 동일하다.

88. 한국의 노령분야 공공복지예산이 가족분야 공공복지예산의 2배가 되는 해는 언제인가?

① 2014년   ② 2015년

③ 2016년   ④ 2017년

89. 2014~2017년 동안 OECD 주요국 중 GDP 대비 공공복지예산 비율이 가장 높은 국가와 가장 낮은 국가 간의 비율 차이가 잘못 연결된 것은?

① 2014년 - 23.43%

② 2015년 - 23.08%

③ 2016년 - 23.66%

④ 2017년 - 23.44%

■88~89■ 다음 표는 2013~2017년 한국을 포함한 OECD 주요국의 공공복지예산에 관한 자료이다. 이에 대한 물음에 답하시오.

2013~2017년 한국의 공공복지예산과 분야별 GDP 대비 공공복지예산 비율

(단위 : 십억 원, %)

구분 연도	공공복지 예산	분야별 GDP 대비 공공복지예산 비율					
		노령	보건	가족	실업	기타	합
2013	84,466	1.79	3.28	0.68	0.26	1.64	7.65
2014	99,856	1.91	3.64	0.74	0.36	2.02	8.67
2015	105,248	1.93	3.74	0.73	0.29	1.63	8.32
2016	111,090	1.95	3.73	0.87	0.27	1.52	8.34
2017	124,824	2.21	3.76	1.01	0.27	1.74	9.06

2013~2017년 OECD 주요국의 GDP 대비 공공복지예산 비율

(단위 : %)

연도 국가	2013	2014	2015	2016	2017
한국	7.65	8.67	8.32	8.34	9.06
호주	17.80	17.80	17.90	18.20	18.80
미국	17.00	19.20	19.80	19.60	19.70
체코	18.10	20.70	20.80	20.80	21.00
영국	21.80	24.10	23.80	23.60	23.90
독일	25.20	27.80	27.10	25.90	25.90
핀란드	25.30	29.40	29.60	29.20	30.00
스웨덴	27.50	29.80	28.30	29.60	28.10
프랑스	29.80	32.10	32.40	32.00	32.50

■90~91■ 다음은 남녀 600명의 윗몸일으키기 측정 결과표이다. 표를 보고 이어지는 질문에 답하시오.

윗몸일으키기 측정 결과표

(단위 : %)

구분	남	여
0~10회	5	20
11~20회	15	35
21~30회	20	25
31~40회	45	15
41~50회	15	5
전체	60	40

90. 21~30회를 기록한 남성의 수는 모두 몇 명인가?

① 36명   ② 54명

③ 72명   ④ 81명

91. 41~50회를 기록한 여성의 수는 모두 몇 명인가?

① 5명   ② 6명

③ 10명   ④ 12명

┃92~93┃ 다음은 최근 몇 년 동안 검찰의 소송에 관련된 통계이다. 이 자료를 보고 이어지는 질문에 답하시오.

국가소송 사건 수

구분	2013	2014	2015	2016	2017
접수건수	9,929	10,086	10,887	11,891	13,412
처리건수	4,140	3,637	3,120	3,373	3,560
승소건수	㉠	1,440	1,170	1,477	1,623
승소율(%)	35.0	39.6	㉡	43.8	45.6
패소건수	635	565	514	522	586
패소율(%)	15.3	15.5	16.5	15.5	16.5

92. 다음 중 빈칸 ㉠에 들어갈 알맞은 수는?

① 1,440
② 1,449
③ 1,477
④ 1,623

93. 다음 중 빈칸 ㉡에 들어갈 수로 가장 옳은 것은?

① 35.0
② 37.5
③ 43.8
④ 45.6

┃94~95┃ 다음 표는 주택용 전력요금표이다. 다음 물음에 답하시오.

주택용 전력요금표

기본요금(원/호)		전력량 요금(요금/kWh)	
100kWh 이하 사용	370	처음 100kWh 까지	55
101~200kWh 사용	820	다음 100kWh 까지	110
201~300kWh 사용	1,430	다음 100kWh 까지	170
301~400kWh 사용	3,420	다음 100kWh 까지	250
401~500kWh 사용	6,410	다음 100kWh 까지	360
500kWh 초과 사용	11,750	500kWh 초과	640

94. 지영이네 6월 전력사용량이 220kWh일 때 전력요금은 얼마인가?

① 21,290원
② 21,330원
③ 21,380원
④ 21,450원

95. 지영이네가 7월 에어컨의 사용으로 한 달 전력사용량이 130kWh 늘었다면 전력요금은 6월에 비하여 얼마나 증가하였는가?

① 28,090원
② 28,390원
③ 28,690원
④ 28,990원

┃96~98┃ 다음에 제시된 자료는 테마파크 이용요금과 영애네 일행의 가족구성원에 대한 자료이다. 이 자료를 바탕으로 이어지는 질문에 답하시오.

테마파크 이용요금

(단위 : 원)

구분	성인 (만 19세 이상)	청소년 (만 14세 이상 ~19세 미만)	어린이 (만 4세 이상 ~14세 미만)
A코스 입장권	9,000	8,000	5,500
B코스 입장권	7,000	6,000	4,500
주간 자유이용권	14,000	12,000	8,000
야간 자유이용권	8,000	7,000	5,000

※ 만 65세 이상 및 국가유공자의 경우 무료입장. 단, 자유이용권은 성인 요금의 50% 할인
※ 만 4세 미만 유아는 무료입장
※ 코스의 야간 입장권은 30% 할인
※ 야간시간은 17 : 00~21 : 00

영애네 일행	
• 영애 : 만 19세	• 큰아버지 : 만 63세(국가유공자)
• 어머니 : 만 51세	• 큰어머니 : 만 65세
• 아버지 : 만 58세	• 사촌 언니 : 만 33세
• 남동생 : 만 14세	• 사촌 조카 : 만 3세

96. 영애네 일행이 주간 자유이용권을 이용할 경우 총 금액은 얼마인가?

① 65,000원
② 74,000원
③ 82,000원
④ 90,000원

97. 영애네 일행은 작년 오전에도 이 테마파크를 방문하여 B코스 입장권을 이용하였다. 올해 같은 입장권을 구매한다면 작년과 올해의 입장권 가격의 차이는 어떻게 되는가?

① 2,300원 더 내게 한다.

② 2,300원 덜 내게 한다.

③ 4,500원 더 내게 한다.

④ 4,500원 덜 내게 된다.

98. 영애네 가족만이 테마파크를 야간에 이용한다고 할 경우, 가장 저렴한 이용요금은 무엇인가?

① A코스 입장권

② B코스 입장권

③ 야간 자유이용권

④ 모두 동일하다

｜99~100｜ 다음은 Aude, Carenda, Jeepo, Bens 4대의 자동차별 속성과 연료 종류별 가격에 관한 자료이다. 이를 보고 물음에 답하시오.

자동차별 속성

특성\자동차	사용연료	최고시속(km/h)	연비(km/l)	연료탱크용량(l)	신차구입가격(만원)
Aude	휘발유	200	10	60	2,000
Carenda	LPG	160	8	60	1,800
Jeepo	경유	150	12	50	2,500
Bens	휘발유	180	20	45	3,500

연료 종류별 가격

연료 종류	리터당 가격(원/l)
휘발유	1,700
LPG	1,000
경유	1,500

※ ① 자동차의 1년 주행거리는 20,000km이다.

　② 필요경비=신차구입가격 + 연료비이다.

　③ 이자율은 0%로 가정하고, 신차구입은 일시불로 한다.

99. 9년을 운행했을 경우 필요경비가 가장 많이 드는 자동차는 무엇인가?

① Aude

② Carenda

③ Jeepo

④ Bens

100. 연료탱크를 완전히 채웠을 때 추가 주유 없이 가장 긴 거리를 운행할 수 있는 자동차는?

① Aude

② Carenda

③ Jeepo

④ Bens

101. 양의 정수 x를 10배 한 수는 50보다 크고, x를 5배 한 수에서 20을 뺀 수는 40보다 작을 때, x값 중 가장 큰 값은?

① 14   ② 13

③ 12   ④ 11

102. $x^2 - 11x + 33 = (x-5)Q(x) + R$이 x에 대한 항등식일 때, 상수 R의 값을 구하면? (단, $Q(x)$는 다항식이다.)

① 2   ② 3

③ 4   ④ 5

103. 일의 자리의 숫자가 5인 두 자리 자연수에서 십의 자리와 일의 자리 숫자를 바꾸면 원래의 수의 4배보다 9가 작다. 다음 중 이 자연수의 십의 자리 수는?

① 1   ② 3

③ 5   ④ 7

104. 영수의 집에서 동쪽에 5m/min의 속력으로 3분 거리에 은행이 있고, 은행에서 3분 거리에 소방서가 있고, 소방서에서 3분 거리에 우체국이 있다. 그리고 영수의 집에서 서쪽에 동일한 속력으로 5분 거리에 철수의 집이 있고, 철수의 집에서 5분 거리에 주민센터가 있고, 주민센터에서 5분 거리에 경찰서가 있고, 경찰서에서 5분 거리에 중학교가 있다. 다음 중 10m/min의 속력으로 경찰서에서 소방서까지 가는 데 걸리는 시간은? (단, 모든 건물은 일직선 상에 존재한다.)

① 9분 30초   ② 10분

③ 10분 30초   ④ 11분

105. 99명의 사람이 8명씩 앉으면 3명의 자리가 남는 긴 의자에 10명씩 앉으면 남는 의자는 몇 개인가?

① 1개   ② 2개

③ 3개   ④ 4개

106. A중학교의 1학년 수학 점수의 평균은 다음과 같다. 다음 중 1학년 전체의 수학 점수의 평균은? (단, 소수 셋째자리에서 반올림한다.)

	1반	2반	3반	4반	5반	6반
평균 점수	70	75	80	75	72	71
학생 수	26	25	28	26	27	29

① 71.57   ② 73.84

③ 75.18   ④ 77.95

107. A 혼자서 30일, B 혼자서 40일이 걸리는 일이 있다. 함께 작업을 시작하여 중간에 A가 그만두고 B가 나머지 일을 끝마쳐 총 30일이 걸렸다면 공동으로 작업한 기간은?

① 6.5일   ② 7일

③ 7.5일   ④ 8일

108. 15%의 소금물과 10%의 소금물을 섞어 12%의 소금물 500g을 만들기로 하였다. 다음 중 15%의 소금물의 무게는?

① 200g   ② 250g

③ 300g   ④ 350g

109. 현재 아버지의 나이는 형의 나이의 3배이며, 형의 나이는 동생의 나이의 2배이다. 4년 전에 아버지의 나이가 형의 나이의 4배일 때, 아버지와 동생의 나이 차는?

① 24   ② 26

③ 28   ④ 30

110. 50L의 물통을 가득 채우는 데 2분 30초가 걸린다. 같은 속도로 400L의 물통을 10분 동안 채울 때, 전체의 몇 %가 채워지겠는가?

① 45%   ② 50%

③ 55%   ④ 60%

111. 원가가 3,000원인 제품을 50% 수익을 남길 목적으로 100개를 구매했다. 이 중 10개를 홍보 목적으로 개봉하여 판매할 수 없을 때, 나머지 제품을 판매하여 기존의 목표 수익을 달성하기 위해 개당 얼마에 판매해야 하는가?

① 4,580원   ② 4,680원
③ 4,780원   ④ 4,880원

112. A, B, C 자연수의 합이 100일 때, B가 40이라면 나머지 두 수의 차이의 최댓값은?

① 58   ② 56
③ 54   ④ 52

113. 갑이 걷는 속도는 을보다 1.1배 빠르고, 병이 걷는 속도는 갑보다 0.9배 빠르다. 정이 걷는 속도가 병보다 1.2배 빠를 때, 동시에 출발하여 동일한 시간 동안 이동 거리가 가장 짧은 사람은?

① 갑   ② 을
③ 병   ④ 정

114. 수요일에 비가 오고, 금요일에 비가 올 확률은 $\frac{5}{18}$ 이다. 비가 온 다음 날 비가 올 확률은 $\frac{1}{3}$ 일 때, 비가 오지 않은 다음 날 비가 올 확률은?

① $\frac{1}{4}$ ② $\frac{1}{5}$
③ $\frac{1}{6}$ ④ $\frac{1}{7}$

115. A와 B는 자유투 한 번으로 음료수 내기를 하고 있다. A가 골을 넣을 확률은 70%이고, 무승부가 될 확률은 46%이다. 결국 무승부가 되었다면 B가 골을 못 넣을 확률은 얼마인가?

① 40%   ② 50%
③ 60%   ④ 70%

116. A제품의 판매가격은 원가에서 20%를 수익으로 얻을 수 있는 가격이다. 재고를 처리할 목적으로 판매가격에서 20%를 할인한 가격에 판매하기로 하였다. 다음 중 원가 대비 손해의 비율은?

① 3%   ② 4%
③ 5%   ④ 6%

117. S사는 설문조사를 통해 남자 직원 중 A메신저를 사용하는 비율이 50%에 달하는 것을 확인했다. 총 직원 수는 300명이고, 여성 비율은 62%를 차지한다. 다음 중 전체 직원에 대한 메신저를 사용하는 남자 직원의 비율은?

① 15%   ② 17%
③ 19%   ④ 21%

118. C학원에서 진행한 모의고사에 응시한 여성 40명의 평균 점수는 76점이었다. 함께 응시한 남성의 평균은 74점이었고 응시자 총 평균은 75점이었을 때, 모의고사에 응시한 남성 수는?

① 40명   ② 45명
③ 50명   ④ 55명

119. 주사위 2개를 던져 나오는 눈의 수를 각각 십의 자리, 일의 자리의 숫자로 만들 때, 45보다 크고 54보다 작은 정수의 합은?

① 176   ② 184
③ 198   ④ 202

120. 승우가 혼자 6일, 정우가 혼자 10일이 걸리는 일이 있다. 공동 작업하여 3일 동안 일을 했을 때, 전체 작업량에서 차지하는 비율은?

① 75%   ② 80%
③ 85%   ④ 90%

121.

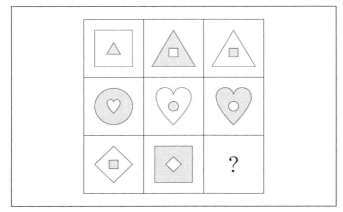

①   ②

③   ④

122.

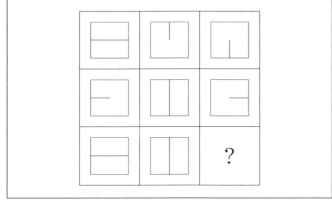

①   ②

③   ④

123.

①   ②

③   ④

124.

①   ②

③   ④

125.

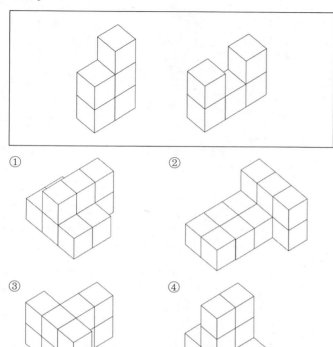

126.

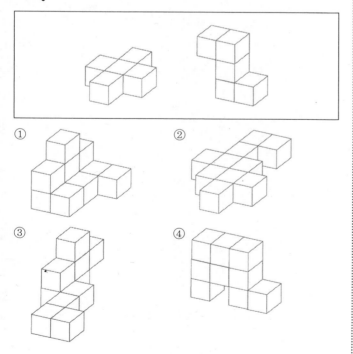

127.

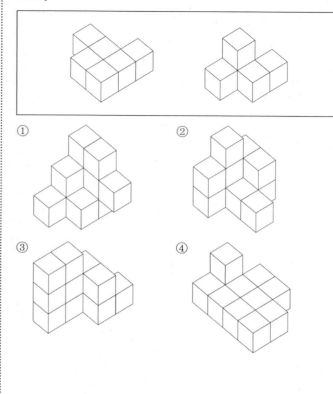

128.

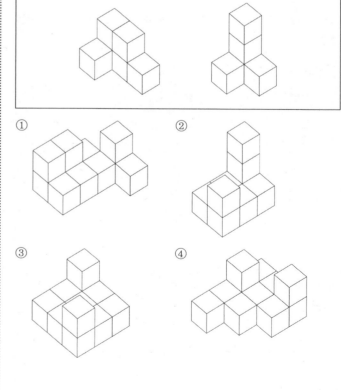

129.

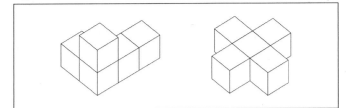

①

②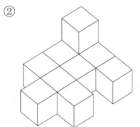

③

④

│130~133│ 다음 제시된 단면도와 일치하는 입체도형을 고르시오.

130.

평면도	정면도	우측면도

① ②

③ ④

131.

평면도	정면도	우측면도

① 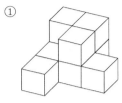   ②

③ 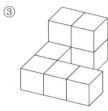   ④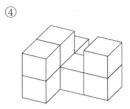

132.

평면도	정면도	우측면도

① 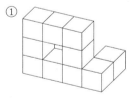   ②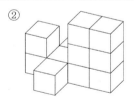

③ 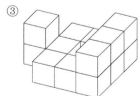   ④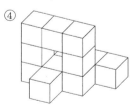

133.

평면도	정면도	우측면도

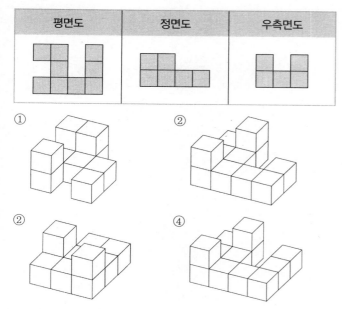

① ②
② ④

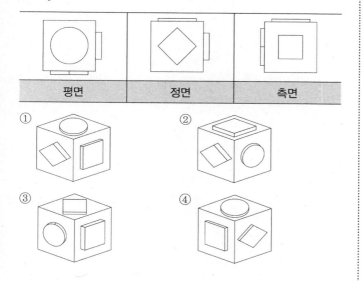

|134~135| 다음 제시된 세 개의 단면을 참고하여 해당되는 입체도형을 고르시오.

134.

평면	정면	측면

① ②
③ ④

135.

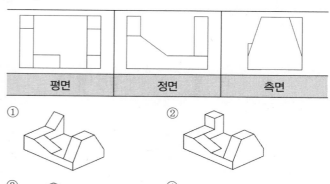

평면	정면	측면

① 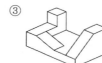 ②
③ ④

한 눈에 쏙!

부동산 / 시사 / 경제

용어사전 시리즈

빈출 시사용어와
시사상식과
주요 공기업/대기업
상식 예상문제

빈출 경제용어와
금융상식과 단기완성을
위한 꼼꼼한 경제상식 해설

부동산 관련
핵심용어와
난해한 용어를
쉽고 간결하게 정리!

롯데그룹

L-TAB 직무적합도검사 모의고사

이 공 계

[제3회]

영 역	언어이해, 문제해결, 자료해석, 수리공간
문항 수 / 시간	135문항 / 125분
비 고	객관식 4지선다형

SEOWONGAK
(주)서원각

>> **언어이해**(35문항/25분)

■ **1~3** ■ 다음 글을 읽고 물음에 답하시오.

오늘날 특정한 국가에서 순수하게 하나의 언어만을 사용하는 경우는 드물다. 한 국가의 언어 상황은 아주 복잡한 양상을 띠고 있는데, 특히 한 개인이나 사회가 둘 또는 그 이상의 언어를 사용하는 언어적 다양성을 보이는 경우에는, '이중 언어 사용'과 '양층 언어 사용'의 두 상황으로 나누어 볼 수 있다.

먼저 이중 언어 사용은 한 개인이나 사회가 일상생활에서 두 개 혹은 그 이상의 언어를 어느 정도 유창하게 사용하는 것을 말하는데, 이때 둘 이상의 언어들은 사회적으로 기능상의 차이 없이 통용된다. 이중 언어 사용은 개인적 이중 언어 사용과 사회적 이중 언어 사용의 두 가지로 나누어 볼 수 있는데, 전자는 개인이 이중 언어 사용 공동체에 속해 있는지의 여부와 상관없이 두 개 이상의 언어를 사용하는 것을 말하며, 후자는 공동체 내에 두 개 이상의 언어가 실제로 사용되고 있는 상황을 가리킨다. 이중 언어 사회의 구성원은 반드시 이중 언어 사용자가 될 필요는 없다. 대다수 구성원들이 이 두 언어를 모두 사용할 수 있기 때문에 자신은 하나의 언어만 알고 있어도 사회생활의 거의 모든 분야에서 의사소통이 되지 않을 염려는 없다.

이중 언어 사회에서 통용되는 둘 이상의 언어들은 공용어로서 대등한 지위를 가질 수 있지만 대체로 구성원 대다수가 사용하는 언어가 '다수자 언어'가 되고, 상대적으로 사용 인원이 적은 언어는 '소수자 언어'가 된다. 일반적으로 다수자 언어는 힘이나 권위의 문제에 있어 소수자 언어보다 우세한 지위를 가지는 경우가 많고, 소수자 언어는 그 사회에서의 영향력이 작다는 이유로 정치, 교육, 경제 등 여러 분야에서 상대적으로 소홀히 취급되는 경향이 있다.

양층 언어 사용은 언어학자 퍼거슨이 처음으로 사용한 개념이다. 양층 언어 사용은 언어적 유사성이 희미하게 남아 있지만 방언 수준 이상으로 음운, 문법, 어휘 등의 층위에서 서로 다른 모습을 보이는 두 개 이상의 변이어를 사용하는 것을 말한다. 변이어들은 사회적 차원에서 서로 독립적인 기능을 하면서, 사용하는 장소나 상황이 엄격하게 구분되어 쓰인다. 양층 언어 사회에서 변이어들은 언어 사용자 수와 무관하게 '상층어'와 '하층어'로 구분되어 사용되며 상보적 관계에 있다. 상층어는 주로 종교, 법률, 교육, 행정 등과 같은 '높은 차원'의 언어적 기능을 수행하기 위해 사용되며, 주로 학교에서 이루어지는 정식 교육을 통해 배우게 된다. 반면 하층어는 가족 간의 비격식적인 대화, 친교를 위한 일상 담화 등 '낮은 차원'의 언어적 기능을 수행하기 위해 사용되며, 가정에서 모어로 습득되는 경우가 많다. 양층 언어 사용 상황에 있는 구성원은 특정 상황에서 사용되는 언어를 모를 경우 불이익을 받을 수 있다. 예를 들어 정치 분야에서 사용되는 특정 상층어를 모른다면 일상생활에는 지장이 없겠지만, 투표와 같은 참정권을 행사하는 과정에서 불편을 겪게 될 가능성이 크다.

퍼거슨과 달리 피시먼은 그의 연구에서, 언어적 유사성이 없는 서로 다른 두 언어가 각자의 기능을 엄격하게 구별하여 수행하는 상황까지를 포함하여 양층 언어 사용을 설명하였다. 피시먼의 연구 결과를 뒷받침하는 대표적인 사례로는 파라과이의 언어 사용 상황을 들 수 있다. 파라과이에서는 스페인 어가 상층어로서 각종 행정이나 교육 현장에서 사용되고, 스페인 어와 언어적 유사성이 없는 토착어인 과라니 어는 인구의 90%가 사용하고 있음에도 불구하고 하층어로 사용되고 있다.

1. 윗글에 대한 설명으로 적절하지 않은 것은?

① 용어의 개념을 밝혀 독자의 이해를 돕고 있다.
② 예시의 방법으로 설명 내용을 뒷받침하고 있다.
③ 대조의 방법으로 대상의 특성을 부각하고 있다.
④ 인과의 방법으로 대상의 변화 과정을 소개하고 있다.

2. 윗글의 내용과 일치하지 않는 것은?

① 양층 언어 사회에서는 사용되는 변이어들이 상보적 관계에 있다.
② 양층 언어 사회에서는 특정 변이어를 모르면 불편을 겪을 수 있다.
③ 양층 언어 사회에서는 구성원들이 각 변이어에 부여하는 가치가 다르다.
④ 이중 언어 사회에서는 소수자 언어가 공용어로서의 지위를 얻을 수 없다.

3. 박스 안의 내용에 나타난 '피시먼'의 연구 결과를 평가한 것으로 가장 적절한 것은?

① 상층어와 하층어는 서로 다른 언어적 체계와 규범을 지닌다는 것을 규명하였다.

② 상층어와 하층어를 구분하는 기준을 사용 비율에 초점을 맞추어 새롭게 설정하였다.

③ 이중 언어 사용과 양층 언어 사용에 대한 이론을 정립하여 언어학의 외연을 넓혔다.

④ 언어적 유사성에 국한하지 않고 상황에 따른 차별적 사용 여부에 주목하여 양층 언어 사용의 개념을 확대하였다.

┃4~7┃ 다음 글을 읽고 물음에 답하시오.

사회 복지 제도는 국민의 안정적인 생활을 ⓐ보장하기 위한 여러 사업을 조직적으로 행하는 제도를 말한다. 이는 사회 복지를 제도화하려는 것으로, 사회 정책적 차원에서 몇 가지 모델 유형으로 분류된다. 여기서 가장 널리 사용되는 방식은 윌렌스키와 르보가 제안한 '잔여적 복지 모델'과 '제도적 복지 모델'로 구분하는 방법이다.

㉠잔여적 복지 모델은 개인의 욕구를 충족시키고 자원을 배분하는 사회적 기능이 일차적으로 사적 영역인 가족이나 시장 등을 통해 이루어져야 한다고 본다. 다만 이것이 제대로 이루어지지 않을 때 사회 복지 제도가 잠정적이고 일시적으로 그 기능을 대신할 수 있다는 점에서 잔여적 복지 모델은 구호적 성격의 사회 복지 모델이다. 잔여적 복지 모델은 자유주의 이념에 따라 사적 영역에 대한 국가의 관여를 최소 수준으로 ⓑ제한해야 한다는 입장이며, 사회 복지의 대상도 노동시장에서 소득을 얻지 못하는 사람들과 같이 사적 영역에서 사회적 기능을 보장받지 못한 일부 사람들로 국한되어야 한다고 본다. 그래서 공공 부조와 같이 이 모델을 바탕으로 하여 국가가 제공하는 대부분의 사회 복지 서비스는 소득 조사나 자산 조사의 과정을 반드시 거쳐 제공된다. 또한 국가의 역할이 최소화되면서 가족, 공동체, 민간 자원봉사, 시장 등 민간 부문이 개인 복지의 중요한 역할을 담당하게 된다.

㉡제도적 복지 모델은 각 개인의 욕구 충족과 자기 성취를 돕기 위해서 국가가 사회 제도를 통해 보편적 복지 서비스를 제공하는 것이 필요하다고 본다. 이는 개인들이 자신의 힘만으로는 일상적 위험과 불안에 충분히 ⓒ대처하기 어려우며, 가족이나 직장도 개인들의 기본적인 필요와 욕구를 충족해 줄 수는 없다고 보기 때문이다. 제도적 복지 모델은 복지 국가의 이념에 따라 개인의 성별, 나이, 지위, 계층 등의 조건과 관계없이 국가가 모든 국민에게 복지 혜택을 제공함으로써, 국민들의 기본적인 욕구를 해결하고 생존의 불안과 위험을 최소화해야 한다고 본다. 따라서 이 모델을 바탕으로 하는 복지 서비스는 '탈상품화'를 특징으로 한다. 탈상품화는 복지 서비스를 시장에서 돈으로 사고파는 상품이 아니라 소득이나 자산에 관계없이 누구나 제공받을 수 있게 하는 것을 말한다. 즉 제도적 복지 모델에서는 국가가

사회 복지를 시장 논리에 내맡기지 않고 개인 또는 가족, 민간 부문에 그 책임을 ⓓ전가하지 않는다.

오늘날 국가에서 이 두 가지 복지 모델 중 하나만을 택하여 모든 복지 제도에 적용하는 것은 현실적으로 불가능하다. 그래서 대부분의 국가에서는 두 복지 모델을 상호 보완적으로 운영하고 있다. 그리고 복지 모델을 바탕으로 사회 복지를 구현할 때는 운영 방식 차원에서 '보편적 복지'와 '선택적 복지'의 형태로 시행한다. 전자는 국민 모두를 수혜 대상으로 하는 것이고, 후자는 국민 중 일부에게만 복지 혜택을 제공하는 것이다. 우리나라의 경우, 건강보험 제도가 대표적인 보편적 복지라고 할 수 있는데, 국민은 누구나 의무적으로 건강보험에 가입하여 보험료를 납부해야 하고 국가는 건강보험료를 재원으로 모든 국민에게 기본적인 의료 혜택을 제공하고 있다. 그리고 일부 저소득층을 대상으로 최저 소득을 보장해 주는 생계 급여 제도는 선택적 복지의 형태로 제공되고 있다.

4. 윗글에서 알 수 있는 내용으로 적절하지 않은 것은?

① 복지 모델들은 상호 보완적으로 운영되는 경우가 많다.

② 복지 모델들은 공통적으로 사회 복지의 제도화를 추구한다.

③ 공공 부조는 국가가 국민에게 제공하는 사회 복지 서비스이다.

④ 국가에서 제공하는 복지 서비스는 반드시 자산 조사 과정을 거친다.

5. 다음의 상황에 대해 ㉠, ㉡의 입장에서 주장할 수 있는 복지 정책의 방향으로 적절하지 않은 것은?

민간 자선단체가 주로 빈민 구호 역할을 맡고 있는 A 국가에서는 최근 경제 상황이 악화되어 빈민들이 크게 늘어났다. 그리고 국가의 의료 복지 제도가 미비하여 빈민들이 개인 비용으로 병원 시설을 이용할 수밖에 없어 상당한 경제적 부담을 느끼고 있는 상황이다. 이에 따라 A 국가에서는 빈민들에 대한 사회 복지 제도의 운영 방향에 대한 사회적 논의가 활발하게 이루어지고 있다.

① ㉠ : 국가가 빈민 구호에 나설 수도 있습니다. 하지만 수혜자를 노동시장에서 소득을 얻지 못하는 사람들로 한정해야 합니다.

② ㉠ : 개인의 욕구 충족은 사적 영역에서 이루어져야 합니다. 먼저 현재처럼 민간 자선단체가 빈민 문제를 해결하도록 최대한 유도해야 합니다.

③ ㉡ : 국가에서 빈민 구호법을 제정해서 이 문제를 해결해야 합니다. 이제는 사회 복지의 책임을 민간에 맡겨서는 안 됩니다.

④ ㉡ : 국가가 재정을 확보하여 일시적으로 빈민들을 지원해야 합니다. 빈민들이 겪는 생존의 위험과 불안을 최소화하는 것은 사회 구성원 모두의 의무입니다.

6. 다음은 윗글을 읽은 후의 반응이다. (A), (B)에 들어갈 내용으로 가장 적절한 것은?

> "글을 읽고 보니, 사회 정책적 차원의 두 복지 모델은 (A)에 따라, 운영 방식 차원의 두 복지 제도는 (B)에 따라 구분한 것으로 볼 수 있겠군."

　　　　　(A)　　　　　　　(B)
① 정부의 정책 방향　　　수혜자의 계층
② 정부의 개입 정도　　　수혜자의 범위
③ 정부의 지원 여부　　　수혜자의 지위
④ 정부의 운영 체제　　　수혜자의 능력

7. @~ⓓ의 사전적 의미로 적절하지 않은 것은?

① @ : 모자라는 것을 보태거나 채워서 잘못된 것을 바르게 고침
② ⓑ : 일정한 한도를 정하거나 그 한도를 넘지 못하게 막음
③ ⓒ : 어떤 정세나 사건에 대하여 알맞은 조치를 취함
④ ⓓ : 잘못이나 책임을 다른 사람에게 넘겨씌움

▌8~10▐ 다음 글을 읽고 물음에 답하시오.

현미경의 성능을 결정하는 주요 기준인 '분해능'은 관찰이 가능한 두 점 사이의 최소 거리를 말한다. 분해능이 작을수록 현미경의 성능이 좋아지는데, 분해능은 검사 대상을 관찰하기 위해 사용된 광원의 파장이 짧을수록 작아진다. 광학 현미경에 사용되는 광원인 가시광선은 380~780nm의 파장을 가지고 있기 때문에 자외선에 가까운 짧은 파장의 가시광선을 이용하더라도 광학 현미경의 분해능은 한계가 있을 수밖에 없다.

광학 현미경은 집광렌즈, 대물렌즈, 접안렌즈를 통해 검사 대상을 자세하게 관찰할 수 있는 구조로 되어 있다. 먼저 집광렌즈는 가시광선을 굴절시켜 검사 대상에 집중시키고, 이를 통해 검사 대상의 중간 상을 만든다. 그리고 대물렌즈와 접안렌즈가 중간 상을 굴절시켜 연구자가 검사 대상을 관찰할 수 있을 정도로 확대한다.

의학과 생물학이 발전하면서 연구자들은 세균이나 세포를 더 정밀하게 관찰하기 위해 광학 현미경보다 훨씬 더 높은 수준의 분해능을 가진 현미경이 필요했다. 이에 따라 20세기 초반 더 향상된 분해능을 가진 현미경에 대한 연구가 활발하게 진행되었고, 그 결과로 탄생한 것이 전자 현미경이다.

전자 현미경은 높은 수준의 분해능을 실현하기 위해 전자선을 사용한다. 전자선은 가시광선과 같이 굴절과 집중이 용이하면서도 파장은 훨씬 짧아 광학 현미경과는 비교할 수 없을 정도의 분해능을 보여 준다. 전자 현미경 중 검사 대상을 3차원의

입체적인 상으로 보여 주는 것으로 '주사 전자 현미경'이 있다. 주사 전자 현미경의 주요 부품으로는 전자총, 전자기 집광렌즈, 주사 코일, 전자기 대물렌즈, 전자 검출기, 모니터나 필름 등이 있다.

전자총은 전자를 가속하여 방출하는 역할을 하는데 전자총의 전압이 높을수록 파장이 짧은 전자가 방출된다. 방출된 전자는 전자기 렌즈의 일종인 두 개의 전자기 집광렌즈를 통해 굴절되고, 굴절된 전자들이 집중되면서 나선형으로 회전하는 전자선을 형성한다. 이때 ㉠두 개의 전자기 집광렌즈를 사용하는 것은 검사 대상에 집중되는 전자의 양을 많게 하기 위해서이다. 두 개의 전자기 집광렌즈에 의해 형성된 전자선은 주사 코일을 통과하게 된다. 주사 코일은 전자기장을 활용하여 전자선의 방향을 제어함으로써 전자선이 검사 대상의 표면 전체에 순차적으로 주사될 수 있도록 조절한다. 주사 코일을 통과한 전자선은 전자기 대물렌즈를 거치게 된다. 이때 전자기 대물렌즈가 자기장을 이용하여 전자선을 집중시키는 정도에 따라 검사 대상 표면에 주사되는 전자선의 면적이 결정되는데, 그 면적이 작을수록 분해능이 작아져 더 정밀한 상을 얻을 수 있다. 전자기 대물렌즈를 통해 주사된 전자선이 검사 대상의 표면에 부딪치면, 그 충격에 의해 검사 대상의 표면에 있는 전자들이 방출된다. 이때 방출된 전자를 2차 전자라 한다. 전자 검출기는 2차 전자를 검출한 후 전기신호로 변환하여 모니터나 필름에 검사 대상의 입체적인 상을 만들어 낸다. 이때 검출된 2차 전자의 양이 많을수록 모니터나 필름에 나타나는 상은 더욱 선명해진다.

8. 윗글에서 알 수 있는 내용으로 적절하지 않은 것은?

① 광학 현미경은 집광렌즈를 통해 중간 상을 확대한다.
② 광학 현미경은 가시광선이 굴절되는 원리를 활용한다.
③ 광학 현미경은 주사 전자 현미경과 달리 접안렌즈를 사용한다.
④ 주사 전자 현미경에서는 2차 전자를 육안으로는 직접 관찰할 수 없다.

9. '분해능'과 관련된 내용을 정리한 것으로 적절하지 않은 것은?

① 분해능이 작을수록 더욱 정밀하게 검사 대상을 관찰할 수 있다.
② 광학 현미경의 분해능은 가시광선의 파장의 길이에 영향을 받는다.
③ 전자 현미경은 사용하는 렌즈의 수가 많을수록 분해능이 커진다.
④ 전자 현미경이 광학 현미경보다 분해능이 작은 것은 전자선을 사용하기 때문이다.

10. ㉠의 이유를 추론한 내용으로 가장 적절한 것은?

① 모니터에 나타나는 상을 크게 확대하기 위한 것이군.

② 모니터에 나타나는 상의 선명도를 높이기 위한 것이군.

③ 광학 현미경보다 더 작은 대상을 검사하기 위한 것이군.

④ 검사 대상의 표면을 오랜 시간 동안 관찰하기 위한 것이군.

|11~14| 다음 글을 읽고 물음에 답하시오.

선물 거래는 경기 상황의 변화에 의해 자산의 가격이 변동하는 데서 올 수 있는 경제적 손실을 피하려는 사람과 그 위험을 대신 떠맡으면서 그것이 기회가 될 수 있는 상황을 기대하며 경제적 이득을 얻으려는 사람 사이에서 이루어지는 것이다.

> 배추를 경작하는 농민이 주변 여건에 따라 가격이 크게 변동하는 데서 오는 위험에 대비해 3개월 후 수확하는 배추를 채소 중개상에게 1포기당 8백 원에 팔기로 미리 계약을 맺었다고 할 때, 이와 같은 계약을 선물 계약, 8백 원을 선물 가격이라고 한다. 배추를 경작하는 농민은 선물 계약을 맺음으로써 3개월 후의 배추 가격이 선물 가격 이하로 떨어지더라도 안정된 소득을 확보할 수 있게 된다. 그렇다면 채소 중개상은 왜 이와 같은 계약을 한 것일까? 만약 배추 가격이 선물 가격 이상으로 크게 뛰어오르면 그는 이 계약을 통해 많은 이익을 챙길 수 있기 때문이다. 즉 배추를 경작한 농민과는 달리 3개월 후의 배추 가격이 뛰어오를지도 모른다는 기대에서 농민이 우려하는 위험을 대신 떠맡는 데 동의한 것이다.

선물 거래의 대상에는 농산물이나 광물 외에 주식, 채권, 금리, 외환 등도 있다. 이 중 거래 규모가 비교적 크고 그 방식이 좀 더 복잡한 외환 즉, 통화 선물 거래의 경우를 살펴보자. 세계 기축 통화인 미국 달러의 가격, 즉 달러 환율은 매일 변동하기 때문에 달러로 거래 대금을 주고받는 수출입 기업의 경우 뜻하지 않은 손실의 위험이 있다. 따라서 달러 선물 시장에서 약정된 가격에 달러를 사거나 팔기로 계약해 환율 변동에 의한 위험에 대비하는 방법을 활용한다.

미국에서 밀가루를 수입해 식품을 만드는 A사는 7월 25일에 20만 달러의 수입 계약을 체결하고 2개월 후인 9월 25일에 대금을 지급하기로 하였다. 7월 25일 현재 원/달러 환율은 1,300원/US\$이고 9월에 거래되는 9월물 달러 선물의 가격은 1,305원/US\$이다. A사는 2개월 후에 달러 환율이 올라 손실을 볼 경우를 대비해 선물 거래소에서 9월물 선물 20만 달러 어치를 사기로 계약하였다. 그리고 9월 25일이 되자 A사가 우려한 대로 원/달러 환율은 1,350원/US\$, 9월물 달러 선물의 가격은 1,355원/US\$으로 올랐다. A사는 아래의 〈표〉와 같이 당장 미국의 밀가루 제조 회사에 지급해야 할 20만 달러를 준비하는데 2개월 전에 비해 1천만 원이 더 들어가는 손실을 보았다. 하지만 선물 시장에서 달러당 1,305원에 사서 1,355원에 팔 수 있으므로 선물 거래를 통해 1천만 원의 이이익을 얻어 현물 거래에서의 손실을 보전할 수 있게 된다.

외환 거래	환율 변동에 의한 손익 산출	손익
현물	−50원(1,300원 − 1,350원) × 20만 달러	−1,000만 원
선물	50원(1,355원 − 1,305원) × 20만 달러	1,000만 원

반대로 미국에 상품을 수출하고 그 대금을 달러로 받는 기업의 경우 받은 달러의 가격이 떨어지면 손해이므로, 특정한 시점에 달러 선물을 팔기로 계약하여 선물의 가격 변동을 이용함으로써 손실에 대비하게 된다.

㉠선물이 자산 가격의 변동으로 인한 손실에 대비하기 위해 약정한 시점에 약정한 가격으로 사거나 팔기로 한 것이라면, 그 약정한 시점에 사거나 파는 것을 선택할 수 있는 권리를 부여하는 계약이 있는데 이를 ㉡옵션(option)이라고 한다. 계약을 통해 옵션을 산 사람은 약정한 시점, 즉 만기일에 상품을 사거나 파는 것이 유리하면 그 권리를 행사하고, 그렇지 않으면 그 권리를 포기할 수 있다. 그런데 포기하면 옵션 계약을 할 때 지불했던 옵션 프리미엄이라는 일종의 계약금도 포기해야 하므로 그 금액만큼의 손실은 발생한다. 만기일에 약정한 가격으로 상품을 살 수 있는 권리를 콜옵션, 상품을 팔 수 있는 권리를 풋옵션이라고 한다. 콜옵션을 산 사람은 상품의 가격이 애초에 옵션에서 약정한 것보다 상승하게 되면, 그 권리 행사를 통해 가격 변동 폭만큼 이익을 보게 되고 이 콜옵션을 판 사람은 그만큼의 손실을 보게 된다. 마찬가지로 풋옵션을 산 사람은 상품의 가격이 애초에 옵션에서 약정한 것보다 하락하게 되면, 그 권리 행사를 통해 가격 변동 폭만큼 이익을 보게 되고 이 풋옵션을 판 사람은 그만큼의 손실을 보게 된다.

선물이나 옵션은 상품의 가격 변동에서 오는 손실을 줄여 시장의 안정성을 높이고자 하는 취지에서 만들어진 것이다. 하지만 이것이 시장 내에서 손실 그 자체를 줄이는 것은 아니고 새로운 부가가치를 창출하는 것도 아니다. 또한 위험을 무릅쓰고 높은 수익을 노리고자 하는 투기를 조장한다는 점에서 오히려 시장의 안정성을 저해한다는 비판도 제기되고 있다.

11. 윗글에서 알 수 있는 내용으로 적절하지 않은 것은?

① 선물 거래를 하는 이유

② 선물 거래로 인한 부작용

③ 선물 거래가 이루어지는 상품

④ 선물 거래와 시중 금리의 상관관계

12. 박스 안의 거래 방식을 평가한 것으로 가장 적절한 것은?

① 안정된 소득을 거래 당사자 모두에게 보장해 주기 위한 것이군.

② 상품의 수요와 공급이 불균형한 상태를 극복하기 위한 경제 활동인 것이군.

③ 가격 변동에 따른 위험 부담을 거래 당사자의 어느 한쪽에 전가하는 것이군.

④ 서로의 이익을 극대화하기 위해 거래 당사자 간에 손실을 나누어 가지는 것이군.

13. ㉠, ㉡에 대한 설명으로 적절하지 않은 것은?

① ㉠은 ㉡과 달리 가격 변동의 폭에 따라 손익의 규모가 달라진다.

② ㉡은 ㉠과 달리 약정한 상품에 대한 매매의 실행 여부를 선택할 수 있다.

③ ㉡은 ㉠의 거래로 인해 발생하는 손실에 대비하기 위해 활용될 수 있다.

④ ㉠, ㉡은 모두 계약 시점과 약정한 상품을 매매할 수 있는 시점이 서로 다르다.

14. 윗글을 바탕으로 다음의 상황을 이해한 것으로 적절한 것은?

옵션 거래의 대상인 상품 Ⓐ, Ⓑ가 계약일에 약정한 가격 대비 만기일의 가격이 Ⓐ는 상승하였고, Ⓑ는 하락하였다. 이에 Ⓐ, Ⓑ에 대한 옵션을 거래한 사람들은 손익으로 인해 희비가 엇갈리게 되었다.

① Ⓐ에 대한 콜옵션을 판 사람은 만기일에 이익을 보았겠군.

② Ⓐ에 대한 풋옵션을 산 사람은 만기일에 이익을 보았겠군.

③ Ⓑ에 대한 콜옵션을 산 사람은 만기일에 손실을 보았겠군.

④ Ⓑ에 대한 풋옵션을 포기한 사람은 만기일에 이익을 보았겠군.

❚15~18❚ 다음 글을 읽고 물음에 답하시오.

동물은 생존을 위한 열을 물질대사 혹은 외부로부터 얻는다. 조류와 포유동물들은 주로 내온성인데, 이는 체내의 물질대사 과정에서 생성된 열에 의해 체온을 유지한다는 것을 의미한다. 따라서 내온 동물은 외부 온도와 독립적으로 일정한 온도를 유지하는 항온성을 가진다. 대조적으로 양서류, 파충류 등은 주로 외온성인데, 이는 대부분의 열을 외부로부터 얻는다는 것을 의미한다. 외온 동물은 외부 온도에 따라 체온이 변하는 변온성을 가진다. 그밖에 박쥐, 벌 등은 내온성과 외온성을 겸비하는데, 이런 동물을 이온 동물이라 한다.

내온 동물이건 외온 동물이건 간에 동물들이 물질대사를 하기 위해서는 음식으로부터 에너지를 공급받아야 한다. 그렇다면 음식으로부터 획득한 전체 에너지 중 동물이 살아가는 데 필요한 에너지는 얼마나 될까? 동물이 단위 시간당 사용하는 에너지량을 ㉠물질대사율이라 하는데, 이는 주어진 시간 동안 에너지를 요구하는 생화학적 반응의 총합이다. 동물이 사용하는 거의 모든 에너지는 궁극적으로 열로 나타나기 때문에 물질대사율은 열 상실률로 측정될 수 있다. 그리고 물질대사율 중 주어진 시간 동안에 세포활동, 호흡, 심장 박동과 같은 기본적 기능들을 유지하기 위해 필요한 최소한의 에너지량을 ㉡최소대사율이라 한다. 최소대사율은 물질대사율과 달리 그 측정 방법이 다른데, 내온 동물의 경우 최소대사율은 열의 생성이나 방출을 요구하지 않는 범위, 즉 쾌적한 온도 범위 안에서 측정된다. 반면 외온 동물의 최소대사율은 특정한 온도에서 결정되는데, 이는 외부의 온도 변화가 체온과 물질대사율을 변화시키기 때문이다.

동물의 물질대사율은 많은 요인들에 의해서 영향을 받는데, 그중 가장 영향을 많이 받는 요인이 몸의 크기이다. 커다란 동물들은 보다 큰 몸 크기(몸무게)를 갖고 있어서 작은 동물보다 에너지를 많이 요구한다. 하지만 몸무게 g당 물질대사율은 반비례 관계에 있기 때문에 내온동물이 작으면 작을수록 안정적인 체온을 유지하는 데 필요한 에너지의 비율은 더욱 커진다. 그 이유는 무엇일까? 이는 길이, 표면적, 부피의 관계를 통해 설명할 수 있는데, 길이가 L배 커지면, 표면적은 L^2, 부피는 L^3에 비례하여 커진다. 예를 들어 몸 길이가 2cm인 동물 A와 4cm인 동물 B의 경우 표면적은 4 : 16, 부피는 8 : 64가 된다. 그리고 대사 활동을 통해 발생되는 열에너지는 몸의 세포 수, 즉, 부피에 비례하고, 외부에서 얻거나 외부로 발산되는 열에너지는 몸의 표면적에 비례한다. 위의 예에서 A의 경우 부피에 대한 표면적의 비율은 1/2(4/8)인 반면, B는 1/4(16/64)이다. 이는 어떤 동물이 작으면 작을수록 부피에 대한 표면적의 비율이 더 커진다는 것을 의미한다. 외부와의 열교환이 이루어지는 표면적이 차지하는 비율이 더 커지면 주변과의 열교환은 더욱 빨라지게 된다.

물질대사율과 몸 크기의 관계는 체세포와 조직에 의한 에너지 소모의 측면에서도 설명할 수 있다. 예를 들어 코끼리는 생쥐에 비해서 보다 많은 칼로리를 사용하고 있지만 생쥐는 코끼리에 비해서 g당 약 20배 이상의 에너지를 사용한다. 이처럼 좀 더 작은 동물들의 몸무게 g당 물질대사율이 높은 것은 작은 동물의 높은 산소운반율과 관련된다. 좀 더 작은 동물은 큰 동물에 비해 상대적으로 좀 더 큰 호흡률, 혈액량, 심장박동수를 가진다. 따라서 작은 동물은 큰 동물에 비해 상대적으로 몸무게 g당 더 많은 음식을 섭취해야 한다.

몸 크기 외에 동물의 물질대사에 영향을 미치는 요인으로는 활동, 환경, 체온 조절 등이 있다. 예를 들어 수컷 물개는 먹이를 잡기 위해 헤엄쳐야 하기 때문에 에너지 지출의 많은 부분을 활동에 사용한다. 수컷 물개는 온도가 낮은 극지방에 서식하지만 피부 표면에서 단열이 잘 되어 있기 때문에 체온 조절을 하는 데 비교적 낮은 에너지를 사용한다. 또한 새끼에게 먹이를 주는 생식에는 연간 에너지의 6%만을 사용한다. 그리고 성체가 되면 더 이상 자라지 않기 때문에 성장에는 에너지를 소모하지 않는다.

물질대사를 통해 항상성을 유지하려는 노력에도 불구하고 동물들은 이를 위협하는 환경에 처하게 될 수도 있다. 예를 들어 1년 중 어떤 계절의 온도가 극도로 올라가거나 내려갈 수도 있고, 이용 가능한 음식이 사라질 수도 있다. 이러한 환경에서 생존하기 위해 동물들이 선택한 방법 중 하나가 ⓐ휴면이다. 휴면은 내온 동물과 외온 동물을 가리지 않고 일어나는데, 휴면에 들어가면 에너지 소모량이 줄어들게 됨에 따라 동물들의 체온은 활동할 때보다 떨어진다. 휴면에는 겨울철의 추위와 먹이가 부족한 상황에 일어나는 동면, 여름철의 고온과 물이 부족한 환경에서 일어나는 하면이 있다.

15. 윗글의 내용과 일치하지 않는 것은?

① 물질대사율은 섭취한 음식으로부터 획득한 에너지의 총량을 나타낸다.

② 내온 동물의 경우 몸무게 g당 필요한 에너지는 몸 크기에 반비례한다.

③ 대사 활동을 통해 생성되는 열에너지는 동물의 몸무게가 작을수록 적다.

④ 내온 동물은 체내에서 이루어지는 물질대사를 통해 체온을 일정하게 유지한다.

16. ㉠, ㉡의 공통점으로 적절하지 않은 것은?

① 동물의 부피와 연관성이 있다.

② 동물이 처한 외부 온도의 영향을 받는다.

③ 동물 신체의 열 상실률로 측정할 수 있다.

④ 내온 동물과 외온 동물에 따라 측정 방법이 다르다.

17. 박스 안의 내용을 참고할 때 다음의 빈칸에 들어갈 말로 가장 적절한 것은?

> 영화에서 보는 것처럼 사람의 크기보다 1/100 작은 초소형 인간은 존재할 수 있을까? 우리의 상상력 속에 등장하는 그런 초소형 인간은 현실적으로 존재할 수 없다. 그 이유는 _____

① 외부와의 열교환이 느려져서 물질대사의 균형을 유지하기 어렵기 때문이다.

② 물질대사율이 작아지면서 활동에 필요한 에너지의 공급이 원활하지 못하기 때문이다.

③ 부피가 줄어들면서 열에너지 생성을 위한 물질대사 활동 또한 줄어들게 되기 때문이다.

④ 부피에 대한 표면적의 비율이 상대적으로 매우 커서 항온성을 유지하지 못하기 때문이다.

18. ⓐ에 대한 이해로 적절하지 않은 것은?

① 필요에 따라 내온 동물과 외온 동물 모두에게서 일어날 수 있다.

② 활동할 때보다 에너지 소모량이 줄어들기 때문에 체온이 떨어진다.

③ 항상성을 유지하려는 동물들의 노력이 위협받는 상황에서 이루어진다.

④ 외부로부터 얻는 에너지를 외부로 발산하는 에너지보다 작게 하기 위한 방법이다.

▎19~21▎ 다음 글을 읽고 물음에 답하시오.

> 아리스토텔레스의 시학은 서구에서 최초의 문학 이론서라고 알려져 있다. 모든 시초에는 뒷날의 발전 가능성이 ⓐ잠재해 있는 법이지만 시학의 경우는 각별히 그러하다. ㉠시학에서 맹아의 형태로 내재되어 있던 중요 쟁점들이 뒷날 많은 문학 이론가들에 의해서 싹을 틔우게 되었기 때문이다. 비극이 주된 관심의 대상인 이 시학에서 가장 중요한 쟁점이 되어 온 것은 바로 카타르시스이다. 아리스토텔레스는 비극이 연민과 공포를 불러일으키는 사건을 통해서 이런 감정들의 카타르시스를 성취한다고 하면서 카타르시스에 대해 언급하고 있다. 우리에게 일반적으로 정화(淨化)의 의미로만 알려져 있는 이 카타르시스는 이른바 정화이론(淨化理論)과 조정이론(調整理論)의 둘로 나누어 살펴보아야 올바른 이해에 도달할 수 있다. 먼저 정화이론에서는 카타르시스를 재귀적 과정으로 파악한다. 즉 비극은 연민과 공포를 불러일으킨 뒤에 이들 감정을 마음 밖으로 몰아내는 것으로 이해하고, 그러한 정화의 효과

가 발생하는 것을 카타르시스라고 본다. 플라톤은 국가에서 비극이 연민을 환기하여 구경꾼들을 겁쟁이로 ⓑ전락시킨다고 비판했는데 아리스토텔레스는 플라톤의 이러한 문학 비판에 동의하지 않는다. 비극이 연민과 공포를 불러일으키는 것은 사실이나 이를 밖으로 몰아내기 위해서 그런다는 아리스토텔레스의 주장은 플라톤의 비판에 대한 직접적인 답변처럼 보이기도 한다. 그런데 여기에서 문제가 되는 것은 이러한 '정화'가 어떻게 작용하느냐 하는 것이다. 르네상스 시대부터 시학의 해석자들은 아리스토텔레스가 염두에 두고 있는 것이 고대 의학에서 쓴 동류요법(同類療法)의 개념이었다고 설명한다. 즉 열병은 열기로 다스리고 한기는 한기로 다스린다는 이열치열(以熱治熱)이 그것이다. 이러한 동류요법에 의한 카타르시스 해석 즉 정화이론은 20세기에 들어와서 프로이트의 영향력이 커짐과 동시에 널리 받아들여지게 된다. 프로이트는 환자들의 고통스러운 어린 시절의 경험을 최면을 통해 회상시킴으로써 신경증의 증상을 감소시킬 수 있다는 것을 발견하였다. 그의 이러한 정신분석법은 어린 시절의 고통스러운 경험을 불러들여 몰아내는 정화와 연관되어 있다.

하지만 조정이론에서는 이러한 정화이론에 반론을 펼친다. 즉 비극은 연민과 공포를 불러일으킨 뒤에 이들 감정을 밖으로 몰아내는 것이 아니라 그 감정들을 적절히 제어할 수 있게 해 주는 것으로 이해하고, 그런 조정의 효과가 발생하는 것을 카타르시스라고 본다. 플라톤은 감정이 이성에 대한 위협이라고 생각하였으나 아리스토텔레스는 감정이 이성 못지않게 인간의 중요한 일부라고 생각했다. 감정은 그 자체가 해로운 것이 아니며 적절히 통제되지 못할 때에만 해롭다고 ⓒ간주했다. 이처럼 조정이론은 감정의 몰아내기라는 개념을 동반하지 않는다. 연민은 흔히 좋은 감정으로 파악되며 적절한 공포는 건강에 좋은 것이 된다. 이 조정이론은 정신의 건강이 양극단 사이의 중용에 있다고 본 아리스토텔레스의 니코마코스 윤리학에서 그 논거를 ⓓ원용한 것이다. 이 윤리학에 기초한 조정이론에 따르면 카타르시스는 일종의 정신적, 도덕적인 길들이기가 된다. 이를 통해 비극을 구경하는 이들은 연민이나 공포와 같은 감정의 적절한 효용을 배우게 된다.

이러한 조정이론은 다시 두 가지의 관점으로 나누어 이해할 수 있다. 먼저 르네상스시기에 카스텔베트로를 위시한 몇몇은 비극이 감정을 단련시켜 준다고 하였다. 싸움터에서 병사들이 동료의 죽음을 빈번하게 목격하게 되면서 죽음의 공포를 극복하게 되듯이 구경꾼들은 비극 속에서 끔찍하고 보기 딱한 사건을 구경함으로써 가파른 삶의 실상에 익숙해진다는 것이다. 한편 18세기 독일의 레싱 같은 비평가는 비극이 감수성을 예민하게 함으로써 구경꾼의 심성을 부드럽게 순화시켜 준다고 주장하였다. 이 둘은 모두 조정이론이라는 점에서는 비슷하나 세부적인 설명에서는 서로 다른 관점을 보이고 있다.

플라톤이 비극의 가치를 공격한 것에 대한 답변으로서, 또 비극을 올바로 이해하기 위한 하나의 관점으로서 아리스토텔레스의 시학에서 논의된 카타르시스는 오늘날까지 논쟁적이면서도 설득력 있는 쟁점으로 이어져 오고 있다.

19. 윗글의 전개 과정을 고려하여 ㉠을 가장 잘 이해한 것은?

① 비극의 효용을 부정하는 플라톤과 그 반대의 입장을 취하는 아리스토텔레스 사이의 논쟁이 후대의 이론가들에 의해 더욱 심화되었다는 의미로 이해할 수 있겠군.

② 아리스토텔레스가 시학에서 언급한 화두인 카타르시스가 후대 이론가들의 여러 논의로 파생되면서 비극의 가치가 재조명될 수 있었다는 의미로 이해할 수 있겠군.

③ 아리스토텔레스가 정화와 조정의 두 관점으로 해석한 카타르시스의 개념을 후대 이론가들이 통합시킴으로써 시학의 학문적 위상을 높였다는 의미로 이해할 수 있겠군.

④ 아리스토텔레스가 정의한 카타르시스의 개념을 후대의 몇몇 이론가들이 다양한 관점에서 재해석하여 중세와 르네상스의 사상적 가교 역할을 했다는 의미로 이해할 수 있겠군.

20. 윗글을 통해 알 수 있는 내용으로 적절하지 않은 것은?

① 조정이론은 감정이 조정되는 양상에 따라 두 가지 관점으로 나뉜다.

② 프로이트의 정신분석법은 카타르시스의 정화이론과 깊은 관련이 있다.

③ 아리스토텔레스는 아무리 좋은 감정이라도 적절히 제어하지 못하면 해롭다고 보았다.

④ 플라톤은 이성이 감정을 제어할 수 없다는 점에서 카타르시스의 효용을 인정하지 않았다.

21. ⓐ~ⓓ의 사전적 의미로 적절하지 않은 것은?

① ⓐ : 겉으로 드러나지 않고 속에 잠겨 있거나 숨어 있음

② ⓑ : 나쁜 상태나 타락한 상태에 빠짐

③ ⓒ : 확실하게 알아보거나 인정함

④ ⓓ : 주장을 세우기 위해 어떤 문헌 내용을 끌어다 씀

법은 사회적·경제적·정치적 기타 사회 제도들을 반영하는 동시에 이에 대해 영향을 준다. 합의 이론은 사회규범과 도덕 규범에 대한 전반적 합의와 사회의 모든 요소들과 관련된 공통적 이해관계를 언급함으로써 법의 내용과 운용을 설명한다. 갈등 이론은 법과 형사 사법 체계가 전체적인 사회의 이해관계나 규범보다는 사회에서 가장 힘 있는 집단의 이해관계와 규범을 구체화시킨다고 주장한다. 그리고 법은 사회에서 힘없는 집단을 부당하게 낙인찍고 처벌하는 형사 사법 체계에 의해 집행되는 것으로 주장한다.

합의 이론과 갈등 이론에 대한 경험적 자료는 법의 제정에 대한 연구, 범죄에 대한 여론 연구, 검거·유죄 판결·형벌에서의 인종·계급·성별·연령에 의한 불공정성에 대한 연구로부터 나온다. 경험적 연구는 다원적 갈등 이론을 뒷받침하는 경향이 있는데, 그 내용을 보면 핵심적 법 규범에 대해서는 합의가 있지만, 입법과 법의 집행에서는 경쟁적 이익 집단들 사이에 갈등이 있다는 것이다. 경험적 자료를 통해서는 인종 차별주의와 성 차별주의가 형사 사법 체계에서 횡행하고 있는 것으로 나타나지는 않는다. 한편 형사 사법 체계가 편견으로부터 자유롭다는 것도 보여 주지 못한다.

그러나 다수의 경험적 연구 결과들은 형사 사법 체계가 법 외적 변수보다는 법적으로 관련된 변수들에 입각하여 운용된다는 결론을 지지하는데 이는 극단적 갈등 이론과는 대조적인 것이며 다원적 갈등 이론과 일치하는 것이다. 갈등 이론은 범죄를 문화적 갈등이나 집단 갈등 속에 휩쓸린 개인의 행동으로 설명한다. 그러나 범죄 행위에 관한 이러한 이론을 검증한 연구는 거의 없다. 정치적 혹은 이데올로기적 동기로 인한 범죄는 갈등 이론과 잘 맞는 것으로 보인다. 하지만 청소년 비행이나 살인, 절도, 방화, 화이트칼라 범죄, 조직범죄와 같은 대다수의 범죄에는 갈등 이론이 설명력을 갖지 못한다. 갈등 이론은 형사 사법 체계의 운용이나 범죄 행위에 관한 설명으로서보다는 법 제정에 대한 설명으로서 더 큰 경험적 지지를 받는다.

갈등 이론과 합의 이론은 모두 다양한 이해와 가치가 공정하게 대표되고, 법과 형사 사법 체계가 비차별적이라는 점을 암시적으로 지지하지만 갈등 이론이 범죄 행위에 대해 갖는 구체적인 정책적 함의는 찾아보기 어렵다.

22. 위 글로 미루어 성립하기 어려운 진술은?

① 외국인 이주자가 이전에 살던 나라의 관습에 따라 행동함으로써 이주해 온 국가의 법을 위반할 수 있다.

② 다원적 갈등 이론은 경쟁적 이익 집단이 입법과 통치를 통해 그들의 가치를 실현시키려는 민주 사회에 적용된다.

③ 한 국가 내에서 농촌 이주자들이 도시에서 자신들의 규범과 가치에 맞는 행동을 하게 되면, 도시의 법과 갈등 관계에 놓일 수 있다.

④ 합의된 규범과 사회 가치, 사회 체계의 질서정연한 균형, 사회 통합이라는 법의 궁극적 기능을 강조하는 기능주의는 극단적 갈등 이론의 경험적인 사례를 잘 보여 주는 것으로 해석할 수가 있다.

23. 위 글에 나타난 '합의 이론'의 관점과 거리가 먼 것은?

① 법의 내용과 본질은 사회의 기본적인 특징인 유기적 연대에서 찾을 수가 있을 것이다.

② 사회의 통합이 보다 합리적으로 이루어지게 되면 법의 통제도 합리적으로 이루어질 것이다.

③ 법의 내용은 공식적 법 개정에 의하거나 법원이 행하는 법 적용을 통해서 발전할 수 있을 것이다.

④ 어떤 사람은 범죄를 범하고 어떤 사람은 왜 범하지 않는가를 묻기보다 '어떤 행위는 범죄로 정의되지만 어떤 행위는 왜 범죄로 보지 않는가'를 묻는 것이 더 중요할 것이다.

24. '갈등 이론'으로 설명하기 어려운 사례에 해당하는 것은?

① 금품을 빼앗을 목적으로 친구에게 사기 협박을 하는 경우

② 저항이나 혁명이 성공하여 이전의 지배자들이 범죄자로 전락하는 사태

③ 이민자가 모국의 관습에 따라 행동하다가 이주한 나라의 법을 위반하는 것

④ 낙태 합법화에 반대하는 행동주의자들이 낙태를 하는 병원의 문을 닫게 하는 행위

언어는 경제적, 문화적, 정치적 이유로 ⓐ명멸(明滅)한다. 물론 소수 민족의 언어만이 사라지는 것은 아니다. 유럽의 다수 언어들은 대부분 동쪽으로부터 비롯된 다양한 양상의 침입에 의해 소수 언어였던 인도유럽어로 언어 교체가 일어나기도 하였다. 끔찍한 재해로 인해 언어가 소멸되는 경우는 생각보다도 드물다. 아득한 옛날에는 살인·질병·파문 등이 언어 상실의 주된 요인이었겠지만 세월이 흘러갈수록 그것은 자발적일 때가 많은데 500여 년에 걸친 식민지 상태를 겪은 라틴 아메리카 사람들은 대부분 스페인어를 구사한다. 우월한 외부 세력과 접촉이 되면 세계 어디에서나 대부분의 부모들은 자식들의 ⓑ안위(安危) 때문에, 또한 출세를 바라는 마음에서 그런 상황에 적응시키려고 노력하는 경향이 있다. 흔히 2개 국어를 쓰도록 독려하거나 ⓒ용인(容認)하는 사람들이 그런 부류이다.

그런데 아이들은 나중에 새로 선택한 언어만 쓰게 되는 경우가 흔하다. 언어 교체가 가져오는 직접적인 소득에도 불구하고 자발적으로 원래의 언어를 포기하는 사람들은 예외 없이 민족적 정체성을 상실한 느낌, 중심부나 자국의 중앙 권력에 의한 패배감, 조상을 배신했다는 자책감을 느끼게 마련인데 이것은 전통·관습·행동 양식뿐 아니라 구술 역사·합창곡·신화·종교·전문 용어 등을 잃어버리는 결과를 낳기도 한다. 역사가 오래된 사회는 붕괴될 수밖에 없고 그 이후의 새로운 언어가 그 공백을 메우지 못할 때가 많다. 이에 따라 잃어버린 세대들은 새로운 정체성, 즉 가치 있는 무언가를 찾아 헤매게 된다.

언어 교체의 대안은 영구적인 2개 국어의 사용이다. 사람들은 모든 외부인들과 의사소통하기 위해 영어나 스페인어 같은 국제적 언어를 적극적으로 쓰는 한편, 자기들끼리는 토착어를 꾸준히 사용하는 것이 바람직하다. 이것도 인구가 많을 때에는 효과적이지만 인구가 적을 때는 주류 언어로 대체되기 십상이다. 진정한 소수 언어, 예를 들어 약 2만 명 이하의 사람들이 쓰는 언어는 완전히 격리된 상태가 아닌 다음에야 그것을 보존하기가 어렵다. 어떤 사람들은 동식물종의 다양성을 유지하는 것과 마찬가지로 문화적 다양성이 ⓓ고갈(枯渴)되어 버린 세상을 맞이하지 않기 위해서 인류는 언어 다양성을 반드시 간직해야 한다고 주장하기도 한다.

그러나 각 문화는 적응하고 생존하기 위해 변화한다. 이것은 상실이라기보다 사회적 진화로 보는 것이 합리적이다. 멸종 위기의 언어를 보존하려는 열의는 그 언어를 쓰는 원주민 사회보다도 외국 언어학자들이 훨씬 더한 경우가 많다. 과학적 연구를 위해서는 가능한 수단을 동원하여 그 언어를 기록으로 남겨야겠지만 일단 숨을 거둔 언어는 소생하기가 어렵다. 대부분의 언어학자들은 언어의 대량 멸종이 예견된 결론이라고 본다. 그것은 인류가 ㉠새로운 지구촌 사회를 위해 치러야 할 대가이기도 하다.

25. 위 글의 내용과 일치하지 않는 것은?

① 언어의 다양성이 사라지는 것은 사회적 진화의 일종이라고 할 수 있다.

② 소수의 언어와 다수의 언어가 충돌할 때에 다수의 언어만이 경쟁에서 승리하는 것은 아니다.

③ 소수 언어를 보존하기 위해서는 때에 따라서 그 언어를 주류 언어와 분리시키는 방법이 효과적이다.

④ 후세대들의 안정적인 미래를 위해서 기성세대들이 자발적으로 토착어를 버리고 주류 언어만을 사용하는 경우가 일반적이다.

26. ⓐ~ⓓ 중, 사전적 의미를 잘못 풀이한 것은?

① ⓐ : (불빛 따위가) 켜졌다 꺼졌다 함

② ⓑ : 위로하여 마음을 편안하게 함

③ ⓒ : 너그럽게 받아들여 인정함

④ ⓓ : 물이 말라서 없어짐

27. ㉠에 대한 설명으로 가장 적절한 것은?

① 전통적인 문화가 잘 보존된 사회

② 잃어버린 세대들이 존재하지 않는 이상적인 사회

③ 사람들이 외부인과 의사소통을 자유롭게 할 수 있는 사회

④ 끔찍한 재해로 인해 언어가 소멸되는 일이 없도록 노력하는 사회

20세기 한국 사회는 내부 노동 시장에 의존한 평생직장 개념을 갖고 있었으나, 1997년 외환위기 이후 ㉠인력 관리의 유연성이 증가하면서 그것은 사라지기 시작하였다. 기업은 필요한 우수 인력을 외부 노동 시장에서 적기에 채용하고, 저숙련 인력은 주변화하여 비정규직을 계속 늘려 간다는 전략을 구사하고 있다. 이러한 기업의 인력 관리 방식에 따라서 실업률은 계속 하락하는 동시에 주당 18시간 미만으로 일하는 불완전 취업자가 크게 증가하고 있다.

이러한 현상은 우리나라의 경제가 지식 기반 산업 위주로 점차 바뀌고 있음을 말해 준다. 지식 기반 산업이 주도하는 경제 체제에서는 고급 지식을 갖거나 숙련된 노동자는 더욱 높은 임금을 받게 된다. 즉, 지식 기반 경제로의 이행은 지식 격차에 의한 소득 불평등의 심화를 의미한다. 우수한 기술과 능력을 가진 핵심 인력은 능력개발 기회를 갖게 되어 '고급 기술 →높은 임금→양질의 능력 개발 기회'의 선순환 구조를 갖지만, 비정규직·장기 실업자 등 주변 인력은 ㉡악순환을 겪을 수밖에 없다. 이러한 '양극화'현상을 국가가 적절히 통제하지 못할 경우, 사회 계급 간의 간극은 더욱 확대될 것이다. 결국 고도 기술 사회가 온다고 해도 자본주의 사회 체제가 지속되는 한, 사회 불평등 현상은 여전히 계급 간 균열선을 따라 존재하게 될 것이다. 국가가 포괄적 범위에서 강력하게 사회 정책적 개입을 추진하면 계급 간 차이를 현재보다는 축소시킬 수 있겠지만 아주 없어지지는 못할 것이다.

이러한 사회 불평등 현상은 나라들 사이에서도 발견된다. 각 국 간 발전 격차가 지속 확대되면서 전 지구적 생산의 재배치는 이미 20세기 중엽부터 진행되어 왔다. 정보 통신 기술은 지구의 자전 주기와 공간적 거리를 '장애물'에서 '이점'으로 변모시켰다. 그 결과, 전 지구적 노동 시장이 탄생하였다. 기업을 비롯한 각 사회 조직들은 국경을 넘어 인력을 충원하고, 재화와 용역을 구입하고 있다. 개인들도 인터넷을 통해 이러한 흐름에 동참하고 있다.

생산 기능은 저개발국으로 이전되고, 연구·개발·마케팅 기능은 선진국으로 모여드는 경향은 지속·강화되어, 나라들 간 정보 격차가 확대되고 있다. 유비쿼터스 컴퓨팅 기술에 의거하여 전 지구 사회를 잇는 지역 간 분업은 앞으로 더욱 활발해질 것이다.

나라들 간의 경제적 불평등 현상은 국제 자본 이동과 국제 노동 이동으로 표출되고 있다. 노동 집약적 부문의 국내 기업이 해외로 생산 기지를 옮기는 현상에서 나아가, 초국적 기업화 현상이 본격적으로 대두되고 있다. 전 지구에 걸친 외부 용역 대치가 이루어지고, 콜센터를 외국으로 옮기는 현상도 보편화될 것이다. 우리나라만 보더라도 한국인 노동자의 해외 진출과 외국인 노동자의 국내 유입이 대규모로 광범위하게 이루어지고 있다. 이러한 국제 노동력 이동은 한국뿐 아니라 세계 각국에서 활발히 발생하고 있다.

28. 위 글의 내용을 포괄하는 제목으로 가장 적절한 것은?

① 국가 간 노동 인력의 이동이 가져오는 폐해
② 사회 계급 간 불평등 심화 현상의 해소 방안
③ 지식 기반 산업 사회에서의 노동 시장의 변화
④ 선진국과 저개발국 간의 격차 축소 정책의 필요성

29. 위 글을 통해 알 수 있는 내용이 아닌 것은?

① 현재 한국 사회는 20세기와는 다른 경제 구조 속에 놓여 있다.
② 정보 통신의 기술은 사회 양극화라는 장애물을 극복하게 해주었다.
③ 국가의 적절한 통제를 통해 사회 양극화의 확대를 막을 수도 있다.
④ 한 국가의 문제였던 사회 불평등의 문제는 이제 국가 간의 문제로 확대되었다.

30. ㉠의 결과로 나타나는 현상으로 보기 어려운 것은?

① 취업률의 증가
② 소득 불평등의 심화
③ 평생직장 개념의 붕괴
④ 우수 인력의 비정규직화

31. ㉡의 내용을 도식화했을 때 가장 타당한 것은?

① 저숙련→질 낮은 교육→낮은 임금→빈곤의 심화
② 낮은 임금→질 낮은 교육→저숙련→빈곤의 심화
③ 질 낮은 교육→저숙련→낮은 임금→빈곤의 심화
④ 빈곤의 심화→저숙련→낮은 임금→질 낮은 교육

서구 과학에서의 물질에 대한 탐구는 그 물질이 무엇으로 구성되어 있는가에 초점이 맞추어져 있었다. 그런데 이러한 물질의 현상적 성질이 인간의 인식 범주 안에 모두 포섭될 수 있는가 하는 것이 문제였다.

서구인이 생각한 인식의 범주란 대상이 계량화될 수 있는 경우로서, 이럴 경우에만 인식되었다고 규정한다. 예를 들어 어떤 물질적 대상이 가진 성질 가운데서 면적과 부피와 무게는 수로써 표현할 수 있는 반면에, 색깔과 냄새와 맛 등은 수로 표현할 수 없었다. 이와 같이 물질의 성질은 수로 표현할 수 있는 성질과 수로 표현할 수 없는 성질로 구분된다고 본 것이 근대 서구인의 생각이었다. 근대의 과학과 철학에서 중요한 위치를 갖는 갈릴레오와 뉴턴, 존 로크는 모두 이런 성질의 차이를 중시하여 이들을 1차 성질과 2차 성질로 나누었다. 그리고 이들은 1차 성질만이 물질의 근원적인 속성이 될 수 있으며, 2차 성질은 물질의 부차적인 속성이라고 보았다.

최근에는 과학 기술의 발달에 힘입어 과거 2차 성질이었던 색깔과 소리가 옹스트롬이라는 단위를 이용해서 수학적 표현이 가능해졌으며, 냄새나 맛까지도 수학적 표현이 가능하게 되었다. 그래서 근대인이 생각했던 1차 성질과 2차 성질의 구분이 모호해졌다.

실제로 자연의 모든 물질이 계량화될 수 있는지에 대하여는 많은 과학자들이 의심을 품기 시작하였다. 계량화하기 위하여 자연은 반드시 정지되어야 한다는 것이 고전 과학의 정언명법인데, 실제의 자연은 변화하고 운동한다는 것이 밝혀지면서 운동과 물질의 경계가 붕괴되고 있다. 운동 에너지 자체가 물질이거나 물질의 내용이 에너지 덩어리인 경우가 너무나 많다는 사실을 현대 입자물리학은 알게 된 것이다. 이리하여 물질은 고정된 실체가 아니라 항상 변화 속에 있다는 점에서 서구식의 계량화 조건은 비판의 대상이 되기에 이르렀다.

이에 가세한 것이 시간과 물질의 관계에 대한 인식의 변화이다. 서구의 물질관에서 볼 때, 물질이란 시간과 독립된 본질과 속성을 가진 것이다. 이렇게 서구 과학의 물질관은 시간의 흐름에 의존하지 않기 때문에 물질이 변화한다는 사실에 초점을 두지 않았다. 물질을 수학으로써 형상화하려면 변화하는 물질의 변이 과정을 정지 상태에 놓아 둘 수밖에 없었던 것이다. 그러다가 일반상대성이론이 정립되면서 물질을 시간과 분리시켜서 볼 수 없다는 논의가 일반화되었다. 시간과 물질이 분리될 수 없다는 사실은 물질의 전이와 변화를 인식할 수 있게 해 준다.

32. 위 글의 내용을 포괄적으로 가장 잘 나타낸 것은?

① 서구의 물질 변천 과정
② 계량화에 의한 물질의 성질 구분
③ 물질의 변화 가능성에 대한 과학관
④ 물질의 성질에 대한 서구의 인식 변화

33. 위 글의 내용을 잘못 이해한 것은?

① 현대 물리학에서는 시간이라는 개념이 물질의 파악에 중요한 요소로 인식하고 있다.
② 서구 과학의 물질에 대한 탐구는 물질의 화학적 변이 과정 탐구에 집중되어 있었다.
③ 근대 이전의 서구인에게 있어서 계량화될 수 없는 것은 인식의 범주에 포함시키지 않았다.
④ 현대 물리학은 정지되어 있지 않은 물질의 내용은 단지 운동 에너지 자체일 수도 있다고 본다.

소리란 물리학적으로 볼 때 단순한 진동일 뿐이다. 그러나 심리학적으로 보면 소리는 두뇌가 주변 환경에서 이끌어 내는 일종의 경험이다. 물리학자가 에너지를 잰다면 심리학자는 그 안에 들어 있는 정보를 찾는다. 물리학자는 개구리와 젖소, 그리고 인간에게 전해지는 공기 입자의 진동을 모두에게 동일하다고 말할지 모른다. 그러나 심리학자는 그러한 진동이 서로 다른 동물에게 주는 감흥이 엄청나게 다르다고 말한다.

인간이 동물과 달리 ㉠음악을 들을 수 있는 한 가지 이유는 인간의 두뇌가 다른 동물들의 두뇌가 처리할 수 있는 것보다 훨씬 더 복잡한 소리의 유형들을 다룰 수 있기 때문이다. 우리는 음악의 다양한 유형들을 맞추어 교향곡의 한 악장을 만든다. 서로 다른 ㉡음들이 묶여 단편적인 멜로디들을 만들고, 전체 멜로디로 이어진 뒤 다시 악구로 확장되었다가 긴 악절을 형성한다. 동시에 발생하는 음들은 음정으로 합쳐지고 음정은 다시 화음으로, 화음은 화성 진행으로 통합된다. 유형화한 악센트들은 리듬을 형성하고 긴장감의 대비는 크레셴도(점점 크게)와 디크레셴도(점점 약하게)로 융합된다. 우리의 두뇌가 이러한 관계들을 해독함에 따라 소리에 대한 감흥이 일어난다. 듣는다는 것은 이러한 관계를 만드는 과정 그 자체이다. 금붕어에게 왈츠를 연주해 주고 나서 무슨 일이 벌어지는지 살펴보라. 아무 일도 일어나지 않는다. 금붕어가 왈츠에 따라 몸을 씰룩거리지 않는 이유는 무엇일까? 그것은 춤을 추고 싶도록 만드는 것이 왈츠의 음이 아니라 그 음들의 관계이기 때문이다. 금붕어는 그러한 음들의 관계를 알지 못하는 것이다. 만질 수도 없고, 볼 수도 없고, 기술하거나 분류하기도 어려운 이런 관계들이 바로 음악이다. 악기에서 빠져나오는 공기의 진동이 음악은 아니다. 오케스트라에서 우리 귀로 음악을 전달하기 위해 진동하는 분자들은 감흥을 지니지 않는다. 이것들로부터 인간의 두뇌는 어떤 유형을 찾아낸다. 그럴 때 비로소 의미 있는 감흥이 생겨난다.

우리는 어떤 이를 가리켜 음악에 대한 좋은 귀를 가진 사람이라고 말하지만 사실 그런 사람은 음악을 잘 들을 수 있는 훌륭한 마음을 가진 사람이라고 말해야 옳을 것이다. 동시에 발생하는 멜로디들, 리듬들, 그리고 심지어는 하모니들까지 들을 수 있는 마음 말이다. 개별적인 소리들을 인식하는 데 필요한 가장 기본적인 메커니즘은 우리 신경계에 이미 '내장되어'있다. 그러나 그 밖의 다른 면들은 부분적으로 또는 모두 학습에 의해 다듬어진다. 그래서 마음의 훈련이 덜 되면 음들의 보다 단순한 관계만을 들을 수 있는 것이다.

34. 위 글을 올바로 이해하지 못한 것은?

① 훈련이 된다면 음악을 더욱 잘 이해할 수 있다.

② 음악은 단순한 물리적 현상이라기보다는 인간 두뇌 작용의 결과이다.

③ 공기의 진동이 없는 음악은 없다. 따라서 공기의 진동 그 자체도 음악이다.

④ 인간은 태어날 때부터 음악을 들을 수 있는 신경계의 메커니즘을 가지고 있다.

35. 밑줄 친 ㉠과 ㉡의 관계에 가장 가까운 것은?

① 음절 : 물체의 음향

② 소설 : 비판적 읽기

③ 조각 : 세계적인 미술관

④ 양반 : 말총으로 만든 붓

┃36~38┃ 아래의 지문을 읽고 내용에 맞게 적절한 것을 고르시오.

㈜○○에서는 2018년 하반기에 주력 상품인 휴대폰을 출시하였다. 아래의 내용은 해당 제품에 관한 매뉴얼 중 휴대폰 사용 시의 주의사항 일부를 나타낸 것이다.

〈㈜○○의 휴대폰 사용 시의 주의사항〉

본 기기 사용 전 아래의 지시사항을 지키지 않을 경우 사용자는 심각한 상해를 입거나 사망할 수 있으므로 주의를 요합니다.

※ 화재주의
• 충전단자나 외부접속단자(microUSB 접속단자)에 전도성 이물질(금속 조각, 연필심 등)을 접촉시키거나 내부로 넣지 마세요.
• 사용 중이나 충전 중에 이불 등으로 덮거나 또는 감싸지 마세요.
• 배터리가 새거나 냄새가 날 때는 즉시 사용을 중지하고 화기에서 멀리 두세요. 새어 나온 액체에 불이 붙거나 발화·파열의 원인이 될 수 있습니다.
• 일반 쓰레기와 같이 버리지 마세요. 발화 및 환경파괴의 원인이 됩니다.

※ 피부손상 주의
• 휴대전화의 인터넷, 동영상, 게임 등을 장시간 사용 시에 제품 표면의 온도가 올라갈 수 있으므로 사용을 잠시 중단하세요.
• 신체의 일부가 오랜 시간 휴대전화에 닿지 않도록 하세요. 휴대전화 장시간 사용 중 오랫동안 피부에 접촉 시 피부가 약한 분들은 저온화상의 우려가 있기 때문에 사용에 있어서 주의를 요합니다.

※ 충전 시 주의
• USB 아이콘이 위로 향한 채 꽂으세요. 반대로 하게 되면 제품에 치명적인 손상을 줄 수 있습니다.
• 충전 중에 사용 시 감전의 우려가 있을 수 있으니 반드시 충전기와 분리 후에 사용하세요.
• 충전기 또는 배터리 단자 등에 이상이 있을 시에 무리한 충전을 하지 말고 ㈜○○ 고객 상담실(Tel : 1544-1234)로 문의하신 후에 가까운 ㈜○○ 서비스센터로 가셔서 제품을 확인 받으시기 바랍니다. (화재의 위험이 있습니다.)

---

36. 위의 내용은 주의사항을 지키지 않았을 시에 나타날 수 있는 각종 상황에 대한 주의를 요하고 있다. 다음 중 이에 대해 잘못 설명하고 있는 것은?

① 휴대폰을 사용하고 있거나 충전 중에 이불로 덮게 되면 화재가 날 수 있으니 조심해야 한다.
② 일반쓰레기와 같이 버리게 될 경우 피부손상이 발생할 수 있으니 조심해야 한다.
③ 휴대폰 충전 시 USB 아이콘이 아래로 향한 채 꽂으면 제품에 큰 손상을 줄 수 있다.
④ 충전기나 배터리 단자가 이상할 경우에는 화재 위험이 있으니 고객 상담실에 문의 후 가까운 서비스센터로 방문해서 제품을 확인받아야 한다.

37. 위에 서술된 내용 중 가장 적절하지 않은 것을 고르면?

① 해당 제품은 환경파괴의 원인으로 작용하므로 일반 쓰레기하고 같이 버리면 안 된다.
② 해당 제품의 오랜 사용으로 인해 피부에 장시간 맞닿아 있게 되면 피부가 약한 사람의 경우 저온화상을 입을 수 있다.
③ 핸드폰 충전 시 치명적인 손상을 방지하기 위해 USB 아이콘이 위로 향하는 방향으로 꽂아야 한다.
④ 핸드폰 사용 시에 배터리 부분에서 냄새가 나게 되는 경우에 핸드폰 전원을 꺼야 한다.

38. 윗글의 내용으로 미루어 보아 휴대폰이 저온화상의 원인으로 지목되는 이유로 가장 적절한 것을 고르면?

① 충전단자 또는 외부접속단자에 이물질 접촉 시
② 배터리가 새거나 또는 냄새가 날 시
③ 휴대폰을 오랜 시간 동안 피부에 접촉할 시
④ 일반 쓰레기와 함께 버릴 시

❙39∼40❙ **아래의 지문을 읽고 내용에 맞게 적절한 것을 고르시오.**

아래의 제품은 ㈜아이 러브에서 출시된 2018년 무진동 세탁기에 대한 매뉴얼을 그림과 함께 제공하고 있다.

※ 아래에 있는 내용은 "경고"와 "주의"의 두 가지로 구분하고 있으며, 해당 표시를 무시하고 잘못된 취급을 할 시에는 위험이 발생할 수 있으니 반드시 주의 깊게 숙지하고 지켜주시기 바랍니다. 더불어 당부사항도 반드시 지켜주시기 바랍니다.

1. 경고
① 아래 그림과 같이 제품수리기술자 이외 다른 사람은 절대로 세탁기 분해, 개조 및 수리 등을 하지 마세요.

• 화재, 감전 및 상해의 원인이 됩니다. 해당 제품에 대한 A/S 문의는 제품을 구입한 대리점 또는 사용설명서의 뒷면을 참조하시고 상담하세요.
② 아래 그림과 같이 카펫 위에 설치하지 마시고 욕실 등의 습기가 많은 장소 또는 비바람 등에 노출된 장소 및 물이 튀는 곳에 설치하지 마세요.

• 이러한 경우에 화재, 감전, 고장, 변형 등의 위험이 있습니다.
③ 아래 그림과 같이 해당 세탁기를 타 전열기구와 함께 사용하는 것을 금하며 정격 15A 이상의 콘센트를 단독으로 사용하세요.

• 자사 세탁기를 타 기구와 사용하게 되면 콘센트부가 이상 과열되어 화재 또는 감전의 위험이 있습니다.
④ 아래 그림과 같이 접지를 반드시 연결해 주십시오.

• 제대로 접지가 안 된 경우에는 고장 또는 누전 시에 감전의 위험이 있습니다.
• 가옥의 구조 또는 세탁기 설치 장소에 따라서 전원 콘센트가 접지가 안 될 시에는 해당 서비스센터에 문의하여 외부 접지선을 활용해 접지하세요.
⑤ 아래 그림과 같이 전원플러그를 뽑을 경우에는 전원코드를 잡지 말고 반드시 끝단의 전원플러그를 손으로 잡고 뽑아주세요.

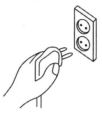

• 화재 또는 감전의 위험이 있습니다.
⑥ 아래 그림과 같이 전원 플러그의 금속부분이나 그 주변 등에 먼지가 붙어 있을 시에는 깨끗이 닦아주시고, 전원 플러그가 흔들리지 않도록 확실하게 콘센트에 접속해 주세요

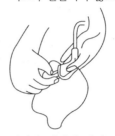

• 먼지가 쌓여서 발열, 발화 및 절연열화에 의해 감전, 누전의 원인이 됩니다.

2. 주의
① 자사 세탁기 본래의 용도(의류세탁) 외의 것은 세탁(탈수)하지 마세요.

• 이상 진동을 일으키면서 제품 본체를 손상시킬 위험이 있습니다.
② 온수를 사용하는 경우에는 50도 이상의 뜨거운 물은 사용하지 마세요.

• 플라스틱 부품의 변형 또는 손상 등에 의해서 감전 혹은 누전 등의 위험이 있습니다.

③ 오랜 시간 동안 사용하지 않을 시에는 반드시 전원 플러그를 콘센트에서 뽑아주세요

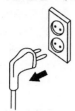

• 절연저하로 인해 감전, 누전, 화재 등의 원인이 됩니다.

3. 당부사항

① 세탁물은 초과해서 넣지 마세요.
  • 탈수 시에 세탁물이 빠져나올 수 있습니다.
② 세제를 과하게 넣지 마세요.
  • 세제를 많이 넣게 되면 세탁기 외부로 흘러나오거나 또는 전기부품에 부착되어 고장의 원인이 됩니다.
③ 탈수 중 도어가 열린 상태로 탈수조가 회전하는 경우에는 세탁기의 사용을 중지하고 수리를 의뢰해 주세요.
  • 상해의 원인이 됩니다.
④ 세탁 시에 세탁물이 세탁조 외부로 빠져나오는 경우 또는 물이 흘러넘치는 것을 방지하기 위해 아래와 같이 조치해 주세요.
  • 세탁물이 많을 시에는 균일하게 잘 넣어주세요. 세탁물이 떠오르게 되어 급수 시 물을 비산시켜 바닥으로 떨어지거나 또는 탈수 시 세탁물이 빠져나와 손상을 입힐 수 있습니다.
  • 쉽게 물에 뜨거나 또는 큰 세탁물의 경우에는 급수 후 일시정지를 한 다음 손으로 눌러 밀어 넣어 세탁물을 수면 아래로 밀어 넣어주세요. 세탁을 진행하고 있는 동안에도 세탁물에 물이 새어들지 않거나 또는 손으로 눌러도 세탁액이 새어들지 않는 세탁물은 세탁하지 마세요. 탈수 시에 빠져나와 의류 및 세탁기를 손상시킬 수 있습니다.

39. 위에 제시된 내용을 참조하여 세탁기 사용설명서를 잘못 이해한 것은?

① 세제를 많이 넣게 될 경우에는 이 또한 세탁기 고장의 원인으로 작용할 수 있다.
② 제품에 대한 A/S는 대리점이나 설명서 뒷면을 참조하면 된다.
③ 자사의 세탁기는 전류용량 상 멀티 탭을 활용하여 15A 이상의 콘센트를 타 전열기구와 함께 사용하는 것이 가장 좋다.
④ 전원플러그 주변의 먼지는 깨끗이 닦아줘야 한다는 것을 잊어서는 안 된다.

40. 윗글을 읽고 제품에 대한 당부사항으로 바르지 않은 것은?

① 탈수 중에 문이 열린 상태로 탈수조가 회전하게 되면 세탁물이 빠져나올 수가 있다.
② 세탁물을 초과해서 투입하게 되면 탈수 시 옷들이 빠져나올 수 있다.
③ 세탁 시 투입물이 많으면 균일하게 잘 넣어야 한다.
④ 세제를 과다 투입하게 되면 전기부품에 부착되어 고장의 우려가 발생할 수 있다.

│41~42│ 아래의 내용을 읽고 적절한 답을 고르시오.

> 은희는 Z 백화점에서 마케팅 팀장을 맡고 있다. 그런데 오늘 외근을 가게 되는 상황이 벌어지게 되었다. 시간상 전철만으로 이동하면서 아래에 나와 있는 곳들을 모두 방문한 후에 사무실로 복귀해야만 한다. 은희가 을지로입구역에서 전철에 승차하고 출발한다고 할 때 아래의 조건에 맞게 적절한 답을 고르시오.
>
> (조건 1) 전철역 간 거리는 2분, 환승 시간은 7분으로 동일하다.
> (조건 2) 지하철 승차 전 대기시간과 백화점[방문점]·전철역 간 이동시간은 무시한다.

(방문지)
• 중부세무서 : 서울시 중구 퇴계로 BB번지, 충무로역 하차
• Z 아울렛 서울역점 : 서울시 용산구 동자동 AA번지, 서울역 하차
• Z 의류업체 : 서울시 동대문구 답십리동 XX번지, 답십리역 하차
• Z 면세점 코엑스점 : 서울시 강남구 삼성동 YY번지, 삼성역 하차

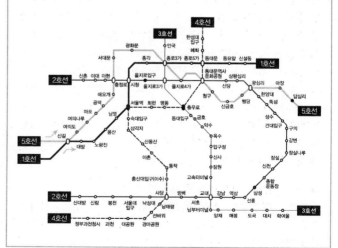

41. 은희는 상황을 예의주시하며 최단 경로를 결정하고 첫 방문지로 가려던 차에 Z 아울렛에 가장 먼저 방문하라는 부장의 지시를 받게 되었다. 하지만 그날따라 4호선 회현역에서 갑작스럽게 발생한 열차 고장으로 인해 회현~명동역 구간은 이용할 수 없게 되었다. 이때 은희가 다른 방문지까지 모두 들르고 돌아오는 데 걸리는 최단 시간은 얼마인지 구하면?

① 105분　　　　　② 111분
③ 134분　　　　　④ 155분

42. 은희는 Z 아울렛, 중부세무서, Z 면세점, Z 의류업체 순서로 방문하려고 한다. 을지로입구역에서 오전 10시에 출발하면서 각 방문지마다 약 30분 정도의 시간을 보낸 후에 다음 역으로 이동할 예정이다. 평소 회사에서 점심시간은 12에서 1시까지로, 이 시간에 맞추어 점심을 먹으려고 할 시에 이동 경로 상 은희는 어느 역 부근에서 점심을 먹는 것이 가장 좋겠는가?

① 답십리역　　　　② 동대문역
③ 잠실역　　　　　④ 삼성역

|43~45| 아래의 지문을 읽고 내용에 맞게 적절한 것을 고르시오.

A는 은행 업무를 보러 은행에 들렀다가 대기번호를 받고 잠시 앉아 있었다. 그러던 중 금융관련 상황에 대한 내용을 읽게 되었다.

〈금융 관련 긴급상황 발생 행동요령〉

❑ 신용카드 및 체크카드의 분실한 경우
카드를 분실했을 경우 카드회사 고객센터에 분실신고를 하여야 한다. 분실신고 접수일로부터 60일 전과 신고 이후에 발생한 부정 사용액에 대해서는 납부의무가 없다. 카드에 서명을 하지 않은 경우, 비밀번호를 남에게 알려준 경우, 카드를 남에게 빌려준 경우 등 카드 주인의 특별한 잘못이 있는 경우에는 보상을 하지 않는다. 비밀번호가 필요한 거래(현금인출, 카드론, 전자상거래)의 경우 분실신고 전 발생한 제2자의 부정사용액에 대해서는 카드사가 책임을 지지 않는다. 그러나 저항할 수 없는 폭력이나 생명의 위협으로 비밀번호를 누설한 경우 등 카드회원의 과실이 없는 경우는 제외한다.

❑ 다른 사람의 계좌에 잘못 송금한 경우
본인의 거래은행에 잘못 송금한 사실을 먼저 알린다. 전화로 잘못 송금한 사실을 말하고 거래은행 영업점을 방문해 착오입금반환의뢰서를 작성하면 된다. 수취인과 연락이 되지 않거나 돈을 되돌려 주길 거부하는 경우에는 부당이득반환소송 등 법적 조치를 취하면 된다.

❑ 대출사기를 당한 경우
대출사기를 당했거나 대출수수료를 요구할 땐 경찰서, 금융감독원에 전화로 신고를 하여야 한다. 아니면 금감원 홈페이지 참여마당→금융범죄/비리/기타신고→불법 사금융 개인정보 불법유통 및 불법 대출 중개수수료 피해신고 코너를 통해 신고하면 된다.

❑ 신분증을 잃어버린 경우
가까운 은행 영업점을 방문하여 개인정보 노출자 사고 예방 시스템에 등록을 한다. 신청인의 개인정보를 금융회사에 전파하여 신청인의 명의로 금융거래를 하면 금융회사가 본인 확인을 거쳐 2차 피해를 예방한다.

43. 만약의 경우 A가 신용카드를 분실했을 경우 가장 먼저 취해야 할 행동으로 적절한 것을 고르면?

① 금융감독위원회에 진정서를 제출해야 한다.
② 관할 경찰서에 전화로 분실신고를 한다.
③ 해당 카드사에 전화를 걸어 바로 카드를 해지해야 한다.
④ 해당 카드사에 전화를 걸어 분실신고를 한다.

44. 만약의 경우 실수가 발생해 타인의 계좌로 잘못 송금할 경우에 가장 적절한 대처방법은 무엇인가?

① 부당이득반환청구소송을 준비한다.
② 잘못 송금한 은행에 송금사실을 전화로 알린다.
③ 거래 은행에 잘못 송금한 사실을 알린다.
④ 금융감독원에 전화로 신고를 한다.

45. 예를 들어 매사에 완벽한 A가 보이스 피싱에 걸려 대출사기를 당했다고 느껴질 경우 A가 취할 수 있는 가장 적절한 행동을 고르면?

① 경찰서나 금융감독원에 전화로 신고를 한다.
② 가까운 은행을 방문하여 개인정보 노출자 사고 예방 시스템에 등록을 해지한다.
③ 관할 법원에 부당이득반환소송을 청구한다.
④ 해당 거래 은행에 송금 사실을 전화로 알린다.

▌46~48 ▌ 아래의 지문을 읽고 내용에 맞게 적절한 것을 고르시오.

다음은 ㈜꽁꽁에서 출시된 더블데크 냉장고에 대한 사용설명서를 나타낸 것이다. 영구는 도시로 이사 와서 처음 구입해 본 냉장고가 그저 신기할 따름이다. 하지만 사용방법을 익혀야 하는 관계로 영구는 아래와 같은 냉장고 사용 전 확인사항을 숙지하고 있는 중이다.

〈사용 전 확인사항〉

사용 전에 꼭 한번 확인하세요. →냉장고를 사용하시기 전에 다음 사항을 꼭 확인해 보세요. 안전하고 깨끗하게 사용할 수 있는 최선의 방법이 됩니다.

※ 냉장고에서 플라스틱 냄새가 날 때
• 냉장고 문을 열고 환기를 시킨 후 가동시키세요.
• 냉장고를 처음 설치했을 때는 내부에서 플라스틱 냄새가 날 수 있습니다.
• 냄새가 날 수 있는 부착물 테이프류는 제거한 후 사용하세요.

※ 사용 중 정전이 되었을 때
• 냉장고 문을 되도록 열지 마세요.
• 여름에 2~3시간 정도 전기가 들어오지 않아도 식품이 상하지 않습니다.

※ 문제해결방법

증상 요인	확인	처리
얼음에서 냄새가 납니다.	• 수돗물로 얼음을 만든 것은 아닌가요? • 냉장고 안을 자주 닦지 않은 것은 아닌가요? • 얼음 그릇이 더러운 것은 아닌가요? • 선반에 음식물이 떨어진 것은 아닌가요?	• 가끔 소독약품 냄새가 날 수 있습니다. • 자주 닦지 않으면 냄새가 냉장고 안에 배게 됩니다. • 얼음 그릇을 깨끗이 닦아서 사용하세요. • 음식물이 떨어진 채 사용하면 나쁜 냄새가 날 수 있습니다.
냉장 또는 냉동이 전혀 되지 않습니다.	• 전원플러그가 빠져 있지 않은가요? • 높은 온도로 조절되어 있는 것은 아닌가요? • 햇볕이 내리쬐는 곳이나 열기구 가까이 설치된 것은 아닌가요? • 냉장고 뒷면과 벽면이 너무 가까운 것은 아닌가요?	• 전원플러그를 다시 꽂아 주세요. • 냉동실/냉장실 온도조절 버튼을 눌러 낮은 온도로 조절하세요. • 햇볕이 내리쬐는 곳, 열기구 있는 곳과 떨어진 곳에 설치하세요. • 뒷면, 옆면은 벽과 5cm 이상 간격을 띄우고 설치해 주세요.

냉장고 내에서 냄새가 납니다.	• 뚜껑을 덮지 않고 반찬을 보관한 것은 아닌가요? • 육류, 생선류, 건어물을 비닐포장하지 않고 넣은 것은 아닌가요? • 너무 오랫동안 식품을 넣어둔 것은 아닌가요?	• 김치 등의 반찬류는 반드시 뚜껑을 덮거나 랩을 씌워 보관해 주세요. • 위생 비닐봉투에 넣고 묶어서 보관하세요. • 오래된 식품은 냄새가 날 수 있습니다.

46. 만약 냉장고를 사용하던 중 정전이 되었을 시에 영구가 취해야 할 행동으로 가장 적절한 것을 고르면?

① 곧바로 서비스센터로 문의한다.
② 냉장고 전원플러그를 뽑아 놓는다.
③ 냉장고 문을 되도록 열지 않는다.
④ 냉장고 문을 환기시킨 후에 사용한다.

47. 만약 냉동실에 얼어 놓은 얼음에서 냄새가 날 경우 이를 해결할 방법으로 가장 적절한 것을 고르면?

① 얼음 그릇을 잘 닦아서 사용한다.
② 냉장고 문에 음식물이 묻지 않았는지 확인 후 사용한다.
③ 정수기물로 얼음을 만들면 냄새가 날 수 있으므로 수돗물을 사용한다.
④ 오래된 식품은 반드시 버린다.

48. 만약 영구가 냉장고를 사용하다가 냉동 또는 냉장이 전혀 되지 않을 경우 및 냉각이 약할 경우 취할 수 있는 방법으로 가장 적절한 것을 고르면?

① 생각할 필요 없이 곧바로 서비스센터에 문의한다.
② 뒷면과 옆면은 벽과 5mm 이상 간격을 두어 설치한다.
③ 냉동실 및 냉장실의 온도조절 버튼을 눌러서 가장 높은 온도로 조절한다.
④ 전원플러그를 다시금 꽂아 본다.

【49~54】 아래의 내용은 여름철에 흔하게 나타나는 전력수급비상에 대한 행동요령 및 절전요령을 나타낸 자료이다. 읽고 물음에 답하시오.

[전력수급비상 행동요령]

■ 전력수급 비상단계 발생 시 행동요령

❑ 가정에서
1. 전기냉난방기기의 사용을 중지합니다.
2. 다리미, 청소기, 세탁기 등 긴급하지 않은 모든 가전기기의 사용을 중지합니다.
3. TV, 라디오 등을 통해 신속하게 재난상황을 파악하여 대처합니다.
4. 안전, 보안 등을 위한 최소한의 조명을 제외하고 실내외 조명을 모두 소등합니다.

❑ 사무실에서
1. 건물관리자는 중앙조절식 냉난방설비의 가동을 중지하거나 온도를 낮춥니다.
2. 사무실 내 냉난방설비의 가동을 중지합니다.
3. 컴퓨터, 프린터, 냉온수기 등 긴급하지 않은 모든 사무기기의 전원을 차단합니다.
4. 안전, 보안 등을 위한 최소한의 조명을 제외하고 실내외 조명을 모두 소등합니다.

❑ 공장에서
1. 사무실 및 공장 내 냉난방기의 사용을 중지합니다.
2. 컴퓨터, 복사기 등 각종 사무기기의 전원을 일시적으로 차단합니다.
3. 꼭 필요한 경우를 제외한 사무실 조명은 모두 소등하고 공장 내부의 조명도 최소화합니다.
4. 비상발전기의 가동을 점검하고 운전 상태를 확인합니다.

❑ 상가에서
1. 냉난방설비의 가동을 중지합니다.
2. 안전, 보안용을 제외한 모든 실내 조명등과 간판 등을 일시 소등합니다.
3. 식기건조기, 냉온수기 등 식재료의 부패와 관련이 없는 가전제품의 가동을 중지하거나 조정합니다.
4. 자동문, 에어커튼의 사용을 중지하고 환기팬 가동을 일시 정지합니다.

[여름철 전기 절약 행동요령]

■ 전기절약 행동요령

❑ 가정에서
1. 여름철 전력피크 시간대(오후 2시~5시)에는 전기사용을 최대한 자제합니다.
2. 에어컨 등 전기냉방기기의 사용을 자제합니다.
3. 사용시간 외 TV, 컴퓨터, 충전기 등의 플러그는 뽑습니다.
4. 여름철 실내온도는 26℃ 이상으로 유지합니다.
5. 사용하지 않는 공간의 조명은 완전 소등합니다.

❑ 사무실에서
1. 여름철 전력피크 시간대(오후 2시~5시)에는 전기사용을 최대한 자제합니다.

2. 에어컨 등 전기냉방기기 사용을 자제하고 선풍기를 사용합니다.
3. 컴퓨터, 프린터 등 사무기기를 장시간 미사용 시 전원을 차단합니다.
4. 엘리베이터는 4층 이하 저층은 운행하지 않고, 5층 이상은 격층 운행합니다.
5. 실내온도는 26℃ 이상으로 유지합니다.
6. 중식시간 및 퇴실 1시간 전에는 냉방기 가동을 중지합니다.
7. 여름철 전력피크 시간대에는 냉방기 순차 운휴를 실시합니다.
8. 점심시간, 야간시간에는 일괄 소등하되, 필요한 부분만 점등합니다.
9. 직원들에게 에너지절약을 위해 주기적으로 교육을 실시합니다.
10. 에너지 절약형 의류를 입고 근무합니다.

❑ 제조시설에서
1. 여름철 전력피크 시간대(오후2시~5시)에는 전기사용을 최대한 자제합니다.
2. 가동하지 않거나 대기상태에 있는 설비의 전원을 차단하고 공회전을 방지합니다.
3. 주기적으로 설비의 유지보수를 관리하는 구역별 담당자를 지정·운영합니다.
4. 실내온도는 26℃ 이상으로 유지합니다.
5. 실내용 환기팬은 상시 가동하지 않고 적정 주기로 가동합니다.
6. 에어컨 사용을 자제하고, 사용 시에는 선풍기와 함께 사용합니다.
7. 퇴근 시 프린터 등 사무기기의 전원을 차단합니다.
8. 불필요한 장소(회의실, 복도 등)의 조명을 소등 또는 격등합니다.
9. 주간에는 창측 조명을 소등하고 자연 채광을 이용합니다.
10. 전력 위기를 대비하여 주요 설비의 Shut-down 순위를 선정합니다.
11. 전력 위기 시 운영할 대응조직 구축 및 대응매뉴얼을 마련합니다.

■ 절전 권장사항

❑ 가정에서
1. 실내냉방기기 온도는 한 단계 낮게(강→약) 설정합니다.
2. 세탁기는 한 번에 모아서 사용합니다.
3. 식기세척기는 가득 찰 때만 사용합니다.
4. 전기밥솥 대신 압력솥을 이용합니다(전력사용→가스사용).
5. 전기밥솥은 단시간 보온 위주로 사용합니다.
6. TV나 컴퓨터의 사용 시간을 하루 1시간 줄이고, 반드시 셋톱박스의 전원을 끕니다.
7. 컴퓨터는 절전모드를 설정하여 사용합니다.
8. 청소기는 한 단계 낮게 조절(강→중)하여 사용합니다.
9. 냉장고의 음식물은 60%만 넣어 냉기순환이 잘 되게 합니다.
10. 냉장고는 벽과 거리를 두고, 뒷면 방열판을 주기적으로 청소합니다.
11. 인원수에 적합한 용량 및 1등급 가전제품을 구입합니다(냉장고, 세탁기 등).
12. 백열등은 형광등, LED조명 등 고효율조명으로 교체합니다.

❏ 사무실에서

1. 사무기기, 자동절전 멀티 탭 등은 대기전력저감 우수제품을 사용합니다.
2. 고효율 에너지 기자재 인증제품 또는 에너지소비효율 1등급 제품을 사용합니다.
3. 전기냉방은 가급적 자제하고, 지역냉방 또는 가스냉방 등을 활용합니다.
4. 건물 적정온도를 유지할 수 있도록 단열을 강화합니다.
5. 백열등은 형광등, LED조명과 같은 고효율조명으로 교체합니다.
6. 조명은 그룹별 관리가 가능하도록 여러 개의 그룹으로 구분하여 운영합니다.
7. 주간에는 창가조명을 소등하고 자연채광을 이용합니다.

❏ 제조시설에서

1. 전력피크관리를 위해 설비의 가동시간을 분산하도록 합니다.
2. 기존 설비(전동기, 펌프 등)를 전력소모가 적은 고효율설비로 교체합니다.
3. 전력 위기 시를 대비하여 사업장에 최대수요전력 감시제어장치를 설치합니다.
4. 여름철 전력피크 시간대에는 냉방기 순차 운휴를 실시합니다.
5. 전기냉방은 가급적 자제하고, 지역냉방 또는 가스냉방을 활용하여 냉방을 실시합니다.
6. 저효율조명(백열등)은 LED조명 등 고효율조명으로 교체합니다.
7. 자가발전설비를 설치하고 가동 매뉴얼을 마련합니다.
8. 사업장 전기 낭비 점검 패트롤을 운영합니다.
9 .7~8월초에 집중되어 있는 휴가일정을 분산하여 실시합니다.

49. 다음 중 상가에서의 전력수급 비상단계 발생 시 행동요령이 아닌 것은?

① 환기팬 가동을 일시 정지한다.
② 냉난방설비의 가동을 중지한다.
③ 비상발전기의 가동을 점검한다.
④ 자동문, 에어커튼의 사용을 중지한다.

50. 가정에서 행해야 하는 전력수급 비상단계 발생 시 행동요령으로 가장 옳지 않은 것을 고르면?

① 식재료의 부패와 관련이 없는 가전제품의 가동을 중지하거나 조정한다.
② 최소한의 조명을 제외하고 실내외 조명을 모두 소등한다.
③ 신속하게 재난상황을 파악하여 대처한다.
④ 전기냉난방기기의 사용을 중지한다.

51. 다음 중 가정에서 행하는 전기절약 행동요령으로 잘못된 것은?

① 비사용 공간의 조명은 완전 소등한다.
② 사용하지 않는 시간대의 충전기, 컴퓨터 플러그는 뽑는다.
③ 전력피크 시간대에는 전기사용을 최대한도로 자제한다.
④ 여름철 실내온도는 21℃ 이상으로 유지한다.

52. 여름철 사무실 전기절약 행동요령으로 가장 옳지 않은 것은?

① 엘리베이터의 경우 4층 이하는 운행하지 않는다.
② 사무기기를 단시간 동안 사용하지 않을 경우 전원을 차단해야 한다.
③ 전기 절약을 위해 전력소모가 많은 시간대에는 전기사용을 최대한 자제해야 한다.
④ 실내온도는 26℃ 이상으로 유지한다.

53. 다음 중 제조시설에서의 전기절약 행동요령으로 옳지 않은 것은?

① 원활한 전기 공급을 위해 퇴근 시 사무기기 전원을 차단하지 않는다.
② 실내온도는 26℃ 이상으로 유지한다.
③ 설비의 유지보수를 관리하는 구역별 담당자를 지정 및 운영한다.
④ 실내용 환기팬은 적정 주기로 가동한다.

54. 다음 중 가정에서의 절전 권장사항으로 가장 옳지 않은 것은?

① 청소기는 한 단계 낮게 사용한다.
② 세탁기는 한 번에 모아서 사용한다.
③ 압력솥 대신 전기밥솥을 사용한다.
④ 실내냉방기기 온도는 한 단계 낮게 사용한다.

｜56~58｜ 아래의 내용은 지하철 노선도를 나타낸 것이다. 다음 내용 및 조건을 읽고 물음에 답하시오.

> 서로 다른 곳에서 살고 있는 지훈이랑 병선이는 학교 동창 모임에 참여하기로 하였다. 주말이라 가장 빠른 지하철을 이용하기로 하였는데 두 사람은 각자 지하철 노선도를 보며 출발지에서 도착지까지를 점검하고 있는 상황이다.

> (조건 1) 지훈이의 출발역은 소요산역이며 도착역은 북한산 우이역이고, 병선이의 출발역은 탑석역이며 도착역은 북한산 우이역이다.
> (조건 2) 역간 소요시간은 2분이며, 환승역에서 환승하는 시간과 지하철을 기다리는 시간은 무시한다.
> (조건 3) 소요산역~창동역 간 기본 운임은 1,250원이며 목적지에 관계없이 다른 노선으로 매 환승 시 100원씩 추가된다.
> (조건 4) 탑석역~발곡역 간 기본 운임은 1,250원이며 목적지에 관계없이 다른 노선으로 매 환승 시 100원씩 추가된다.
> (조건 5) 출발역에서 도착역까지 이동하는 방법은 아래의 노선도에 한하며, 각자의 출발역에서 도착역까지 빠른 환승역을 이용한다.

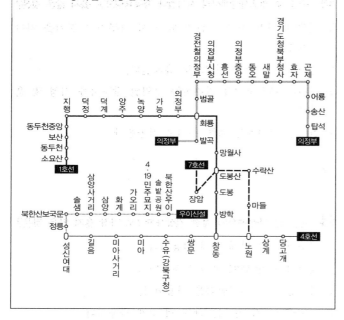

55. 위의 조건을 활용하여 지훈이가 모임장소로 가기 위해 출발역에서 도착역까지의 편도운임과 거치게 되는 역의 수를 바르게 나타낸 것을 고르면?

편도운임	역의 수
① 1,250원	25개 역
② 1,350원	28개 역
③ 1,450원	32개 역
④ 1,550원	36개 역

56. 위의 조건을 활용하여 병선이가 모임장소로 가기 위해 출발역에서 도착역까지의 편도운임과 거치게 되는 역의 수를 바르게 나타낸 것을 고르면?

편도운임	역의 수
① 1,450원	31개 역
② 1,550원	34개 역
③ 1,650원	37개 역
④ 1,750원	9개 역

57. 지훈이와 병선이가 각자의 출발역에서 도착역까지 이동하는데 있어 처음으로 환승하면서 만나게 되는 역은?

① 도봉산역　　　　　② 회룡역
③ 창동역　　　　　　④ 북한산 우이역

58. 지훈이가 출발역에서 도착역까지 이동할 시 걸리는 시간과 환승횟수로 옳은 것은?

	출발역~도착역 간 이동시간	환승횟수
①	50분	5번 환승
②	55분	4번 환승
③	60분	3번 환승
④	64분	2번 환승

【 59~63 】다음은 화장품 냉장고에 대한 사용설명서를 제시한 것이다. 이를 읽고 물음에 답하시오.

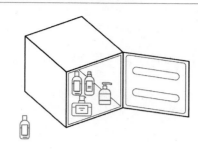

※ 경고
• 물을 적시거나 뿌리지 마십시오. 고장의 원인이 될 수 있습니다.
• 전원 플러그를 뽑으실 때에는 코드가 아닌 플러그 부분을 잡고 뽑아 주십시오.
• 전원 플러그를 동시에 꽂아 사용하지 마세요.
• 전원 플러그를 무리하게 구부리거나 무거운 물건에 눌리지 않도록 하십시오.
• 젖은 손으로 전원 플러그를 꽂거나 빼지 마십시오.
• 절대로 분해, 수리, 개조하지 마십시오. 이상 작동으로 인해 화재, 감전의 위험이 있습니다.
• 오랫동안 사용하지 않을 때는 전원 플러그를 뽑으십시오.
• 이상한 소리나 냄새가 날 때는 즉시 전원 플러그를 뽑고 서비스 센터에 연락하십시오.

※ 주의
• 가능하면 어린이의 손이 닿지 않는 곳에 설치하여 주십시오.
• 뜨거운 곳, 습기가 많은 장소에서의 사용은 삼가 주십시오.
• 얼음이나 차가운 물 등의 액체나 인화성 물질을 넣지 말아 주십시오. 고장의 원인이 됩니다.
• 뒷면과 옆면의 흡기구와 배기구를 막지 마십시오. 벽면에서 5cm 이상 떼어 주십시오.
• 수건이나 커버를 씌우지 마십시오.
• 직사광선을 피하여 설치하여 주십시오.
• 문의 개폐횟수가 많아지면 전력소모가 증가합니다.
• 냉장 보관 시 보관함의 벽에 약간의 습기가 생길 수 있습니다.
• 그럴 경우에는 마른 수건 또는 휴지로 닦아 주십시오. 고온 다습한 계절에는 특히 벽면에 습기가 많습니다.
• 외관청소 시 물이나 신나 및 기름류를 닦는 세제를 사용하지 마십시오.
• 이 제품은 220V 전용입니다. 110V 전원은 선택사항입니다.
• 제품에 먼지나 이물질이 끼지 않도록 하십시오. 감전이나 제품고장의 원인이 됩니다.
• 전원 콘센트의 구멍이 헐거울 때는 전원 플러그를 꽂지 마십시오.
• 제품 뒷면에 철사나 뾰족한 것을 넣지 마십시오. 감전이나 제품고장의 원인이 됩니다.

※ 알아두면 유용한 내용
• 뚜껑을 닫을 때 보냉 성능을 위해 꼭 닫아 주십시오.
• 19cm 이상 높이의 화장품은 넣지 마십시오.

• 보냉은 전원을 넣고 나서 약 1시간 후에 온도가 일정하게 유지 됩니다.
(동절기에는 냉장고 내부온도가 8~12도 기준에 설정되어 있으므로 가동 여부의 감지가 어려우나 설정온도에 의해 작동되고 있습니다.)

※ 버튼 조작 방법
① 전원을 OFF 하고자 할 때는 ON/OFF 스위치 버튼을 5초 이상 누르고 있으면 꺼집니다.
② 전원을 다시 ON하고자 할 때는 ON/OFF 스위치 버튼을 살짝 누르면 ON이 됩니다.
③ 강/약 스위치 버튼은 온도가 설정입니다.
   • 강 : 8~12도(LED 램프가 전부 켜짐)
   • 약 : 10~12도(LED 램프가 반만 켜짐)

※ 본체 및 보관함 내부 청소
① 부드러운 헝겊에 물을 묻힌 후 중성세제로 깨끗하게 닦아 주십시오.
② 오물이나 얼룩을 제거하신 후 마른 헝겊으로 한 번 더 닦아 주십시오.
③ 내부에 화장품 등의 액이 흐른 경우 즉시 청소해 주십시오.
(주의) 신나, 벤젠 등으로 본체 및 내부를 닦지 마십시오. 본체 및 내부가 손상될 수 있습니다.

※ 다음과 같은 경우 보증기간 중에도 유료수리가 됩니다.
① 사용상의 실수 또는 부당한 개조나 수리에 의한 고장 및 손상
② 구입하신 후 낙하 등에 의한 고장 및 손상
③ 화재, 수해 등 외부 요인이나 천재지변에 의한 손상 및 이상전압의 외부요인에 의한 고장 및 손상
④ 본서에 구매자명의 기입이 없는 경우 또는 본 보증서를 고쳐 쓴 경우
⑤ 본서의 제시가 없는 경우

59. 화장품 냉장고 사용설명서에 관한 설명으로 가장 옳지 않은 것은?

① 오랫동안 사용하지 않을 때는 전원 플러그를 뽑아야 한다.
② 해당 제품(화장품 냉장고)은 220V 전용이다.
③ 신나, 벤젠 등으로 본체 및 내부를 닦으면 안 된다.
④ 문의 개폐횟수가 많아지면 전력소모가 감소한다.

60. 위의 내용을 토대로 했을 경우 보증기간 중 유료수리에 해당하지 않는 경우는?

① 부당한 개조나 수리에 의한 고장
② 본서에 구매자명의 기입이 있는 경우
③ 사용상의 실수
④ 구입 후 낙하에 의한 고장

61. 화장품 냉장고 사용 시 가동 여부의 감지가 어려우나 설정온도에 의해 작동되는 데 동절기에 설정된 기준 온도는?

① 8~12도   ② 9~13도
③ 10~14도   ④ 11~15도

62. 화장품 냉장고를 오랫동안 사용하지 않을 시의 행동요령은?

① 무거운 물건에 눌리지 않도록 해야 한다.
② 서비스 센터에 연락을 해야 한다.
③ 전원 플러그를 뽑아야 한다.
④ 흡기구와 배기구를 막아야 한다.

63. 보냉의 경우 전원을 넣고 나서 얼마 후에 일정한 온도가 유지되는가?

① 약 10분 후
② 약 20분 후
③ 약 40분 후
④ 약 1시간 후

64. 다음에 제시된 조건을 참조하여 아래의 시스템이 취해야 하는 것으로 옳은 것은?

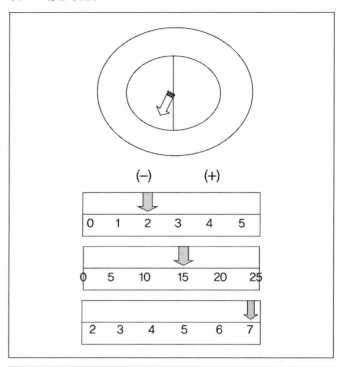

(조건 1)
• 5월 20일 수요일
• PSD code : 24
• Mode : Serial

(조건 2)
• 월요일, 목요일은 정기검침 일이다.
• 정기검침 일인 경우에는 PSD code의 절반 값을 적용해야 한다.
• X의 값
– 계기판의 눈금이 (−)일 경우에 가운데 수치는 고려하지 않는다.
– Parallel Mode : 2개 또는 3개의 평균 값
– Serial Mode : 2개 또는 3개의 총합계 값

허용가능 범위	알림
X ≤ PSD CODE	안전
PSD CODE < X ≤ PSD CODE + 2	경계
PSD CODE + 2 < X	경고

대처 행동	
안전	그 상태로 둔다.
경계	– Parallel Mode : 파란색 버튼을 누른다. – Serial Mode : 빨간색 버튼을 누른다.
경고	두 버튼을 같이 누른다.

① 그 상태로 둔다.

② 파란색 버튼을 누른다.

③ 빨간색 버튼을 누른다.

④ 두 버튼을 같이 누른다.

65. 다음에 제시된 조건을 참조하여 아래의 시스템이 취해야 하는 것으로 옳은 것은?

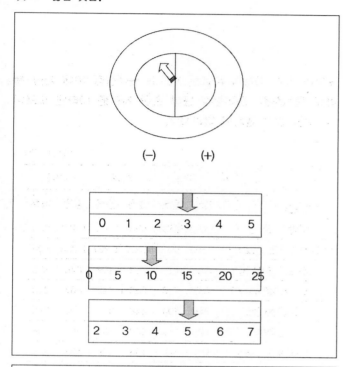

(조건 1)
- 6월 17일 토요일
- PSD code : 20
- Mode : Parallel

(조건 2)
- 화요일, 토요일은 정기검침 일이다.
- 정기검침 일인 경우에는 PSD code의 절반 값을 적용해야 한다.
- X의 값 :
- 계기판의 눈금이 (+)일 경우에 가운데 수치는 고려하지 않는다.
- Parallel Mode : 2개 또는 3개의 평균 값
- Serial Mode : 2개 또는 3개의 총합계 값

허용가능 범위	알림
X ≤ PSD CODE	안전
PSD CODE < X ≤ PSD CODE + 3	경계
PSD CODE + 3 < X	경고

대처 행동	
안전	그 상태로 둔다.
경계	– Parallel Mode : 파란색 버튼을 누른다. – Serial Mode : 빨간색 버튼을 누른다.
경고	두 버튼을 같이 누른다.

① 그 상태로 둔다.

② 파란색 버튼을 누른다.

③ 빨간색 버튼을 누른다.

④ 두 버튼을 같이 누른다.

▌66~67▌ 다음의 자료는 A 병원의 간호사 인력수급과 한국의료관광의 현황 및 전망을 나타낸 도표이다. 아래의 자료를 읽고 물음에 답하시오.

〈표 1〉 A 병원의 간호사 인력 수급

연도	2015	2020	2025	2030
공급				
면허등록	321,503	388,775	460,641	537,101
가용간호사	269,717	290,209	306,491	317,996
임상취업간호사	115,601	124,384	131,362	136,293
비임상취업간호사	22,195	23,882	25,222	26,168
전체 취업간호사	137,796	148,226	156,584	162,461
수요	194,996	215,262	231,665	244,831
수급차(=수요-임상취업간호사)	79,395	90,878	100,303	108,538

〈표 2〉 한국의료관광의 현황 및 전망

연도	국내진료해외환자수(명)	동반가족수(명)	의료관광수입(원)	늘어나는 일자리(명)	
				의료부문	관광부문
2012	15만	4.5만	5,946억	8,979	1만1,833
2013	20만	6만	8,506억	1만2,845	1만6,928
2015	30만	9만	1조 4,382억	2만1,717	2만8,620
2020	100만	30만	6조 1,564억	9만2,962	12만2,513

66. 위에 제시된 도표에 관한 설명으로 가장 옳지 않은 것은 무엇인가?

① 차후 의료 이용량의 증가에 의해 간호 및 간병 인력에 대한 수요의 확대가 예상된다.

② 의료관광분야의 경우에 글로벌 사업으로 병원의 해외진출 산업 또한 고부가가치의 일자리 창출 능력이 큰 산업으로써 각광 받고 있다.

③ 국내 의료 관광 수입이 빠르게 증가할 것으로 기대된다.

④ 간호사에 대한 전반적 수요가 늘어날 것으로 예상된다.

67. 위의 도표에 관한 설명으로 가장 적절한 것을 고르면?

① 〈표 1〉에서 간호사의 수요에 비해 공급이 더 빠른 속도로 증가할 것으로 예상된다.

② 〈표 1〉에서 간호사의 수요가 가장 크게 증가한 때는 2020년에서 2025년이다.

③ 〈표 2〉에서 의료관광으로 인해 2020년에 늘어나는 일자리는 30만 이상이 될 것으로 예상된다.

④ 〈표 1〉에서 간호사의 수급차이가 10만이 넘어가는 시점은 2025년이다.

▌68~69▌ 아래의 자료는 저탄소 녹색성장 10대 기술 분야의 특허출원, 등록현황 등에 관한 자료를 나타낸 도표이다. 이를 읽고 물음에 답하시오.

(단위 : 건)

기술 분야 \ 연도 구분	2011 출원	2011 등록	2012 출원	2012 등록	2013 출원	2013 등록
태양광/열/전지	1,079	1,534	898	1,482	1,424	950
수소바이오/연료전지	1,669	900	1,527	1,227	1,393	805
CO_2포집저장처리	552	478	623	409	646	371
그린홈/빌딩/시티	792	720	952	740	867	283
원전플랜트	343	294	448	324	591	282
전력IT	502	217	502	356	484	256
석탄가스화	107	99	106	95	195	88
풍력	133	46	219	85	363	87
수력 및 해양에너지	126	25	176	45	248	33
지열	15	7	23	15	36	11
전체	5,318	4,320	5,474	4,778	6,247	3,166

68. 다음 중 위에 제시된 표에 관한 설명으로 가장 옳지 않은 것은?

① 2013년 출원건수가 많은 상위 3개 기술 분야의 출원건수 합은 당해 전체 출원건수의 60% 이상을 차지한다.

② 2012년에 전년 대비 출원건수가 감소한 기술 분야는 2013년의 등록건수도 전년 대비해서 감소하였다.

③ 2011년과 2012년의 등록건수가 많은 상위 5개 기술 분야는 동일하지 않다.

④ 2013년 등록건수가 전년 대비 30% 이상 감소한 기술 분야의 개수는 3개이다.

69. 위의 표를 참조하여 출원건수 및 등록건수가 매년 증가한 기술 분야의 2013년 출원건수는 전년에 대비하여 얼마나 증가했는가?

① 대략 52%   ② 대략 55%
③ 대략 61%   ④ 대략 66%

▌70~71▌ 아래의 표는 65세 이상의 생존확률 및 기대여명을 도식화한 것이다. 읽고 물음에 답하시오.

년도	기대여명							생존확률			
	0	65	70	75	80	85	90	65	75	85	90
남자											
1990	67.29	12.39	9.57	7.22	5.22	–	–	65.51	39.02	–	–
1995	69.57	13.30	10.38	7.91	5.85	4.16	–	69.89	44.34	14.45	–
2000	72.25	14.34	11.22	8.58	6.47	4.91	3.76	75.34	51.20	18.60	3.76
2005	75.14	15.80	12.39	9.42	7.00	5.16	3.83	80.98	59.83	25.54	11.09
2010	77.20	17.16	13.49	10.26	7.57	5.49	4.01	84.08	66.15	32.16	15.07
여자											
1990	75.51	16.29	12.63	9.45	6.75	–	–	83.52	64.55	–	–
1995	77.41	16.95	13.14	9.80	6.98	4.53	–	86.85	69.45	34.04	–
2000	79.60	18.18	14.22	10.74	7.89	5.77	4.24	89.73	74.47	38.53	4.24
2005	81.89	19.90	15.70	11.90	8.72	6.28	4.53	91.85	80.25	47.29	25.52
2010	84.07	21.63	17.31	13.30	9.83	7.04	4.99	93.33	84.36	56.32	34.06

70. 위 자료를 참조하였을 시 가장 바르지 않은 설명은 무엇인가?

① 생존확률은 남녀 모두 계속적으로 증가하고 있음을 알 수 있다.
② 65세 기대여명은 여자가 남자보다 전체적으로 다소 높다.
③ 2010년 신생아의 기대여명은 남자가 여자보다 높은 추세를 보이고 있다.
④ 2010년 75세까지 생존할 확률은 남녀 각각 66.15%, 84.36%이다.

71. 위 표를 보고 1990년 및 2010년 각각 75세의 남자 및 여자의 기대여명의 합은 얼마인가?

① 35.63   ② 40.23
③ 42.03   ④ 45.84

▌72~74▌ ㈜파워의 총무 팀장인 지희는 당사의 워크숍에서 사용할 간식을 구매하기 위해 간식 체크리스트를 작성하였다. 이를 보고 각 물음에 답하시오.

(단위 : 원, 개, 점)

	단가	필요 개수	선호도	편의성
면류	1,200	150	3	3
빵류	1,200	200	5	5
과자류	1,500	100	5	2
견과류	2,000	100	2	5

72. 지희가 예정대로 간식을 구매하려고 조사한 빵류의 단가를 확인해보니 20% 할인된 금액이라는 것을 알게 되었을 시에 할인 전 빵류의 단가는 얼마인지 구하면?

① 1,200원   ② 1,310원
③ 1,450원   ④ 1,500원

73. 총무 팀장인 지희가 간식 항목을 구매비용이 많이 들게 되는 순서대로 옳게 나열한 것을 고르면?

① 빵류 – 면류 – 견과류 – 과자류
② 견과류 – 빵류 – 면류 – 과자류
③ 빵류 – 견과류 – 면류 – 과자류
④ 견과류 – 면류 – 빵류 – 과자류

74. 빵류의 할인 기간이 끝나 간식 구매비가 증가하자 지희는 간식 구매 계획을 수정하기로 하였는데 다음 중 간식 구매비가 기존보다 가장 많이 줄어드는 방법은 무엇인지 고르면?

① 편의성이 가장 낮은 간식 항목을 구매하지 않는다.
② 선호도와 편의성의 합이 가장 낮은 간식 항목을 구매하지 않는다.
③ 편의성이 낮은 두 개의 간식 항목을 필요 개수의 절반만 구매한다.
④ 선호도가 가장 낮은 간식 항목을 구매하지 않는다.

|75~78| 아래의 자료는 세계 의약품 시장을 나타낸 것이다. 이를 읽고 물음에 답하시오.

(표 1) 세계 의약품 시장

(단위 : 십억 달러, %)

구분	2009		2008 전년 대비 성장률	2004 ~09 연평균 성장률	2010 예상 성장률	2009 ~14 연평균 성장률
	시장 규모	전년 대비				
세계	837.3	7.0	5.5	6.7	4~6	5~8
북미	323.8	5.5	1.9	5.2	3~5	3~6
유럽	263.9	4.8	7.0	6.6	3~5	3~6
아시아/아프리카/호주	106.6	15.9	15.0	13.9	13~15	12~15
일본	95.0	7.6	2.1	3.9	0~2	2~5
중남미	47.9	10.6	12.7	10.9	10~12	12~15

(표 2) 기업별 의약품 매출 현황

(단위 : 백만 달러)

기업(국가)	2005	2006	2007	2008	2009
Pfizer(미국)	59,204	59,415	59,909	58,677	57,024
Merck & Co.(미국)	33,676	35,965	39,365	39,488	38,963
Novartis(스위스)	29,427	31,653	34,479	36,684	38,460
Sanofi-Aventis (프랑스)	31,286	31,843	34,390	36,437	35,524
GlaxoSmithKline (영국)	34,222	36,212	37,620	36,736	34,973
AstraZeneca(영국)	24,420	27,311	29,999	32,498	34,434
Roche(스위스)	19,706	23,168	27,232	30,285	32,763
Johnson & Johnson (미국)	26,771	27,615	29,010	29,638	26,783
Lilly(미국)	13,977	15,176	17,177	19,042	20,310
Abbott(미국)	14,715	15,971	17,359	19,401	19,840
Teva(이스라엘)	9,677	11,664	13,295	15,143	15,947
Bayer(독일)	11,588	12,329	14,103	15,887	15,711
Boehringer Ingel (영국)	10,385	11,320	12,556	14,109	15,275
Amgen(미국)	13,162	15,932	15,900	15,281	15,038
Takecta(일본)	11,265	11,786	12,754	13,835	14,352

75. 위에 제시된 표를 참조하였을 시에 옳지 않은 것을 고르면?

① 제약 시장은 2004~2009년의 기간 동안 연평균 6.7%의 빠른 성장을 지속하고 있음을 알 수 있다.

② Abbott의 매출은 2005년 147억 달러에서 2009년 159억 달러로 증가하였음을 알 수 있다.

③ 전 세계 제약 시장의 규모는 2009년 현재 약 8천 4백억 달러로, 지역별로는 북미 시장 규모가 가장 크다.

④ 2009년 세계 제약 시장은 전년 대비 7%의 높은 성장을 기록하였음을 알 수 있다.

76. 아래의 조건을 보고 그 합을 구하면? (단, 단위는 무시한다)

(조건 1) 북미의 2008년 전년대비 성장률은 몇 %인가?
(조건 2) Amgen의 2008년 매출은 몇 백만 달러인가?
(조건 3) 중남미의 2009년 시장 규모는 몇 십억 달러인가?

① 15,330.8　　② 17,998.6
③ 21,425.1　　④ 22,758.9

77. (표 2)의 주요 기업별 의약품 매출현황에 관한 내용으로 가장 옳지 않은 것은?

① 2006년 의약품 매출현황에서 가장 낮은 성장을 보인 것은 Boehringer Ingel이다.

② 2008년 의약품 매출현황에서 가장 높은 성장을 보인 것은 Pfizer이다.

③ 2009년 의약품 매출현황에서 가장 낮은 성장을 보인 것은 Amgen이다.

④ 2007년 의약품 매출현황에서 가장 높은 성장을 보인 것은 Pfizer이다.

78. 위의 표를 참조하였을 시에 주요 기업별로 의약품 매출현황에 대한 것으로 옳은 것을 고르면?

① Sanofi-Aventis는 2005년~2009년 기간 동안 매년 매출액이 성장하였다.

② 2009년 30,000백만 달러 이상의 매출을 기록한 회사는 6곳이다.

③ 2009년 현재 Novatis의 매출액은 35,524백만 달러로 세계 2위의 매출액을 기록하고 있다.

④ Teva는 2009년 전 세계 제약 기업 가운데 11위에 위치하고 있다.

┃79~81 ┃ 아래의 자료는 보건산업 연구개발비 및 매출액 대비 연구개발비 비중 추이, 보건산업별 연구개발비를 나타낸 표이다. 이를 참조하여 읽고 물음에 답하시오.

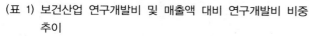

(표 1) 보건산업 연구개발비 및 매출액 대비 연구개발비 비중 추이

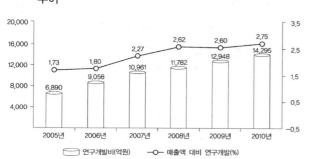

(표 2) 보건산업별 연구개발비 추이

(단위 : 억원, %)

구분	2005	2006	2007	2008	2009	2010	2009 대비 증가율	연평균 증가율 (05~10)
의약품	3,445	4,494	5,846	6,218	6,764	7,347	8.6	16.4
의료기기	629	1,098	1,508	1,678	1,698	2,162	27.3	28.0
화장품	551	935	1,097	1,233	1,446	2,288	58.3	32.9
식품	2,264	2,529	2,510	2,652	3,039	2,498	△17.8	2.0
합계	6,890	9,056	10,961	11,782	12,948	14,295	15.7	

79. 위의 자료를 참조하였을 시 가장 바르지 않은 것은?

① 보건산업별 연구개발비 규모는 계속적으로 성장하고 있는 추세를 보이고 있다.

② 화장품 산업은 2005년 551억 원에서 2010년 2,288억 원의 규모로 성장하였으며, 연평균 32.9%의 증가율을 보이고 있다.

③ 2010년도 전체 연구개발비는 1조 4,295억 원이다.

④ 의료기기 산업은 2010년 2,288억 원으로 연평균 16.4% 증가율을 나타내고 있다.

80. (표 2)의 자료에 관한 설명으로 가장 부적절한 것은?

① 의약품의 경우 2005년~2010년 동안의 연평균 증가율이 가장 높다.

② 식품의 경우 2005년~2010년 동안의 연평균 증가율이 가장 낮다.

③ 의료기기의 경우 2005년~2010년 동안의 연평균 증가율이 2번째로 높다.

④ 화장품은 2009년 대비 증가율이 가장 높다.

81. 위의 자료를 참조하였을 시에 옳은 내용을 고르면?

① 2010년의 총 연구개발비는 전년 대비해서 2.75% 증가하였다.

② 식품 산업의 연평균 증가율은 2005년 이후 2.0%이다.

③ 화장품 산업의 경우 2010년 2,162억 원으로 2005년 이후 연평균 28.0% 증가하였다.

④ 식품산업의 연구개발비는 2005년부터 2010년까지 계속 증가하고 있다.

❚82~83❚ 아래의 자료는 한국과 일본의 고령자에 관한 내용을 나타낸 것이다. 이를 읽고 물음에 답하시오.

(표 1) 한국노인장기요양보험 및 일본개호보험의 등급별 급여자 현황(2008년~2010년)

(단위 : 천명, %)

구분		2008		2009			2010		
		급여자수	비중	급여자수	비중	YoY	급여자수	비중	YoY
한국 노인장기요양보험	전체	200	100.0	239	100.0	19.6	251	100.0	4.7
	1등급	53	26.3	39	16.4	-25.7	28	11.1	-28.6
	2등급	55	27.5	62	25.7	11.9	60	23.9	-2.8
	3등급	92	46.2	139	57.9	50.0	163	65.0	17.4
일본 개호보험	전체	3,577	100.0	3,723	100.0	4.1	3,888	100.0	4.4
	요개호5	507	14.2	541	14.5	6.7	589	15.1	8.9
	요개호4	640	17.9	668	17.9	4.4	692	17.8	3.6
	요개호3	796	22.3	805	21.6	1.1	783	20.1	-2.7
	요개호2	873	24.4	901	24.2	3.2	950	24.4	5.4
	요개호1	760	21.2	808	21.7	6.3	874	22.5	8.2

주 1. YOY는 전년대비 증가율
  2. 비중은 한국노인장기요양보험 및 일본개호보험의 전체에 대한 각 등급별 비중

(표 2) 한국 및 일본의 고령자 비율 비교 (2008년~2010년)

(단위 : 천명, %, %p)

구분	한국					일본				
	2008	2009	YoY	2010	YoY	2008	2009	YoY	2010	YoY
총인구수	50,001	50,291	0.58	50,581	0.58	125,947	125,820	-0.10	126,382	0.45
고령자수	5,086	5,286	3.93	5,449	3.08	28,096	28,881	2.79	29,367	1.68
고령자비율	10.17	10.51	0.34	10.77	0.26	22.31	22.95	0.65	23.24	0.28

주 1. YOY는 전년대비 증가율
  2. 한국의 인구는 국민건강보험공단의 의료보장 적용인구를 적용

82. 위의 자료를 분석한 결과로써 옳은 내용은 무엇인가?

① 2010년 일본의 고령자수는 3천만 명을 넘어섰음을 알 수 있다.

② 한국의 고령자수 증가율이 일본보다 높으므로 한국은 초고령화 사회이다.

③ 한국에서의 노인장기요양보험의 1등급은 매년 증가추세를 보이고 있다.

④ 일본의 개호보험의 경우 총 급여자 수는 매년 증가하고 있는 추세를 보이고 있다.

83. 위의 자료를 대한 내용으로 가장 옳지 않은 것은 무엇인가?

① 2010년 한국은 65세 이상의 인구수가 10.77%이고, 일본은 23.24%이다.

② 한국의 노인장기요양보험의 경우에 1등급이 가장 큰 비중을 차지하고 있다.

③ 2010년 한국과 일본의 전년대비 고령자비율의 증가는 각각 0.26%p, 0.28%p를 나타내고 있다.

④ 2008~2010년 동안 한국 및 일본의 총인구수 대비 65세 이상의 고령자 수의 비율은 지속적으로 증가하고 있다.

아래의 내용은 의료기기의 국내 시장규모 및 연구개발비 현황을 나타낸 것이다. 이를 읽고 물음에 답하시오.

(표 1) 의료기기의 분야별 국내 시장규모

(단위 : 억원, %)

구분	2008년		2009년		2010년		3년 합계	
	금액	비중	금액	비중	금액	비중	금액	비중
진단기기 분야	8,585	23.7	8,722	23.9	10,160	26.0	27,467	24.6
치료기기 분야	9,011	24.9	8,813	24.2	9,317	23.9	27,141	24.3
의료용품 분야	12,287	34.0	13,031	35.8	13,886	35.6	39,205	35.1
치과재료 분야	6,296	17.4	5,874	16.1	5,664	14.5	17,834	16.0
합계	36,179	100.0	36,440	100.0	39,027	100.0	111,647	100.0

(표 2) 의료기기의 분야별 연구개발비 투자현황

(단위 : 억원, %, %p)

구분	2009년		2010년		증감률	
	금액	비중	금액	비중	금액	비중
진단기기 분야	1,058	45.5	1,298	43.1	22.7	-2.4
치료기기 분야	627	27.0	864	28.7	37.8	1.7
의료용품 분야	441	19.0	576	19.2	30.7	0.2
치과재료 분야	197	8.5	269	9.0	36.6	0.5
합계	2,323	100.0	3,008	100.0	29.5	-

84. 다음 중 의료기기에 관한 설명으로 가장 옳지 않은 것은?

① 2010년 분야별 연구개발비 투자현황 진단기기에 28.7%의 비중으로 나타난다.

② 의료기기 업체의 2010년 연구개발비 투자금액의 규모는 3,008억 원이다.

③ 2010년 의료기기의 국내 시장 규모는 3조 9,027억 원이다.

④ 2009년 의료용품 분야의 국내 시장규모의 금액은 1조 3,031억 원이다.

85. 위에 제시된 표를 보고 옳은 내용을 고르면?

① 자료를 보면 2008년에 분야별 국내 의료기기의 시장규모는 3조 6,440억 원이다.

② 2010년 분야별 연구개발비는 모든 분야에 9%의 비중을 투자하였음을 알 수 있다.

③ 2010년 의료기기의 분야별 연구개발비 투자규모는 전년대비 29.5% 증가한 것으로 추정된다.

④ 2010년 의료기기의 연구개발비 투자비중은 모든 분야에서 전년대비 증가한 것으로 추정이 가능하다.

아래의 자료는 국내 건강관련 여행 수지 및 태국의 외국인 환자 수에 관한 데이터를 나타낸 것이다. 이를 읽고 물음에 답하시오

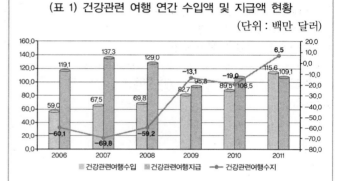

(표 1) 건강관련 여행 연간 수입액 및 지급액 현황

(단위 : 백만 달러)

(표 2) 태국의 연도별 외국인 환자 현황

(단위 : 천명)

국가	2001	2003	2005	2007
일본	118	163	185	233
미국	49	85	132	136
영국	37	75	108	110
중동	N/A	35	98	169
대만	27	47	57	30
독일	19	37	43	41
한국	14	20	27	26
기타	286	513	600	628
합계	550	974	1,250	1,373

86. 위의 자료의 관한 설명으로 가장 옳지 않은 것은?

① 표 1에서 보면 2011년 건강관련여행 수지는 6.5백 만 달러 흑자를 기록하였다.

② 태국에서는 일본인 환자 수가 가장 많다.

③ 태국의 연도별 환자 수에서 보면 한국인들의 비중은 다른 국적의 외국인들에 비해 비록 크지는 않으나 2007년 약 26천명을 기록하고 있다.

④ (표 1)에서 보면 건강관련여행 수지는 2006년에 집계된 이후 2010년에 처음으로 흑자를 기록하였다.

87. 위의 자료를 토대로 아래의 조건에 맞게 그 합을 구하면? (단, 단위는 무시한다)

> ㉠ 태국의 2007년 한국인 환자 수
> ㉡ 태국의 2005년 일본인 환자 수
> ㉢ 2009년 건강관련 여행 수지
> ㉣ 2010년 건강관련 여행 수입

① 287.4 　　② 266.1

③ 273.1 　　④ 285.6

88. 아래의 자료는 의료기기 공시기업의 경영실적을 나타낸 자료이다. 다음 중 이에 대한 분석으로 가장 옳지 않은 것은 무엇인가?

(표) 제조업 및 도매업 공시기업의 매출액 현황

(단위 : 억원, %)

구분		2007	2008	2009	2010	2011	연평균증가율 (2007~2011)
매출액	제조업	18,274	23,650	27,203	29,713	32,768	15.7
	도매업	10,723	11,587	12,909	14,263	15,363	9.4
	합계	28,996	35,237	40,112	43,976	48,131	13.5
증가율	제조업	−	29.4	15.0	9.2	10.3	−
	도매업	−	8.1	11.4	10.5	7.7	−
	합계	−	21.5	13.8	9.6	9.4	−

① 의료기기 공시기업의 매출액은 2007~2011년 연평균 13.5% 성장하였음을 나타내고 있다.

② 제조업의 매출액은 2007년 이후 연평균 15.7% 증가세를 나타내고 있다.

③ 도매업의 2011년 매출액 성장률은 7.7%로써 전년대비 2.5%p 하락하였다.

④ 의료기기 공시기업의 2011년 매출액은 전년대비 9.4% 증가하였다.

89. 아래의 내용은 화장품 수입에 있어서의 비중을 나타내고 있다. 이에 대한 내용으로 옳지 않은 것은?

(표) 화장품 유형별 수입 비중 현황

(단위 : %)

지역	기초화장용 제품류		기능성화장품		두발용 제품류		색조화장용 제품류		방향용 제품류	
	2008	2011	2008	2011	2008	2011	2008	2011	2008	2011
유럽	44.7	42.2	40.6	42.5	15.8	15.7	40.8	43.1	90.7	88.4
아시아	24.3	20.5	31.8	30.7	63.0	57.3	27.9	26.9	0.1	0.2
아메리카	29.7	36.4	27.4	26.7	18.5	24.4	30.3	29.8	9.2	11.4
기타지역	1.4	1.0	0.2	0.1	2.7	2.7	0.9	0.2	0.0	0.0
전체	100.0	100.0	100.0	100.0	100.0	100.0	100.0	100.0	100.0	100.0

① 방향용 제품류는 유럽에서 주로 수입하고 있으며, 그 비중은 가파르게 증가하고 있다.

② 아시아 지역의 경우에 수입은 5개 유형 중 4개 유형이 줄어든 것으로 나타난다.

③ 두발용과 더불어 방향용 및 기초화장용 제품류는 아메리카 지역의 수입 비중이 증가하고 있음을 알 수 있다.

④ 기능성 및 색조화장용 제품류는 유럽에서의 수입 비중이 증가하고 있음을 알 수 있다.

┃90~91┃ 2011년 국민건강보험공단진료비와 통계청의 생명표에서 발표한 우리나라 국민의 생애의료비를 분석한 자료를 보고 물음에 답하시오.

(표 1) 연령별 1인당 생애의료비 및 상대 생애의료비

연령	남자		여자	
	생애의료비(원)	상대생애의료비(%)	생애의료비(원)	상대생애의료비(%)
0	101,774,053	100.0	123,316,790	100.0
20	88,763,576	87.2	111,902,268	90.7
40	80,222,376	78.8	99,941,423	81.0
50	73,078,377	71.8	91,975,539	74.6
65	51,374,635	50.5	68,412,622	55.5
70	40,678,695	40.0	56,721,543	46.0
75	28,932,203	28.4	43,176,435	35.0
80	17,694,126	17.4	29,049,666	23.6
85	8,275,414	8.1	16,060,263	13.0
95+	520,448	0.5	1,534,278	1.2

(표 2) 남녀 1인당 생애의료비

(단위 : 원, %)

남자생애의료비 (1)	여자생애의료비 (2)	보정된 남자생애의료비 (3)	(3-1)/(2-1)
101,774,053	123,316,790	125,926,331	112%

90. 위의 자료를 분석한 것으로써 가장 옳지 않은 것은?

① 여자는 남자에 비해 전체 연령에 걸쳐서 의료비에 대한 부담이 더욱 크다.

② 우리나라 국민 1인당 생애의료비는 각각 남자는 88,763,576원, 여자는 111,902,268원임을 알 수 있다.

③ 50세 이후 상대 생애의료비는 남자의 경우 71.8%, 여자의 경우에는 74.6%의 지출을 필요로 한다.

④ 자료에서 보면 65세 이후 생애의료비는 남자의 경우 5,137만 원, 여자의 경우에는 6,841만 원이다.

91. 위의 자료에서 잘못 말하고 있는 것은?

① 20세 이후의 상대 생애의료비에서 여자가 남자보다 높게 나타나고 있다.

② 40세 이후의 상대 생애의료비에서 여자가 남자보다 높게 나타나고 있다.

③ 65세 이후의 상대 생애의료비에서 남자가 여자에 비해 훨씬 높게 나타나고 있다.

④ 70세 이후의 상대 생애의료비에서 여자가 남자보다 높게 나타나고 있다.

92. 아래에 제시된 자료는 글로벌 가공식품 시장의 규모에 관한 현황 및 전망, 각 지역별 식품시장의 규모를 나타낸 도표이다. 이에 대한 내용으로 가장 바르지 않은 것을 고르면?

〈표 1〉 글로벌 가공식품 시장규모의 현황 및 전망

(단위 : 십억 달러, %)

구분	2006	2007	2008	2009	2010	2011	2012	2013	2014	연평균 증가율 (06~14)
가공식품 세계시장	2,439	2,530	2,627	2,725	2,830	2,939	3,054	3,174	3,297	5.2
전년대비 증가율	3.6	3.7	3.8	3.7	3.9	–	–	–	–	

〈표 2〉 각 지역별 식품시장의 규모

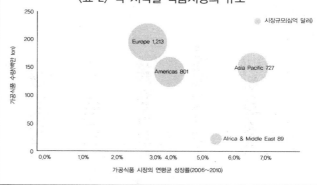

① 식품시장규모의 시장 성장률에서 보면 아시아 및 태평양 지역이 가장 높다.

② 아프리카 및 중동 지역은 식품시장규모가 가장 작으며, 시장 성장률 또한 가장 낮다고 볼 수 있다.

③ 2010년 글로벌 가공식품의 시장규모는 2,830십억 달러로 추정된다.

④ 지역별로 보게 되면 유럽의 가공식품 시장 규모가 가장 크다.

93. 아래의 자료는 A 지역의 2017~2018년 상반기 대비 5대 범죄의 발생을 분석한 표이다. 이를 참조하여 예측 및 분석한 내용으로 가장 거리가 먼 것을 고르면?

〈2017~2018년 상반기 대비 5대 범죄 발생분석〉

구분	계	살인	강도	강간	절도	폭력
2018년	934	2	6	46	360	520
2017년	1,211	2	8	39	601	561
대비	−277 (−22.9%)	0	−2 (−25%)	+7 (17.9%)	−241 (−40.1%)	−41 (−7.3%)

① 살인의 경우에는 2017~2018년 동기간 동안 동일한 건수를 기록하고 있다.

② 강간의 경우에는 2017년 대비 2018년에는 7건 정도가 증가하였으며, 폭력의 경우에는 41건 정도가 감소함을 알 수 있다.

③ 자료를 보면 치안 담당자들이 전반적으로 해당 지역의 정보를 공유하지 않고 범죄 검거에 대한 의지가 약함을 알 수 있다.

④ 표를 보면 5대 범죄 중 가장 괄목할만한 것은 민생치안 및 체감안전도와 직결되는 절도의 경우에 360건이 발생하여 전년 601건 대비 240건 정도 감소했다.

94. 다음의 자료는 성별 범죄유형별 체감안전도의 비교 통계자료를 나타낸 것이다. 이에 대한 분석결과로써 가장 옳지 않은 것은?

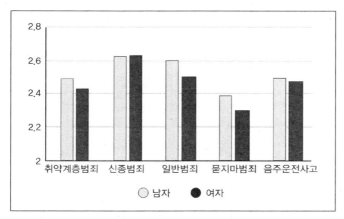

① 성폭력 및 가정폭력 등 여성, 장애인, 노인 등 취약계층을 대상으로 한 범죄와 주거침입, 절·강도, 폭행, 살인 등 일반범죄, 그리고 무차별적 대상에 대한 살인이나 폭력 등으로 최근 사회적으로 대두된 묻지마 범죄 등 상대적으로 여성이 범죄대상이 되기 쉬운 범죄들에 대한 체감안전도에 있어서 남녀별 차이가 있는 것으로 나타나고 있음을 알 수 있다.

② 5가지 범죄유형 중에서 가장 체감안전도가 낮은 범죄는 취약계층범죄로 나타나고 있다.

③ 도표에서 보면 성별에 따른 개인의 범죄유형별 체감안전도를 살펴보면, 신종범죄를 제외하고 취약계층범죄, 일반범죄, 묻지마 범죄, 음주운전사고 등 4가지 범죄유형 모두에서 남자보다 여자의 체감안전도가 낮게 나타나고 있음을 알 수 있다.

④ 이 중 취약계층범죄와 일반범죄, 묻지마 범죄의 경우에는 성별에 따른 체감안전도 점수의 차이가 다른 범죄에 비해 통계적으로 의미(차이)가 있음을 알 수 있다.

5가지 범죄유형 중에서 가장 체감안전도가 낮은 범죄는 묻지마 범죄이다.

95. 아래의 자료는 국내 국민건강보험공단 및 일본 후생노동성 장기요양기관을 비교한 것이다. 이를 읽고 가장 옳지 않은 것을 고르면?

	한국					일본				
구분	2008	2009	YoY	2010	YoY	2008	2009	YoY	2010	YoY
기관 수	8,318	14,560	75.0	14,979	2.9	11,767	11,319	−3.8	10,828	−4.3
정원 수	89,068	121,170	36.0	139,397	15.0	841,064	817,710	−2.8	788,157	−3.6

(표) 국내 및 일본의 장기요양기관의 수 및 정원 수 (2008~2010년) (단위 : 개소, %, 명)

① 한국의 경우 장기요양 기관수는 매 해 증가 추세를 보이고 있다.

② 일본의 경우 장기요양 정원수는 매 해 감소 추세를 보이고 있다.

③ 한국의 경우 장기요양 정원수는 매 해 증가 추세를 보이고 있다.

④ 일본의 경우 장기요양 기관수는 매 해 증가 추세를 보이고 있다.

96. 다음의 자료는 국가 및 지역별 건강기능식품 시장규모와 성장률을 나타낸 것이다. 이에 대한 설명으로 가장 옳지 않은 것은?

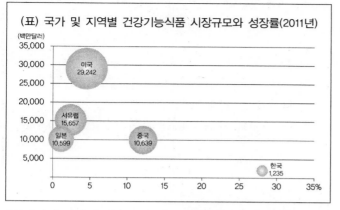

(표) 국가 및 지역별 건강기능식품 시장규모와 성장률(2011년)

① 아시아 시장의 경우 중국이 10,639백만 달러로써 가장 큰 시장을 나타내고 있다.

② 2011년에 국가 및 지역별 매출 규모는 미국이 29,242백만 달러로써 가장 높다.

③ 2011년에 우리나라(한국)의 건강기능 식품은 세계시장에서 차지하는 비중도 낮을 뿐더러 성장세도 낮다.

④ 일본은 시장규모 면에서 중국보다 다소 낮음을 나타내고 있다.

97. 다음 자료는 국가별 제약산업부문에서의 해외직접투자에 관한 것이다. 이에 대한 분석으로 가장 옳지 않은 것은 무엇인가?

(표) 국가별 제약산업부문에서의 해외직접투자 상위국

(단위 : 천불, %)

순위	2000		2010		2011		2012	
1	미국	16,237 (63.9)	미국	14,970 (63.6)	미국	12,072 (43.7)	미국	17,277 (34.8)
2	중국	5,916 (23.3)	베트남	4,738 (20.1)	중국	5,234 (19.0)	중국	9,264 (18.7)
3	러시아	1,002 (3.9)	영국	1,610 (6.8)	인도	5,051 (18.3)	캐나다	9,177 (18.5)
4	캐나다	680 (2.7)	인도	1,120 (4.8)	베트남	2,300 (8.3)	케이만군도	7,000 (14.1)
5	수단	350 (1.4)	아랍에미리트	500 (2.1)	영국	1,601 (5.8)	브라질	1,299 (2.6)
기타	아일랜드, 베트남, 방글라데시, 독일		중국, 일본, 몽골, 덴마크, 헝가리		일본, 필리핀, 캄보디아, 헝가리, 몽골. 터키		인도, 이탈리아, 인도네시아, 몽골, 베트남 등	
	총 투자국(9개국)		총 투자국(10개국)		총 투자국(11개국)		총 투자국(21개국)	

주 : 팔호 ( )안의 숫자는 해외직접투자 총액에서 차지하는 비중

① 2010년 투자금액이 2위였던 베트남에는 2012년에 이르러서는 전혀 투자하지 않았다.

② 2000년 9개국에 불과하였던 투자국들이 2012년에 이르러서는 21개국으로 확대되었다.

③ 미국의 해외직접투자 금액은 그 비중이 점점 감소되어가고 있음을 알 수 있다.

④ 2012년 브라질에 처음으로 1,299 천불을 투자하였다.

98. 아래 자료는 외국인 환자의 진료에 관한 내용이다. 이를 읽고 가장 옳지 않은 것을 고르면?

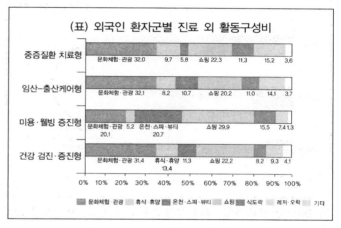

(표) 외국인 환자군별 진료 외 활동구성비

① 미용 및 웰빙증진형은 온천·스파·뷰티, 쇼핑 및 식도락 등에서 그 비중이 가장 높게 나타나고 있다.

② 건강검진 및 증진형은 휴식·휴양의 비중이 타 군에 비해서 월등히 높게 나타나고 있다.

③ 문화체험·관광의 경우에는 전체 군에서 30%가 넘는다.

④ 중증질환 치료형 및 임신-출산케어형은 문화체험·관광에서 그 비중이 가장 높게 나타나고 있다.

99. 아래의 내용은 모태산업 대비 고령친화 의약품산업의 시장규모 및 고령친화 의약품산업의 시장규모 전망에 관한 자료이다. 이를 읽고 가장 옳지 않은 것을 고르면?

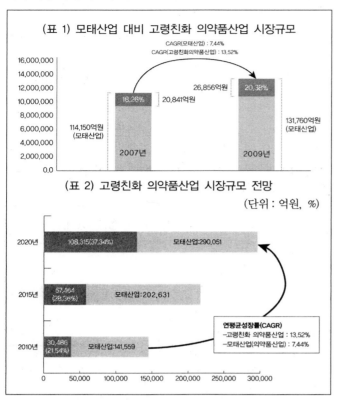

① 2009년 모태산업 대비 고령친화 의약품 산업의 시장규모 비중은 20.38%이다.

② 모태산업 대비 고령친화 의약품 산업의 비중은 2015년에 37.34%, 2020년에 28.36%로 예측된다.

③ 고령친화 의약품 산업의 시장규모는 2015년 5조 7,464억 원, 2020년 10조 8,315억 원으로 예측된다.

④ 2009년 고령친화 의약품산업의 시장규모는 2조 6,856억 원으로 추정된다.

100. 다음의 자료는 직장 내 성희롱 피해실태 통계자료를 나타낸 그래프이다. 이를 보고 잘못 분석한 내용을 고르면?

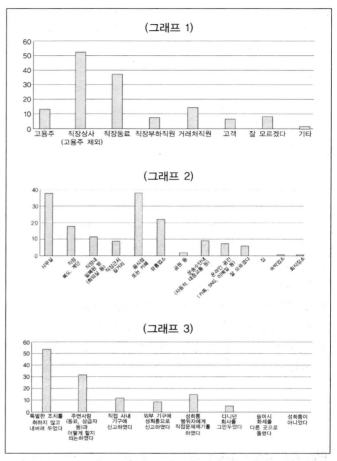

① 그래프 1에서 보면 성희롱 행위자와의 관계를 묻는 질문에, 전체 응답자의 51.7%가 직장상사(고용주 제외)로 응답하여 가장 높았음을 알 수 있다.

② 그래프 2에서 성희롱을 당한 장소로는 응답자의 37.9%가 '음식점 또는 카페'로 응답하여 가장 높았고, '사무실'도 37.3%로 높게 나타났다.

③ 그래프 2에서 보면 음식점 또는 카페, 사무실 외에도 유흥업소, 직장 복도, 계단, 직장 내 밀폐된 방(회의실 등), 운송수단 내(자동차, 대중교통 등), 직장근처 길거리, 온라인 공간(카톡, SNS, 이메일 등), 공원, 숙박업소, 집 등으로 매우 다양하게 나타났음을 알 수 있다.

④ 그래프 3에서 응답자의 54.0%가 '특별한 조치를 취하지 않고 내버려 두었다'로 응답하여 가장 높았던 것으로 보아 성희롱에 대한 피해자들의 적극적인 대응수준이 높음을 알 수 있다.

101. A는 생산관리부서에서 근무하는 사원이다. 생산관리부는 1년 365일 누군가가 근무를 하면서 비상사태에 대비해야 하는 상황이다. A가 속한 부서는 부장 밑으로 차장 3명, 과장 4명, 대리 2명, 사원 3명이 근무하고 있다. 이번 추석 명절 당일에는 반드시 과장과 사원 한 명씩 짝을 지어 2명이 근무를 하라는 회사의 지시가 내려졌다. A가 이번 추석 명절날 근무를 서게 될 경우는 몇 가지이며, 그 확률이 얼마인지 구하면?

① 2가지, $\frac{1}{4}$

② 3가지, $\frac{1}{3}$

③ 4가지, $\frac{1}{3}$

④ 4가지, $\frac{1}{2}$

102. 칠판에 1부터 20까지의 수가 하나씩 쓰여 있고, 20개의 수 중 임의의 수 a와 b를 지우고 a − 1, b − 1을 써넣었다. 이 시행을 20번 반복한 후 칠판에 써진 모든 수를 더한 값을 구하면?

① 110

② 130

③ 150

④ 170

103. 배로 강을 100km 거슬러 올라가는 데 5시간, 같은 거리를 내려오는 데 2시간이 걸렸다. 배의 속력과 강물의 속력을 각각 구하면?

① 배의 속력 : 25km/시, 강물의 속력 : 15km/시

② 배의 속력 : 28km/시, 강물의 속력 : 10km/시

③ 배의 속력 : 30km/시, 강물의 속력 : 12km/시

④ 배의 속력 : 35km/시, 강물의 속력 : 15km/시

104. 남자 7명, 여자 5명으로 구성된 프로젝트 팀의 원활한 운영을 위해 운영진 두 명을 선출하려고 한다. 남자가 한 명도 선출되지 않을 확률을 구하면?

① $\frac{7}{30}$

② $\frac{8}{33}$

③ $\frac{7}{32}$

④ $\frac{5}{33}$

105. 우리 마트에서 문구를 정가 20% 할인행사를 진행하였다. 지원이는 10,000원으로 정가 2,000원의 스케치북과 정가 1,000원의 색연필을 합쳐서 총 10개를 구매했을 때, 지원이가 구매할 수 있는 스케치북 최대 개수는 얼마인가?

① 6개

② 4개

③ 2개

④ 0개

106. A의 엄마와 아빠는 4살 차이가 나며, 엄마와 아빠 나이의 합은 A 나이의 다섯 배이다. 10년 후에 아빠의 나이가 A의 두 배가 될 때, 엄마의 현재 나이를 구하면 얼마인가? (단, 아빠의 나이는 엄마의 나이보다 많다.)

① 30세

② 32세

③ 35세

④ 38세

107. 전체 둘레가 600m인 트랙을 갑과 을이 동일한 위치에서 동시에 출발해 갑은 시속 10km, 을은 시속 15km로 달릴 시에, 갑과 을 두 사람이 다시 만날 때까지 걸리는 시간이 얼마인지 구하면? (단, A와 B는 동일한 방향으로 달린다)

① 5분 59초

② 7분 11초

③ 7분 12초

④ 9분 47초

108. 도시 외곽에 있는 어느 창고의 짐을 다른 창고로 옮기는 데 있어서 남자 5명이 작업하면 5일이 걸리고, 여자 5명이 작업하면 10일이 걸린다. 동일한 양의 짐을 남자 2명과 여자 2명이 같이 옮기게 될 경우 며칠이 걸리는지 구하면?

① 3일

② 4일

③ 9일

④ 11일

109. 합창 단원 선발에 지원한 남녀의 비가 3 : 5이다. 응시결과 합격자 가운데 남녀의 비가 2 : 3이고, 불합격자 남녀의 비는 4 : 7이다. 합격자가 160명이라고 할 때, 여학생 지원자의 수는 몇 명인가?

① 300명

② 305명

③ 310명

④ 320명

110. 직선을 따라 1분에 2m씩 움직이는 물체 A와 1분에 3m씩 움직이는 물체 B가 있다. 물체 A가 원점 O를 출발한지 2분 후에 같은 장소인 원점에서 A가 움직인 방향으로 물체 B가 움직이기 시작했다. A와 B가 서로 만나는 것은 A가 출발한지 몇 분 후인가?

① 3분　　　　　　　② 4분

③ 5분　　　　　　　④ 6분

111. 두 가지 메뉴 A, B를 파는 어느 음식점에서 지난주에 두 메뉴를 합하여 1,000명분을 팔았다. 이번 주에는 지난주에 비하여 A 메뉴는 5% 감소하고, B 메뉴는 10% 증가하여 전체적으로 4% 증가하였다. 이번 주에 판매된 A 메뉴는 몇 명분인가?

① 350명　　　　　　② 380명

③ 400명　　　　　　④ 415명

112. 지수가 낮잠을 자는 동안 엄마가 집에서 마트로 외출을 했다. 곧바로 잠에서 깬 지수는 엄마가 출발하고 10분 후 엄마의 뒤를 따라 마트로 출발했다. 엄마는 매분 100m의 속도로 걷고, 지수는 매분 150m의 속도로 걷는다면 지수는 몇 분 만에 엄마를 만나게 되는가?

① 10분　　　　　　　② 20분

③ 30분　　　　　　　④ 40분

113. 그림과 같이 가로의 길이가 2, 세로의 길이가 1인 직사각형이 있다. 이 직사각형과 넓이가 같은 정사각형의 한 변의 길이는?

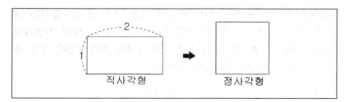

① $\sqrt{2}$　　　　　　　② $\sqrt{3}$

③ 2　　　　　　　　④ 3

114. 피자 1판의 가격이 치킨 1마리의 가격의 2배인 가게가 있다. 피자 3판과 치킨 2마리의 가격의 합이 80,000원일 때, 피자 1판의 가격은?

① 12,000원　　　　　② 14,000원

③ 18,000원　　　　　④ 20,000원

115. 그림은 ∠B = 90°인 직각삼각형 ABC의 세 변을 각각 한 변으로 하는 정사각형을 그린 것이다. □ADEB의 넓이는 9이고 □BFGC의 넓이가 4일 때, □ACHI의 넓이는?

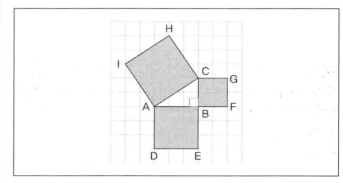

① 13　　　　　　　② 14

③ 15　　　　　　　④ 16

116. ☆☆주스에서는 그림과 같이 세 종류의 과일과 두 종류의 채소를 가지고, 두 종류의 과일과 한 종류의 채소를 섞어 주스를 만들어 판매하고 있다. ☆☆주스의 메뉴는 모두 몇 가지인가?

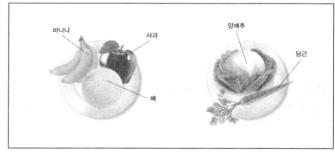

① 4가지　　　　　　② 5가지

③ 6가지　　　　　　④ 7가지

117. 그림과 같이 P도시에서 Q도시로 가는 길은 3가지이고, Q도시에서 R도시로 가는 길은 2가지이다. P도시를 출발하여 Q도시를 거쳐 R도시로 가는 방법은 모두 몇 가지인가?

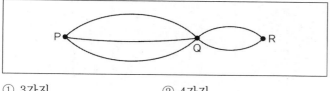

① 3가지

② 4가지

③ 5가지

④ 6가지

118. 두 정육면체 A, B의 닮음비가 1 : 2일 때, 큰 정육면체 B의 부피는 작은 정육면체 A의 부피의 몇 배인가?

① 2배

② 4배

③ 6배

④ 8배

119. 다음은 업무 평가 점수 평균이 같은 다섯 팀의 표준편차를 나타낸 것이다. 직원들의 평가 점수가 평균에 가장 가깝게 분포되어 있는 팀은?

팀	인사팀	영업팀	총무팀	홍보팀	관리팀
표준편차	$\sqrt{23}$	$\sqrt{10}$	5	$\sqrt{15}$	3

① 인사팀

② 영업팀

③ 총무팀

④ 관리팀

120. 두 기업 서원각, 소정의 작년 상반기 매출액의 합계는 91억 원이었다. 올해 상반기 두 기업 서원각, 소정의 매출액은 작년 상반기에 비해 각각 10%, 20% 증가하였고, 두 기업 서원각, 소정의 매출액 증가량의 비가 2 : 3이라고 할 때, 올해 상반기 두 기업 서원각, 소정의 매출액의 합계는?

① 96억 원

② 100억 원

③ 104억 원

④ 108억 원

【121~122】 다음 주어진 도형들의 일정한 규칙을 찾아, '?'에 들어갈 알맞은 도형을 고르시오.

121.

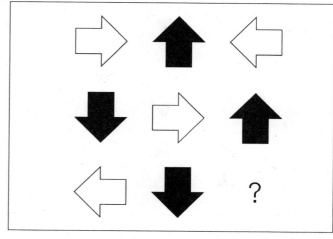

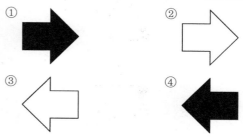

122.

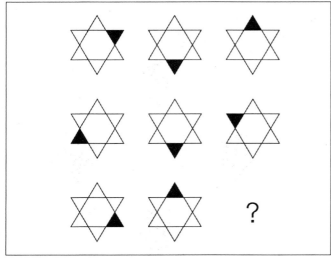

① 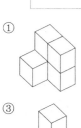　②

③ 　④

┃123~125┃ 〈보기〉의 블록은 도형 A, B, C를 조립하여 만들 수 있다. 도형 C에 해당하는 것을 고르시오.

123.

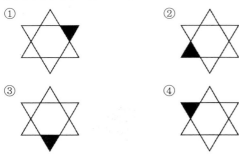

① ②

③ ④

124.

〈보기〉	도형 A	도형 B	도형 C
			?

① 　②

③ 　④

125.

〈보기〉	도형 A	도형 B	도형 C
			?

① ②

③ ④

126.

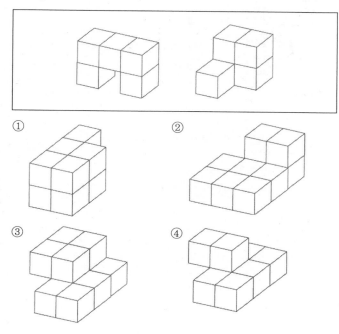

① ② ③ ④

127.

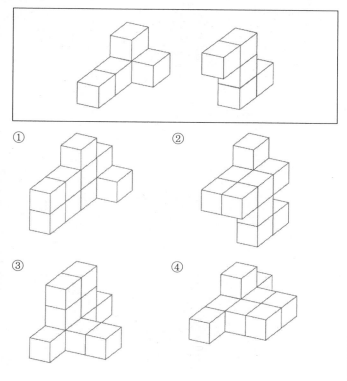

① ② ③ ④

128.

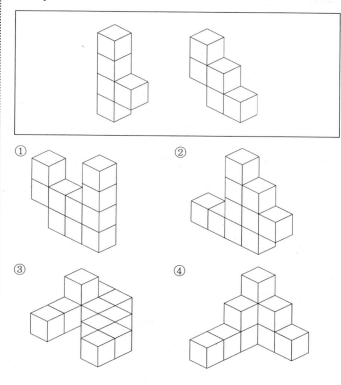

① ② ③ ④

129.

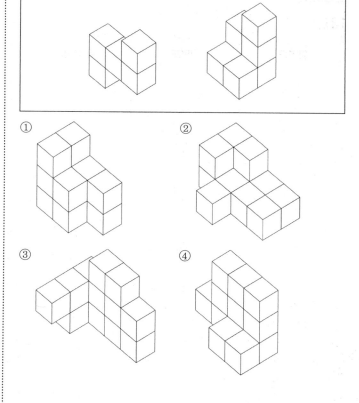

① ② ③ ④

130.

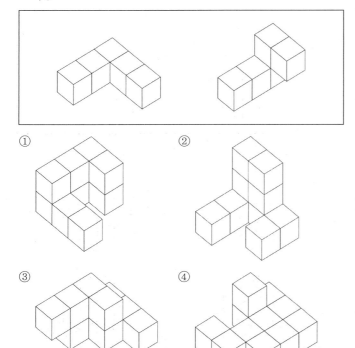

131~133 다음 제시된 단면도와 일치하는 입체도형을 고르시오.

131.

평면도	정면도	우측면도

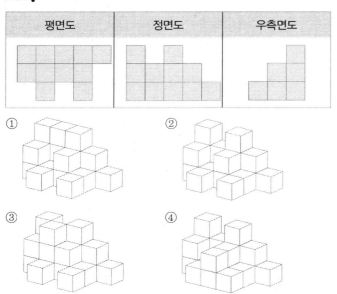

132.

평면도	정면도	우측면도

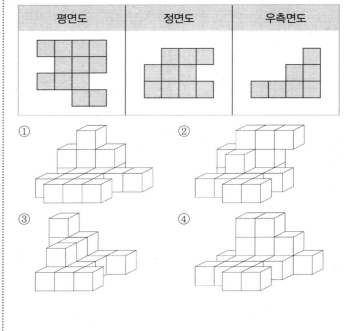

133.

평면도	정면도	우측면도

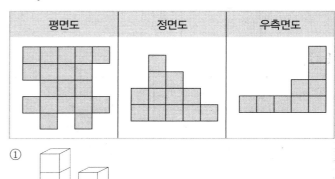

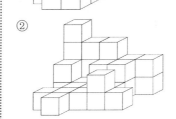

③

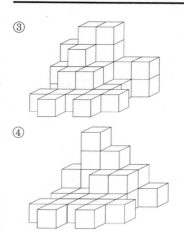

④

| 134~135 | 다음 제시된 세 개의 단면을 참고하여 해당되는 입체도형을 고르시오.

134.

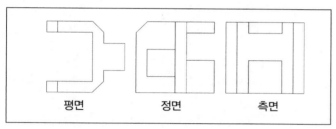

평면　　　　　정면　　　　　측면

①

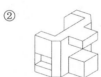

②

③

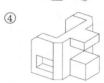

④

135.

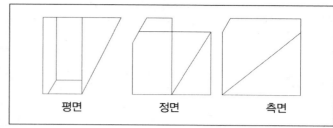

평면　　　　　정면　　　　　측면

①

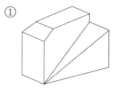

②

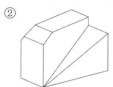

③

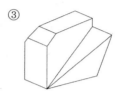

④

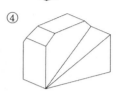

"일반상식"

꼭 알아야하는 알짜 일반상식만 담았다!

공사공단 일반상식

공사공단 채용대비
핵심상식 + 기출유형문제 + 논술
한 권으로 일반상식 준비 끝낸다!

**공기업/공공기관 채용
빈출 일반상식**

공기업/공공기관 채용에 꼭 필요한
영역별 일반상식 빈출만 담았다!
기출유형문제로 구성한 한국사까지
함께 공부한다!

롯데그룹

L-TAB 직무적합도검사 모의고사

이 공 계

[정답 및 해설]

SEOWONGAK
(주)서원각

>> 언어논리

1 ③

마지막 문단에 글쓴이가 궁극적으로 말하고자 하는 바가 드러나 있다. 본문의 마지막 문단에 글쓴이의 핵심 관점이 드러나 있다. 앎과 행동이 인간의 삶에서 전체적인 하나를 이루고 상호 유기적인 관계를 형성할 때, 비로소 이론은 실천의 근거를 제시하고 실천은 이론을 현실화시키기 때문에 행복을 기약할 수 있다는 것이다. 따라서 글쓴이가 궁극적으로 말하고자 한 바는 ③이 적절하다.

2 ①

① 둘째 문단을 통해 아리스토텔레스는 이론과 실천을 구분하고, 행복에 도달하기 위해서는 이론적인 덕이 실천적인 덕에 선행해야 한다고 주장하였다는 것을 알 수 있다.
② 둘째 문단에 언급
③④ 셋째 문단에 언급

3 ④

첫 번째 문단에 마지막에 공정한 중립적 권력으로서의 국가가 형벌권을 독점한다는 것은 어느 정도 정당화될 수 있으나 왜 형벌을 가하는지의 문제는 여전히 남는다고 언급하면서 대표적인 관점을 살펴보자고 제시한다. 그리고 그 대표적인 관점 세 가지를 설명하면서 그 의의에 대해 밝히고 있다. 따라서 이 글의 중심 화제로는 ④의 '형벌의 목적에 대한 다양한 견해와 의의'가 가장 적절하다.

4 ④

㉠의 '특별 예방론'은 형벌은 범죄자 자신의 속죄, 개과천선을 목적으로 부과되는 것이다. 제시된 글의 소년은 생활이 궁핍하여 배가 고프다고 조르는 동생들을 위해 빵을 훔쳤고, 이 이야기가 기사화되어 소년을 돕겠다는 도움의 손길이 줄을 이었다. 따라서 소년은 재범의 우려가 없고 형벌이 아니더라도 개과천선할 가능성이 충분하다는 입장의 ④가 가장 적절하다.

5 ③

ⓒ 상정 : 어떤 상황이나 조건을 가정적으로 생각하여 판정하는 일

6 ③

③ 우리말의 경우 '나'와 '너'를 먼저 밝히고 그 다음에 '나의 생각'을 밝히는 것에 비하여, 영어에서는 '나'가 나오고 그 다음에 '나의 생각'이 나온 뒤에 목적어인 '너'가 나오는 어순의 차이는 나의 의사보다 상대방에 대한 관심을 먼저 보이는 우리들과, 나의 의사를 밝히는 것이 먼저인 영어를 사용하는 사람들의 문화 차이에서 기인한 것이라고 언급되어 있다. 우리말의 문장 표현에서는 나의 생각보다 상대방에 대한 관심을 우선시한다고 볼 수 있다.

7 ②

밑줄 친 부분은 우리 문화가 친족 관계를 좀 더 자세히 표현하여 차별 내지 분별하려 하기 때문에 친족 관계에 대한 표현에서 우리말이 영어보다 좀 더 섬세하게 되어 있다는 내용이다. 이와 유사한 예를 추가한다고 할 때 쌀을 주식으로 했던 우리는 '쌀', '벼', '밥'이라는 말을 구별해서 사용하지만, 그렇지 않았던 영어권에서는 'rice' 하나의 말만을 사용한다는 ②가 적절하다.

8 ④

본문의 첫재 문단에서 물 분자의 경우를 중심으로 분자 사이에 작용하는 쿨롱의 힘에 대해 살펴보자고 제시하며 뒤의 내용이 전개된다. 따라서 쿨롱의 힘의 과학적 원리를 특정 대상인 물 분자를 중심으로 설명하고 있다는 ④가 가장 적절하다.

9 ④

㉣의 바로 앞에 공유결합의 힘보다는 약하지만, 극성 분자는 쌍극자를 갖고 있기 때문에 분자들을 적절히 배치하면 분자들 사이에 쿨롱의 힘이 작용한다. 이처럼 극성분자 사이에 작용하는 쿨롱의 힘을 쌍극자간 힘이라 부른다고 언급되어 있다.

10 ①

① 어떤 성질을 지니다.
②④ 표정이나 감정, 기운 따위가 겉으로 드러나다.
③ 용무나, 직책. 사명 따위를 가지다.

11 ③

이 글은 조각과 정신이 조화되는 경지를 추구하며, '정신의 물화'로 변모해 가는 현대 조각 경향에 대해 우려하고 있다. 글쓴이는 재경과 포정의 예를 통해 조각은 자기 마음대로 빚어내는 정신과 조화를 이루어야 함을 강조하고 있다. 따라서 이 글의 제목으로는 '조각과 인간의 정신 – 자기 마음을 빚어낼 수 있는 조각'이 적절하다.

12 ③

㉠ '정신을 재료에 일치시키는 조각'은 물아일체의 경지에서 정신과 조화를 이룬 조각을 의미한다. ©는 무아의 유희로 몰입하여 조각하는 재경의 '조각'이므로 ㉠과 유사하다고 할 수 있다. ⓐ와 ⓓ는 일반적인 '조각', ⓑ는 형상을 모방하거나 재현하는 '조각'이다.

13 ①

4문단에서 Sup35라는 정상적인 단백질이 어떤 이유에서인지 [PSI+]라는 프리온으로 변화한다고 하였다. 즉 정상적인 단백질이 프리온으로 변화하는 이유에 대해서는 아직 밝혀지지 않은 것이다.
②는 5문단에서, ③은 1문단에서, ④는 2문단에서 각각 그 내용을 확인할 수 있다.

14 ④

제시된 글은 과학자들이 새로운 이론을 쉽게 받아들이지 않기 때문에, 새로운 이론이 학계에 인정받기까지 매우 험난한 과정이었음을 보여준다. 이는 본문에서 프루시너가 '유전 정보 중심설'이 중심이론이던 분자생물학계에서 프리온의 존재에 관해 인정받기까지의 과정을 설명하고 있다. 제시된 글에서 코페르니쿠스는 천동설이 지배적이던 과학적 이론을 뒤집는 지동설을 주장하였다. 그 이전에도 지동설이 제기된 적이 있으나, 원래의 이론으로 현상을 설명하려 하는 기존 학자들에 의해 정당한 이론으로 인정받지 못했었다. 그러나 코페르니쿠스의 지동설은 천동설에서 설명하지 못하는 이상 현상을 설명함으로써, 천동설을 밀어내고 학계에 받아들여졌다. 그러나 본문에서는 프루시너의 주장이 학계에 받아들여지면서 크릭의 유전 정보 중심설을 흔들긴 했지만, 아직도 논란이 끝난 것은 아니라고 하였다. 따라서 ④의 설명은 적절하지 않다.

15 ②

5문단에서 진화론에서는 환경의 변화에 따른 유전형의 변화를 산 정상으로 가는 등반에 비유한다고 하였다. 린드퀴스트는 프리온이 성공적인 등반을 쉽게 해주는 유전적인 장치라고 말한 것은, 프리온이 환경 변화에 잘 적응할 수 있도록 돕는 유전적인 요소라는 의미이다. 따라서 ㉠에 들어갈 내용으로는 ②가 가장 적절하다.

16 ②

ⓐ '뒤흔들만한'은 '함부로 마구 흔들다.'는 뜻이다. 이때 '뒤–'는 일부 동사 앞에 붙어 '몹시, 마구, 온통'의 뜻을 더하는 접두사이다. ②의 '뒤엎다'는 '물건의 위와 아래가 뒤집히도록 엎어 놓다. '혹은'일이나 상태를 전혀 딴 것으로 바꾸어 놓거나 틀어지게 하다.'는 뜻이다. 이때의 '뒤–'는 '반대로' 또는 '뒤집어'의 뜻을 더하는 접두사이므로, ⓐ와 가장 거리가 먼 의미이다.
① 한데 마구 섞여서 몹시 끓다. 많은 사람이나 동물 따위가 한데 섞여서 마구 움직이다.
③ 마구 얽다.
④ 꼬는 것처럼 몹시 비틀다. 일이 잘 안되도록 이러저러하게 반대하다.

2

17 ④

㈎에서 당시 그리스의 철학계에서는 '근본적인 것'을 찾는 것이 유행이었고, 피타고라스 학파는 '수'가 만물의 근원이라고 생각했다고 하였다. 따라서 피타고라스 학파도 그리스 철학계의 유행을 따랐음을 알 수 있다. ①은 ㈏에서, ②는 ㈐에서, ③은 ㈑에서 각각 그 내용을 확인할 수 있다.

18 ①

이 글을 어떤 책의 서문이라고 한다면 이 글 뒤에 올 내용이 책의 핵심 내용이 된다. 이 글은 첫 부분에서 피타고라스 학파의 철학을 소개하고 있다. 피타고라스 학파는 우주의 별들이 음을 갖고 있다고 믿었기 때문에, 우주의 음악을 들을 수 있다고 생각했다. 불행하게도 오늘날의 사람들은 세계와 교감하지 못하지만, 예술의 세계에는 고대인들의 심성이 여전히 남아 있다고 하였다. 본문의 끝에서는 우주와 교감하는 시인들의 거짓말이 사람들의 마음을 사로잡는 이유가 무엇인지 질문하고 있다. 따라서 이 글 뒤에는 우주와의 교감이 왜 현대인에게 필요한지에 대한 답, 즉 예술이 인류에게 가지는 의의에 대한 내용이 가장 적절하다.

19 ①

제시된 글은 피타고라스 학파에서 연구한 수의 중요성에 대한 내용이다. 따라서 피타고라스 학파가 수를 만물의 근원이라고 생각했다고 언급한 부분인 ㈎ 뒤에 오는 것이 적절하다.

20 ③

㉠ '생각했다'는 '어떤 일에 대한 의견이나 느낌을 가지다.'라는 의미이다. 따라서 ㉠과 문맥적 의미가 가장 유사한 것은 ③이다.
① 어떤 사람이나 일에 대하여 성의를 보이거나 정성을 기울이다.
② 어떤 일을 하고 싶어 하거나 관심을 가지다.
④ 어떤 사람이나 일에 대하여 성의를 보이거나 정성을 기울이다.

21 ③

이 글은 다른 사람이 쉽게 이해할 수 있는 글을 쓰기 위한 과정과 조건에 대해 설명하고 있다. 그러한 과정이나 조건을 기계를 조립할 때 부속품을 선택하는 것이라든지 부화의 과정에서 계란의 노른자에 피가 돌고 생기가 생기게 되는 것, 하나하나의 벽돌을 쌓아 올려서 훌륭한 건축물을 이루는 것 등에 비유하고 있다. 따라서 이 글의 서술상의 특징으로는 ③이 가장 적절하다.

22 ②

4문단에서 글을 쓰기 전에 어떤 착상이 떠오르면 우선 메모를 해 두고, 나중에 원고지에 써 보는 것이 좋다고 하였다. 그러나 메모를 작성하는 방법에 대한 내용은 확인할 수 없다.
①은 1문단에서, ③은 3문단에서, ④는 2문단에서 각각 그 내용을 확인할 수 있다.

23 ④

④ 제시된 글에서는 다큐멘터리 제작의 초창기에서부터 현재까지 주류를 이루고 있는 설명적 양식의 다큐멘터리의 통념을 지적하고 있지만, 설명적 양식의 다큐멘터리가 발달해 온 과정을 제시하고 있지는 않다.

24 ②

② 설명적 양식의 다큐멘터리를 설명하면서 '내레이션이 절대적인 기능을 하는 이 양식에서는 이미지가 독립된 의미를 갖지 못하고, 시각적 증거물이자 보충물에 불과하다.'고 하였다.

25 ②

기제
㉠ 연고나 경고 따위의 약을 만드는 바탕으로 쓰는 물질
㉡ 주문에 의하여 만드는 것이 아닌 미리 만들어 놓는 상품
㉢ 일이 이미 처리되어 끝남
㉣ 인간의 행동에 영향을 미치는 심리의 작용이나 원리

26 ③

"증거 화면까지 효과적으로 주어지는 상황에서 신뢰감을 주는 성우의 목소리가 전달하는 '객관적인 설명'을 들으며 관객이 다큐멘터리의 객관성과 사실성을 의심하기는 쉽지 않기 때문이다."라는 문장을 통해 다큐멘터리에서 내레이션의 영향력을 매우 크다는 것을 알 수 있다.

27 ②

② 형광등에 흐르는 전류의 세기에 대해선 언급하고 있지 않다.

① 형광등은 양쪽 끝이 봉해진 좁은 유리관과 유리관에 발린 형광물질, 두 개의 전극으로 되어 있다. 관에는 미량의 아르곤, 네온, 크립톤 가스와 함께 한두 방울의 액체 수은이 들어 있다.

③ 하나는 전극을 가열하여 전자가 전극에서 튀어나오게 하는 것이고, 다른 하나는 양쪽 전극에 높은 전압을 걸어 전자가 방출되게 하는 것이다.

④ 원소가 방출하는 빛의 고유한 진동수는 자외선·가시광선과 같은 빛의 종류, 가시광선 내에서의 빛깔을 결정한다.

28 ②

㉠ 형광등 : 수은 원자가 방출하는 자외선이 유리관에 도포된 형광물질을 자극함으로써 형광물질 원자의 전자를 들뜨게 하며, 들뜬 상태의 형광물질 원자의 전자가 바닥상태로 전이 되는 과정에서 빛을 방출한다.

㉡ 고압 수은등 : 수은 원자가 방출하는 가시광선을 직접적으로 이용한다.

29 ④

④ 건국 신화의 분석 방법은 확인할 수가 없다.

① 하늘을 상징하는 남신과 땅이나 물을 상징하는 여신이 결연하고 시조가 왕으로 즉위하는 과정을 주요 내용으로 한다.

② 한국 신화는 문헌 신화와 구비 신화로 나뉜다.

③ 북방 신화에서는 시조의 출현 이전에 부모의 혼례 과정이 기술되어 있는 반면, 남방 신화는 시조의 부모가 나타나지 않고 하늘과 땅의 결합을 상징하는 분위기만 서술되어 있다.

30 ①

① 북방 신화인 「주몽 신화」에서 주몽은 해모수족과 하백족이 통합된 새로운 집단에서 성장하여 권력투쟁을 통해 새로운 국가의 통치자가 된 것이며, 남방 신화인 「박혁거세 신화」에서 박혁거세는 육촌에서 태어난 인물이 아니었고, 부인 알영도 다른 곳에서 도래하여 통치권을 행사하였다. 따라서 건국 신화에서 토착 세력이 통치권을 장악했다는 반응은 적절하지 않다.

31 ②

② 최고 가격을 교정하는 기준은 사회적 약자인 수요자 보호이고, 최저 가격을 교정하는 기준은 최저 수익 보장이다.

32 ④

제시된 자료는 캘리포니아 주정부가 공공재인 전기 공급 사업을 민영화하여 민간 기업들끼리 경쟁시키면서 발전회사들이 전기 요금 인상을 요구하고 이 요구가 거절되자 전기 공급을 중단한 사건을 예로 들어, 공공재가 자유 경쟁에 맡겨졌을 때 위험이 발생할 수 있음을 말하고 있다.

33 ③

재화의 가격이 낮아지면서 사람들이 대중교통을 이용하지 않아 대중교통 사업자들은 소득이 감소하게 된다. 따라서 정부가 이로 인해 발생하는 손실을 보전해 주는 것이 ㉠에 해당하는 사례라고 할 수 있다.

34 ④

㉠ 망각이 시간이라는 변수에 영향을 받는다고 하였으므로 시간이 흐름에 따라 정보가 상실되어 나타나는 ㉯와 연결된다.

㉡ 시간이 지나면 망각된 기억을 회복하는 경우가 해당되므로 ㉰와 연결된다.

㉢ 정보가 저장될 때 왜곡되어 발생하는 망각이므로 두 사람이 서로 정보를 왜곡하여 저장하여 발생한 ㉮와 연결된다.

35 ④

④ 나머지 단어들은 반의 관계를 지니지만, '강력' 사건은 처음의 부호화가 '빈약'하게 되는 원인이다.

36 ①

건조기는 주변의 온도가 10℃ 이상 35℃ 이하인 곳에 설치한다. (2-(1)-①-ⓒ 참고)

37 ①

제품 전면, 좌우 모서리 부분을 누르거나 제품에 흔들림이 있으면 제품의 다리 높이를 조절한다. (2-(1)-②-㉠ 참고)

38 ③

건조기의 소비전력은 1700W이다. (1. 제품규격 참고)

39 ①

콘센트에 접지단자가 없는 경우 접지선과 스크류를 삼성전자 서비스센터에서 구입하여 제품 뒷면의 접지단자에 연결한 후 벽의 접지단자에 연결하거나 땅 속(깊이 75cm 이상)에 구리판을 묻은 후 제품과 연결하여 접지해야 한다. (2-(3)-③ 참고)

40 ④

증상	확인/조치
전원이 들어오지 않아요.	• 제품의 전원 버튼을 눌렀나요? - 전원 버튼을 눌러주세요. • 전원 플러그가 빠지지 않았나요? - 전원플러그를 끼워주세요. • 누전차단기가 OFF로 되어 있지 않나요? - 누전차단기를 ON으로 하세요. • 110V 전원에 연결하지 않았나요? - 본 제품은 220V 전용입니다.

41 ②

ⓒ '죽전역 → 원대역'을 거치면 9개 정거장과 1번의 환승을 거치므로 9 × 3 + 10 = 37분이 걸린다.
ⓒ '원대역 → 어린이회관역'을 거치면 11개 정거장을 거치므로 11 × 3 = 33분이 걸린다.
따라서 총 이동 시간은 37 + 33 = 70분이다.

42 ④

① 월촌역 → 반월당역 → 신남역 → 서문시장역 : (11 × 3) + (2 × 10) = 33 + 20 = 53분
② 월촌역 → 명덕역 → 원대역 → 서문시장역 : (17 × 3) + 10 = 51 + 10 = 61분
③ 월촌역 → 진천역 → 명덕역 → 서문시장역 : (17 × 3) + 10 = 51 + 10 = 61분
④ 월촌역 → 명덕역 → 수성구민운동장 → 서문시장역 : (19 × 3) + 10 = 57 + 10 = 67분

43 ③

1호선 '반월당 - 명덕' 구간이 운행하지 않으므로 '정평역 → 신남역 → 명덕역 → 현충로역'을 거쳐야 한다.
18개 정거장과 2번의 환승을 거치므로 (18 × 3) + (2 × 10) = 54 + 20 = 74분이 걸린다.
현충로역에 8시 44분에 도착하려면 정평역에서 최소 7시 30분에 출발해야 한다.

44 ①

ⓒ 동대구역(KTX역) → 신기역 : 8정거장
ⓒ 신기역 → 경대병원 : 14정거장, 1환승
따라서 이동한 총 정거장 수는 22개, 환승 횟수는 1회이다.

45 ③

ⓒ '지산역 → 대명역' : (13 × 3) + 10 = 49분
ⓒ '대명역 → 수성구청역' : (10 × 3) + 10 = 40분
ⓒ '수성구청역 → 성서산업단지역' : 13 × 3 = 39분
ⓒ '성서산업단지역 → 공단역' : (15 × 3) + 10 = 55분
따라서 총 소요시간은 49 + 40 + 39 + 55 = 183분 = 3시간 3분이다.

46 ②

α 상태이므로, A와 B의 평균은 $\frac{15+20}{2} = 17.5$ 이다.
10 < A와 B의 평균 < 20이므로 경계에 해당한다.
따라서 파란 레버를 내린다.

47 ④

χ 상태이므로, $|A-B| = |30-60| = 30$

$30 \leq |A-B|$ 이므로 경고에 해당한다.

따라서 빨간 버튼을 누른다.

48 ④

α 상태이므로, A와 B의 평균은 $\dfrac{5+45}{2} = 25$ 이다.

A와 B의 평균 ≥ 20 이므로 경고에 해당한다.

따라서 빨간 버튼을 누른다.

49 ①

π 상태이므로, $3 \times A = 60$

$3 \times A > B$ 이므로 안전에 해당한다.

따라서 그대로 둔다.

50 ①

χ 상태이므로, $|A-B| = |10-20| = 10$

$|A-B| \leq 20$ 이므로 안전에 해당한다.

따라서 그대로 둔다.

51 ②

(3) 인쇄 기본 설정 창 열기

① 인쇄하려는 문서를 여세요.

② 파일 메뉴에서 인쇄를 선택하세요.

③ 프린터 선택에서 사용 중인 제품을 선택하세요.

④ 프린터 속성 또는 기본 설정을 클릭하세요.

52 ③

③ 최대 $2,400 \times 600$ dpi 고화질의 선명한 해상도로 인쇄 (1-(2)-② 참고)

53 ①

(2) 인쇄 작업 취소

① Windows 작업줄에 표시된 제품 아이콘을 더블 클릭하여 인쇄 대기열을 열 수도 있습니다.

② 조작부의 취소버튼을 눌러서 인쇄를 취소할 수 있습니다.

54 ④

(3) 편리성

① 프린터의 NFC 태그에 휴대폰을 갖다 대면 인쇄 작업을 수행

② 애플리케이션을 사용하면 이동 시에도 스마트폰이나 컴퓨터에서 인쇄

③ Easy Capture Manager를 이용하여 캡처한 화면을 쉽게 편집

④ 스마트 업데이트를 사용하여 최신 프린터 드라이버 설치

55 ②

소모품을 다음과 같은 조건에 보관하지 마세요.

㉠ 40℃ 이상의 온도

㉡ 20% 이하, 80% 이상의 습도

㉢ 습도나 온도가 급격하게 변하는 환경

㉣ 직사광선 또는 실내등 아래

㉤ 먼지가 많은 장소

㉥ 장시간 동안 차량 내부

㉦ 부식성 기체가 있는 환경

㉧ 공기에 염분이 포함되어 있는 환경

56 ④

㉠ '안평역 → 남산역'을 거치면 19개 정거장과 1번의 환승을 거치므로 $19 \times 3 + 10 = 67$분이 걸린다.

㉡ 남산역에서 쇼핑으로 20분을 소비했다.

㉢ '남산역 → 서동역'을 거치면 12개 정거장과 1번의 환승을 거치므로 $12 \times 3 + 10 = 46$분이 걸린다.

따라서 소요된 시간은 $67 + 20 + 46 = 133$분 = 2시간 13분이다.

57 ②

'석대역 → 미남역 → 배산역'을 거치면 15개 정거장과 1번의 환승을 거치므로 $15 \times 3 + 10 = 55$분이 걸린다.

따라서 약속 10분 전에 도착하려면 12시 50분에 도착해야 하므로 최소 11시 55분에 출발해야 한다.

58 ①

① 금련산역 → 수영역 → 연산역 → 부산대역
: $(11 \times 3) + (2 \times 10) = 33 + 20 = 53$분

② 금련산역 → 수영역 → 미남역 → 동래역 → 부산대역
: $(14 \times 3) + (3 \times 10) = 42 + 30 = 72$분

③ 금련산역 → 서면역 → 부산대역
: $(18 \times 3) + 10 = 54 + 10 = 64$분

④ 금련산역 → 서면역 → 연산역 → 미남역 → 동래역 →
부산대역 : $(21 \times 3) + (4 \times 10) = 63 + 40 = 103$분

59 ③

㉠ 가야역 → 대연역 : $8 \times 3 = 24$분

㉡ 대연역 → 센텀시티역 : $7 \times 3 = 21$분

㉢ 센텀시티역 → 수영역 → 사직역 : $(9 \times 3) + 10 = 27 + 10 = 37$분

㉣ 사직역 → 미남역 → 금사역 : $(8 \times 3) + 10 = 24 + 10 = 34$분

㉠ + ㉡ + ㉢ + ㉣ = $24 + 21 + 37 + 34 = 116$분 = 1
시간 56분

60 ③

㉠ 서동역 → 동래역 → 교대역 : 6정거장, 1환승

㉡ 교대역 → 연산역 → 수영역 → 광안역 : 6정거장, 2환승

㉢ 광안역 → 서면역 → 부산역 : 16정거장, 1환승

따라서 이동한 총 정거장 수는 28개, 환승 횟수는 4
회이다.

61 ③

㉠ 수요일은 정기검침 일이므로 PSD CODE는 $\dfrac{8}{2} = 4$
이다.

㉡ Parallel Mode이므로, 2개 또는 3개의 평균값을
구한다.

㉢ 계기판 눈금이 (−)이므로, 3개의 평균값은
$\dfrac{3 + 10 + 2}{3} = 5$이다.

따라서 $4 < 5 \leq 4 + 2$가 되어, 경계 상태이므로 파란
버튼을 누른다.

62 ①

㉠ 목요일은 정기검침 일이 아니므로 PSD CODE는
16이다.

㉡ Serial Mode이므로, 2개 또는 3개의 총합을 구한다.

㉢ 계기판 눈금이 (+)이므로, 가장 오른쪽 숫자를
제외한 2개의 총합은 $5 + 8 = 13$이다.

따라서 $13 \leq 16$이 되어, 안전 상태이므로 그대로 둔다.

63 ④

㉠ 월요일은 정기검침 일이므로 PSD CODE는
$\dfrac{52}{2} = 26$이다.

㉡ Serial Mode이므로, 2개 또는 3개의 총합을 구한다.

㉢ 계기판 눈금이 (−)이므로, 3개의 총합은 $30 + 7 + 10 = 47$이다.

따라서 $47 > 26 + 2$가 되어, 경고 상태이므로 두 버
튼을 모두 누른다.

64 ①

㉠ 금요일은 정기검침 일이 아니므로 PSD CODE는
46이다.

㉡ Parallel Mode이므로, 2개 또는 3개의 평균값을
구한다.

㉢ 계기판 눈금이 (+)이므로, 가장 오른쪽 숫자를
제외한 2개의 평균값은 $\dfrac{20 + 5}{2} = 12.5$이다.

따라서 $12.5 \leq 46$이 되어, 안전 상태이므로 그대로
둔다.

65 ②

㉠ 수요일은 정기검침 일이므로 PSD CODE는
$\dfrac{26}{2} = 13$이다.

㉡ Serial Mode이므로, 2개 또는 3개의 총합을 구한다.

㉢ 계기판 눈금이 (−)이므로, 3개의 총합은 $1 + 4 + 10 = 15$이다.

따라서 $13 < 15 \leq 13 + 2$가 되어, 경계 상태이므로
빨간 버튼을 누른다.

66 ②

② 2004년의 감사 횟수는 전년 보다 증가했다.

① 감사 실적은 2001년에 1,039건을 시작으로 매년 감소하여 2005년에 520건을 기록하였다.

③ 매년 최다 감사 실적을 기록한 처분 종류는 '징계'로 동일하다.

④ 2003년 이후 최다 감사 실적을 기록한 처분 종류는 '통보'로 동일하다.

67 ③

① 결함 원인이 '기타'인 경우 매년 감사 실적이 감소했다.

② '운영 불합리'는 2005년에 감사 실적이 증가했다.

④ '제도 결함' 실적이 '감독 소홀' 실적보다 많은 연도는 2005년이다.

68 ③

$\dfrac{62+168}{560} \times 100 = 41.07 \cdots \%$

69 ①

㉠ 2001년부터 2005년까지의 '제도 결함' 실적의 합
  : $36+17+12+21+18 = 104$

㉡ 2001년부터 2005년까지의 '기타' 실적의 합
  : $197+91+68+45+21 = 422$

따라서 둘의 차이는 $422-104 = 318$이다.

70 ④

④ 2014년 이후 '재택 · 원격근무 장비 지원' 예산 계획은 매년 전년 대비 증가하였다.

① '서비스 환경조성'은 2015년 이후 매년 97억 원의 예산 계획을 기록하고 있다.

② '스마트워크제도 개선' 예산 계획은 매년 1억 원으로 동일하다.

③ '글로벌 허브 구축'의 예산 계획은 6년간 24억 원으로 '워크센터구축'의 세부과제 중 가장 적은 비중을 차지하고 있다.

71 ①

② 2017년 '재택근무'의 취업인구 수 추정치는 전년 대비 1,201(천 명)으로 대폭 증가했다.

③ 2015년과 2016년 '스마트워크센터'의 공공부분의 취업인구 수 추정치는 동일하다.

④ '모바일워크'의 민간부분의 취업인구 수 추정치는 가장 높은 비중을 차지한다.

72 ④

① $300+383+24 = 707$억 원

② $30+80+184+45 = 339$억 원

③ $30+60 = 90$억 원

④ $50+30 = 80$억 원

73 ①

$\dfrac{2800-1500}{1500} \times 100 = 86.66 \cdots \%$

74 ②

② '음성' 매출액은 2008년에 처음 100억 달러를 넘어섰다.

① 이동통신 서비스 총 매출액은 매년 증가했다.

③ 'SMS'의 2007년 매출액은 20억 달러로, 전년 대비 3억 달러 증가했다.

④ '데이터'의 매출액은 매년 10억 달러 이하의 수준으로 전체 매출액에서 차지하는 비중이 가장 적다.

75 ①

① $\dfrac{115.5}{70.1} = 1.64 \cdots \%$

② 2007년 이후 이동전화 가입대수는 매년 증가했다.

③ 2008년 이동전화 가입대수는 2006년보다 17,200,000대 증가했다.

④ 이동전화 보급률은 2009년에 처음 120%를 넘어섰다.

76 ③

㉠ 2009년의 '음성' 매출액 : 106(억 달러)

㉡ 2007년의 'SMS' 매출액 : 20(억 달러)

따라서 $\dfrac{106}{20} = 5.3$배 차이난다.

77 ④

㉠ 이동전화 보급률의 최솟값 : 88.8%

㉡ 이동전화 가입대수의 최댓값 : 76.9(백만 대)

78 ②

② 석회석 매장량이 가장 많은 지역은 A시이지만 대리석 매장량은 G시가 가장 많다.

① A시의 백운석 매장량은 212,315(천 톤)으로 가장 많은 매장량을 보유하고 있다.

③ D, E시의 대리석 매장량은 0이다.

④ 석회석의 비중은 $\dfrac{9456978}{9973614} = 94.81\cdots\%$으로 다른 자원보다 압도적으로 높다.

79 ①

① A시는 고품위, 저품위 석회석 광산 수가 모두 가장 많다.

② 고품위 석회석 광산 수가 가장 적은 지역은 E시이지만 저품위 석회석 광산 수가 가장 적은 지역은 B시이다.

③ 고품위 석회수 광산 수가 10개를 넘지 못하는 지역은 E, F시이고, 이 지역은 저품위 석회수 광산 수도 10개를 넘지 못한다.

④ 고품위 석회수 광산 수는 98개로 저품위 석회수 광산 수인 86개보다 많다.

80 ②

B시의 광물자원 매장량은 16,442(천 톤)으로 두 번째로 적다.

81 ①

㉠ 2001년의 C지역 저품위 광산 수 : 8×1.5 = 12개 (4개 증가)

㉡ 2001년의 G지역 저품위 광산 수 : 18×1.5 = 27개 (9개 증가)

나머지 광산 수는 전년과 동일하므로 증가한 13개만 더해주면 184 + 13 = 197개가 된다.

82 ②

② 모든 국적의 관광객 증감률은 매월 불규칙적으로 변화되고 있다.

83 ①

② 중국인 관광객 한국 내 지출 증감률은 7, 8월이 동일하다.

③ 중국인 관광객 한국 내 지출 금액은 8월 이후 감소세를 타고 있다.

④ 한국인 관광객 해외 지출 금액은 8월에 전월 대비 감소하였다.

84 ④

㉠ 한국으로 여행 온 중국인 관광객 수가 가장 많은 달 : 8월 (115천 명)

㉡ 한국으로 여행 온 중국인 관광객 수가 가장 적은 달 : 7월 (177천 명)

85 ③

일본인 관광객 한국 내 지출 금액 최솟값은 1,016이다.

86 ④

④ 굴절버스의 가동비는 보유비의 약 1.92배이다.

① 운전직 인건비는 모든 종류의 버스에 동일한 331,400원이다.

② 연료비는 일반버스가 104,649원으로 가장 저렴하다.

③ 1일 총 타이어비는 15,901원이다.

87 ①

① 모든 종류의 버스 관리직 인건비는 42,638원으로 동일하다.

② 일반버스와 지상버스의 차량 보험료는 16,066으로 동일하다.

③ 일반버스와 굴절버스의 차량 감가상각비는 23,944원으로 동일하다.

④ 정비비는 버스 종류에 따라 모두 다르다.

88 ③

총 수입은 $(800 + 1,000 + 900) \times 2,000 = 5,400,000$ 원이다.

89 ②

$$\frac{759745}{575077 + 759745 + 609215} \times 100$$

$$= \frac{759745}{1944037} \times 100 = 39.08 \cdots \%$$

90 ②

② 남성 임원의 회사 근속기간은 최대 72년이다.

① 기업당 남성 임원 수는 최대 50명이다.

③ 여성 임원의 현직위 근무기간은 평균 2.62년이다.

④ 여성 임원의 연령은 평균 46.70세이다.

91 ①

① 임원 직급별 최대 비중을 기록한 직급은 4직급 $(33.21 + 43.00 = 76.21\%)$ 이다.

② 임원 직급별 최소 비중을 기록한 직급은 7직급 $(0.18 + 0.73 = 0.91\%)$ 이다.

② 임원 직급별 인원 수 중 최대 인원을 기록한 직급은 4직급(3,385명)이다.

④ 임원 직급별 인원 수 중 최소 인원을 기록한 직급은 7직급(22명)이다.

92 ③

근무 현황에 해당하는 남성 임원의 수를 x 라 하면, 남성 임원의 평균 연령이 50.00세이므로

$$\frac{25,300}{x} = 50$$

$$\therefore x = 506 \text{명이다.}$$

93 ①

4~7직급에 해당하는 여성 임원의 수의 합은 $353 + 220 + 39 + 6 = 618$ 명이다.

94 ②

② 볼넷이 가장 적은 선수는 B(10개)이지만 타율은 0.300으로 두 번째로 높다.

① 타석수가 가장 많은 선수는 A(600회)이고, 득점도 115점으로 가장 높다.

③ 홈런이 가장 많은 선수는 A(40개)이고, OPS도 0.990으로 가장 높다.

④ 홈런이 가장 적은 선수는 B(0개)이고, 타점도 10점으로 가장 적다.

95 ①

① 조정 계수가 가장 높은 선수는 A(2.5)이고, 최종 연봉도 2,663.8(만 달러)로 가장 높다.

② 조정 전 연봉이 1,000만 달러를 넘는 선수는 A이다.

③ 조정 전 연봉과 최종 연봉이 동일한 선수는 D, E, G이다.

④ 조정 계수가 1 미만인 선수는 B, F이다.

96 ③

㉠ 선수 B, C의 득점 합 : $34 + 67 = 101$ 점

㉡ 선수 D와 E의 득점 합 : $50 + 24 = 74$ 점

따라 둘의 차이는 $101 - 74 = 27$ 점

97 ①

선수 A를 제외한 나머지 선수들은 모두 연봉의 증가율이 100% 미만이다.

※ 선수 A의 연봉 증가율

$$\frac{2663.8 - 1065.5}{1065.5} \times 100 ≒ 150\%$$

98 ①

① 부서별 항목별 예산 내역이 10,000,000(만 원) 이상인 부서는 A, F이다.

② 부서별 기본 경비의 총 합은 1,289,350(만 원)이다.

③ 인건비가 가장 높은 부서는 F[4,237,532(만 원)]이고, 기본 경비도 865,957(만 원)으로 가장 높다.

④ 모든 부서의 3가지 예산 항목 중 사업비 비중은 가장 높다.

99 ①

F연구소의 부서별 직종별 인원은 정원 220명, 현원 216명이다. 직종별 현원 중 가장 비중이 높은 직종은 (일반직)으로 총 149명을 기록했다. 두 번째로 비중이 높은 직종은 기능직으로 40명을 기록했고, 세 번째로 비중이 높은 직종은 계약직으로 21명을 기록했다. 네 번째로 비중이 높은 직종은 별정직으로 (4)명을 기록했으며, 가장 비중이 낮은 직종은 개방형으로 2명을 기록했다.

100 ①

㉠ 부서별 항목별 예산 항목 중 가장 비중이 낮은 항목
: 기본 경비

㉡ 기본 경비의 예산 : 1,289,350(만 원)

㉢ 전체 예산 : 58,888,223(만 원)

㉣ 기본 경비의 예산이 전체 예산에서 차지하는 비율
: $\frac{1289350}{58888223} \times 100 = 2.18 \cdots \%$

101 ②

$$40 \times \frac{30}{60} + 20 \times \frac{15}{60} = 20 + 5 = 25\,\text{km}$$

102 ③

올라갈 때 걸은 거리를 x라 하면, 내려올 때 걸은 거리는 $x+4$가 되므로

$$\frac{x}{3} + \frac{x+4}{4} = 8$$

양변에 12을 곱하여 정리하면 $4x + 3(x+4) = 96$

$$7x = 84$$

$$x = 12\,\text{km}$$

103 ③

1분은 60초, 10분은 600초

15cm의 초가 600초에 다 타므로 1cm에 40초가 걸리는 셈이므로

30cm의 초가 다 타려면 1,200초 즉, 20분이 걸린다.

104 ③

지도상 1cm는 실제로 10km가 된다.

$$10 \times \frac{7}{4} = 17.5\,\text{km}$$

105 ③

5일 동안 매일 50페이지씩 읽었으므로

$$5 \times 50 = 250$$

총 459페이지 이므로

$450 - 250 = 200$ 페이지를 읽어야 한다.

106 ③

벤치의 수를 x, 동료들의 수를 y로 놓으면

$$5x + 4 = y$$

$$6x = y$$

위 두 식을 연립하면

$$x = 4,\ y = 24$$

107 ②

원래 가격은 1로 보면

$$0.7 \times 0.8 = 0.56$$

원래 가격에서 56%의 가격으로 판매를 하는 것이므로 할인율은 44%가 된다.

108 ③

A 주식의 가격을 x, B 주식의 가격을 y라 하면

$$x = 2y$$

두 주식을 각각 10주씩 사서 각각 30%, 20% 올랐으므로

$$1.3x \times 10 + 1.2y \times 10 = 76{,}000$$

B 주식의 가격을 구해야 하므로 y에 대해 정리하면

$$1.3 \times 2y \times 10 + 1.2y \times 10 = 76{,}000$$

$$38y = 76{,}000$$

$$y = 2{,}000 \text{ 원}$$

109 ④

하루 일당을 계산해 보면 $6 \times 5{,}000 = 30{,}000$ 원

$2{,}000{,}000 \div 30{,}000 = 66.67$ 일 이므로

67일 동안 아르바이트를 하여야 한다.

110 ②

$$\frac{3{,}000 \times 8.0 + 2{,}000 \times 6.0}{3{,}000 + 2{,}000} = \frac{36{,}000}{5{,}000} = 7.2$$

111 ④

합격자의 수를 x, 불합격자의 수를 y로 놓으면

$x + y = 500$

$80x + 50y = 65 \times 500 \rightarrow 80x + 50y = 32,500$

두 식을 연립하여 계산하면

$x = 250$ 명, $y = 250$ 명

112 ③

평균은 $\dfrac{70 + 80 + 90 + x}{4}$ 로 구하며

네 사람의 평균이 80점이므로 $4 \times 80 = 320$

$240 + x = 320$

$x = 80$ 점

113 ②

$\dfrac{200 \times 0.1 + 300 \times 0.2}{200 + 300} \times 100 = 16\%$

114 ④

$\dfrac{32 \times 8 + 4 \times x}{32 + x} = 5$

$32 \times 8 + 4x = 5(32 + x)$

$256 + 4x = 160 + 5x$

$x = 96\,\mathrm{g}$

115 ④

불량률을 x 라고 하면, 정상품이 생산되는 비율은

$100 - x$

$5,000 \times \dfrac{100 - x}{100} - 10,000 \times \dfrac{x}{100} = 3,500$

$50(100 - x) - 100x = 3,500$

$5,000 - 50x - 100x = 3,500$

$150x = 1,500$

$x = 10$

116 ④

B의 나이를 x, C의 나이를 y라 놓으면

A의 나이는 $x + 12$, $2y - 4$ 가 되는데 B와 C는 동갑

이므로 $x = y$ 이다.

$x + 12 = 2x - 4$

$x = 16$

A의 나이는 $16 + 12 = 28$ 살이 된다.

117 ③

$X \times \left(1 + \dfrac{20}{100}\right) - 90,000 = X \times \left(1 + \dfrac{2}{100}\right)$

$1.2X - 90,000 = 1.02X$

$0.18X = 90,000$

$X = 500,000$ 원

118 ①

처음의 초속을 분속으로 바꾸면 $6 \times 60 = 360\,\mathrm{m/min}$

출발지에서 반환점까지의 거리를 x 라 하면

$\dfrac{x}{360} + \dfrac{4,500 - x}{90} = 30$ 이므로 양변에 360 을 곱하여

식을 간단히 하면

$x + 4(4,500 - x) = 10,800$

$\therefore x = 2,400\,(\mathrm{m})$

119 ③

서로 다른 음식을 시킬 경우는 다음과 같다.

짜장면 + 짬뽕 = $4,000 + 4,000 = 8,000$

짜장면 + 볶음밥 = $4,000 + 6,000 = 10,000$

짜장면 + 탕수육 = $4,000 + 10,000 = 14,000$

짬뽕 + 볶음밥 = $4,000 + 6,000 = 10,000$

짬뽕 + 탕수육 = $4,000 + 10,000 = 14,000$

볶음밥 + 탕수육 = $6,000 + 10,000 = 16,000$

따라서 음식가격의 평균값은

$\dfrac{8,000 + 10,000 + 14,000 + 10,000 + 14,000 + 16,000}{6}$

$= \dfrac{72,000}{6}$

$= 12,000$

120 ③

거리=시간×속력이므로

$x = 15초 \times 72km/h$

계산을 위해 시간과 속력을 분으로 변환하면 다음과 같다.

$$\frac{15}{60} \times \frac{72,000}{60} = 0.25분 \times 1,200m/m = 300m$$

121 ③

색칠된 네모 칸이 시계 방향으로 한 칸씩 이동하고 있다. 따라서 '?'에 들어가는 도형은 ③이 된다.

122 ①

1열과 3열의 도형이 겹쳐져서 2열의 도형이 된다.

123 ④

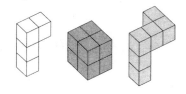

124 ④

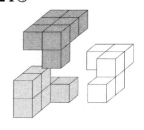

125 ①

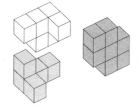

126 ②

127 ④

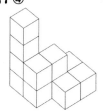

128 ③

129 ①

130 ②

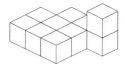

131 ④

①②③ 정면도가 아래와 같은 모양으로 일치하지 않는다.

132 ①

②③④ 우측면도가 아래와 같은 모양으로 일치하지
않는다.

133 ③

①②④ 평면이 아래와 같은 모양으로 제시된 단면도
와 일치하지 않는다.

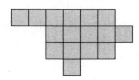

134 ④

① 평면과 측면의 모양이 다르다.

② 측면의 모양이 다르다.

③ 평면, 정면, 측면의 모양이 다르다.

135 ③

① 정면, 측면의 모양이 다르다.

② 정면과 측면의 모양이 다르다.

④ 평면과 측면의 모양이 다르다.

》》 언어논리

1 ②

글은 동물의 몸집이 커지는 요인을 다양한 요인(천적의 감소, 먹잇감 획득 유리, 체온 유지, 대기 중 산소 농도, 서식지 면적)을 밝힌 후 세포의 수, 분열의 한계로 인해 거대화가 무한정 이루어질 수는 없음을 서술하고 있다.

2 ①

글에서는 차가운 기후에서 포유류와 같은 온혈동물(정온동물)은 체온을 일정하게 유지하기 위해 몸집을 키우는 것이 유리하다고 하였다. 하지만 개구리는 양서류로 냉혈동물(변온동물)에 속하기 때문에 열대 지역의 개구리보다 온대 지역의 개구리가 몸집이 커야 생존에 유리한지는 알 수 없다.

3 ③

• ⓐ의 '만' : 앞말이 나타내는 대상이나 내용 정도에 달함을 나타내는 보조사로 쓰였다.
• ⓑ의 '만' : 다른 것으로부터 제한하여 어느 것을 한정함을 나타내는 보조사로 쓰였다.

4 ③

둘째 문단에서 박쥐가 달팽이관의 감긴 횟수가 인간보다 더 많기 때문에, 인간이 들을 수 없는 매우 넓은 범위의 초음파까지 들을 수 있다는 내용에서 알 수 있다.
① 둘째 문단의 내용에서 박쥐의 입이나 코는 초음파를 방사하는 기관이고, 초음파를 만들어내는 곳은 성대라고 나타나 있다.
② 반향정위를 하는 대표적인 육상 동물로 박쥐를 소개하고 있을 뿐, 반향정위가 대부분의 육상 동물의 특징이라는 진술은 나타나지 않는다.
④ 셋째 문단에서 구급차 사이렌의 소리에 대해 언급하고 있지만, 이것이 박쥐의 초음파 주파수와 동일하다는 내용은 드러나 있지 않다.

5 ②

박스 안의 내용에서 구급차가 다가오고 있을 때는 사이렌 소리의 파장이 짧아진다고 되어 있다. 따라서 제시된 것처럼 파원이 관측자 쪽으로 다가갔다면 이전보다 더 짧아진 파장이 관측된다고 할 수 있다.

6 ③

③ '포착'의 사전적 의미는 어떤 기회나 정세를 알아차리는 것이다

7 ②

오르가눔의 전수 방법은 나타나 있지 않다.
① 둘째 문단에서, 대위법이 적용된 최초의 형태로 평행 오르가눔이 탄생했음을 알 수 있다.
③ 오르가눔이 평행에서 자유로, 그리고 화려한 오르가눔에서 또 다른 형태로 발달하는 과정이 나타난다.
④ 전 문단에 걸쳐서 오르가눔의 발달 과정에 따른 화음 구성과 선율 배치 방식이 서술되어 있다.

8 ④

㉠의 두다는 문맥에 따라, '시간적 여유나 공간적 간격 따위를 주다'라는 의미로 해석할 수 있다. 따라서 ④가 가장 유사하다.

9 ②

㉠에서 '벗어나다'는 '구속이나 장애로부터 자유로워지다'의 의미로 사용되었다. ②의 '벗어나다' 역시 심리적 고통이라는 구속으로부터 자유러워지다의 의미로 볼 수 있다.
① '규범이나 이치, 체계 따위에 어긋나다'의 의미로 사용되었다.
③ '공간적 범위나 경계 밖으로 빠져나오다'의 의미로 사용되었다.
④ '이야기의 흐름이 빗나가다'의 의미로 사용되었다.

10 ④

④ 박스 안에서는 도움을 받는 사람이 항상 긍정적으로 받아들이는 것은 아니라고 언급하고 있다. 따라서 도움 행동에 나설 때는 받는 사람의 마음을 헤아릴 줄 알아야 한다.

11 ④

④ 사람들은 현재의 욕구를 더 긴박하고 절실하게 느끼기 때문에 불확실한 미래의 편익을 위해서 당장은 비용을 지불하지 않으려는 경향이 있다고 언급하고 있다.

12 ③

③ 받을 연금과 내는 보험료의 비율이 누구나 일정하여 보험료 부담이 공평한 것은 적립방식이다. 부과방식은 현재 일하고 있는 사람들에게서 거둔 보험료를 은퇴자에게 사전에 정해진 금액만큼 연금을 지급하는 것으로, 노인 인구가 늘어날 경우 젊은 세대의 부담이 증가할 수 있다고 언급하고 있다.

13 ③

'율'과 '률'은 이형태 관계로, 'ㄴ'을 제외한 받침이 있는 말 다음에는 '률', 'ㄴ' 받침이나 모음 뒤에서는 '율'로 쓴다.
③ '자급률'로 써야 한다.

14 ③

③ 물속에서의 음속이 공기에서보다 4~5배 빠르다고 언급하기는 했지만, 굴절 현상 등이 발생할 수 있으므로 잠수해 있을 때 물 밖의 소리가 더 잘 들릴 것이라고 판단할 수는 없다.

15 ④

④ 수온이 급격히 감소하는 수온약층이 끝나고 더 깊은 심층에서는 수온의 변화가 거의 없는 상황에서 수압만 높아지므로 음속이 점차 증가하게 된다.

16 ④

④ 어떤 일이나 사물이 생겨나다.
① 물건, 편지, 서류 따위를 우편이나 운송 수단을 이용하여 보내다.
② 출판물이나 인쇄물을 찍어서 세상에 펴내다. 화폐, 증권, 증명서 따위를 만들어 세상에 내놓아 널리 쓰도록 하다
③ 어떤 조직체가 새로 만들어져서 일이 시작되다.

17 ③

① 표현주의는 내면에 잠재된 강렬한 감정과 욕구를 소재로 한다. → 첫 문단에서 알 수 있다.
② 전통적인 감상 방식에 얽매여 있었던 당대 사람들은 표현주의의 어둡고 무거운 주제와 일그러진 형태, 자연스럽지 못한 색감에서 불편함을 느꼈다. → 셋째 문단에서 알 수 있다.
④ 19세기 후반 당시의 독일 사회는 전쟁의 후유증과 급속한 산업화로 인해 매우 혼란스러운 상황이었다. 표현주의는 이러한 사회의 모순에 대한 비판적 인식에서 출발한다. → 첫 문단에서 알 수 있다.

18 ②

② 내면에 잠재된 강렬한 감정과 욕구를 자유롭게 표현하고자 했던 표현주의의 관점에서 볼 때, '개성적 가치'는 대상을 바라보면서 느낀 감정을 자신만의 방식으로 자유롭게 표현하는 것이라고 할 수 있다.

19 ④

④ '시도하다'는 '어떤 것을 이루어 보려고 계획하거나 행동하다'라는 의미로 우리말로 고쳐 쓸 경우 '꾀하다' 등이 적절하다.

20 ④

④ 첫 문단에서 GDP를 계산할 때는 총 생산물의 가치에서 중간생산물을 가치를 뺀다고 언급하고 있다.

21 ④

④ 2012년도와 2010년도의 실질 GDP는 7,000원으로 동일하기 때문에 생산 수준이 올랐다고 판단할 수 없다.

22 ④

㉠ 뒤로 언급되는 '이때 GDP는 무역 손실에 따른 실질 소득의 감소를 제대로 반영하지 못하기 때문에 GNP가 필요한 것이다'라는 문장을 통해 알 수 있다.

23 ②

ⓐ의 '떨어지다'는 '값, 기온, 수준, 형세 따위가 낮아지거나 내려가다'의 의미로 사용되었다.
① '병이나 습관 따위가 없어지다'의 의미로 사용되었다.
③ '해, 달이 서쪽으로 지다'의 의미로 사용되었다.
④ '함께 하거나 따르지 않고 뒤에 처지다'의 의미로 사용되었다.

24 ④

④ 상황적 코드 전환은 대화 참여자, 화제, 맥락 등과 같은 담화 구성 성분의 변화에 의해서 발생한다고 언급하고 있다.

25 ③

우크라이나가 제2공식어이던 러시아어의 지위를 박탈한 것은 러시아의 군사적 개입에 대한 반감의 표시라고 언급하고 있다. 이는 우크라이나가 러시아어를 언어가 아닌 국가적 차원의 코드로 해석했다고 볼 수 있다.

26 ③

③ 국가 권력의 침해와 간섭을 배제하는 기본권의 방어적, 저항적 성격은 오늘날에도 여전히 부정될 수 없다고 주장한다.

27 ②

② 통합가치설에서 기본권은 헌법적인 질서 속에서의 자유와 권리를 뜻한다. 따라서 '헌법에 열거되지 아니한'을 헌법적 질서 외부에 존재하는 자유와 권리로 이해하는 것은 통합가치설에 따르는 것으로 볼 수 없다.

28 ②

㉠에서 '원동력'은 사회 공동체가 동화되고 통합되어 가기 위한 실질적인 '힘', '일으킴', '본바탕' 등의 의미를 포함하고 있지만, '바닥'의 의미를 포함한다고 보기는 어렵다.

29 ①

②③ 두 번째 문단에서 언급하고 있다.
④ 첫 번째 문단에서 언급하고 있다.

30 ③

㉠ 코펜하겐의 해석
㉢㉣ 폰 노이만의 해석

31 ④

④ 중첩 상태와 확정에 대한 문제의식이 여전히 유효하다는 것으로 해석할 수 있다.

32 ③

ⓒ 용인(容認) : 용납하여 인정함

33 ④

① 5문단, ② 6문단, ③ 1문단을 통해 알 수 있다.

34 ②

② ㉠ '원초적 상황'에서 합의 당사자들은 자신들의 사회적 계층, 성, 인종 그리고 자신들의 타고난 재능, 취향 등에 대한 정보를 모르는 상태에 놓이게 되는데 이를 ㉡ '무지의 베일'이라고 한다. 롤즈는 ㉠ 상황에 놓인 당사자들의 상태를 ㉡으로 제시한 것이다.

35 ④

④ C국은 '모두 동일한 출발선상'에서 경쟁을 하므로 '차등의 원칙'에 어긋나는 사회라고 볼 수 있다.

36 ②

매트부의 호스가 나오는 방향을 발 아래쪽으로 가게하고 보일러와 매트의 거리는 30cm 이상 띄워주어야 한다.

37 ④

황산, 염산 또는 유기용제(시너, 등유, 아세톤 등)를 사용하여 보일러의 표면을 닦지 마세요.

38 ③

① 물 부족 에러
② 수위 감지 에러
④ 누수 에러

39 ③

LED 램프는 소비자가 직접 교환하기 어려우므로 불이 들어오지 않을 경우에는 서비스 센터로 연락하여야 한다.

40 ③

연탄가스나 연기가 많은 곳에서는 냉장고 외관이 변색될 수도 있으므로 피해야 한다.

41 ②

신문지 인쇄 물질 혹은 다른 이물질이 식품에 묻을 수 있으므로 채소는 신문지에 싸서 보관하지 않는다.

42 ④

④ 냉동 및 냉장이 잘 되지 않을 때의 확인사항에 해당한다.

43 ④

냉장고의 뒷면이 벽에 닿았을 경우, 뒷면에 물건이 떨어진 경우, 냉장고 위에 물건이 올려져 있을 경우 소음의 원인이 될 수 있지만 아무 것도 없는데 소음이 심할 경우는 콤프레셔나 냉각기 등의 고장으로 볼 수 있다.

44 ④

전화를 받을 때는 최대한 신속하게 받는다.
㉠ 세 번 이상 벨이 울리기 전 받는 것이 예의이다.
㉡ 만약 세 번 이상 울린 후 받을 경우 "기다리게 해서 죄송합니다."라고 예의를 갖춘다.

45 ④

본인 영역의 업무가 아니라도 화를 내거나 언성을 높여선 절대 안 된다.

46 ②

5W 1H 원칙 … WHY(왜 그것이 필요한가?), WHAT(그 목적은 무엇인가?), WHERE(어디서 하는 것이 좋은가?), WHEN(언제 하는 것이 옳은가?), WHO(누가 가장 적격인가?), HOW(어떤 방법이 좋은가?)

47 ④

① B→D→F→E→A→C→4시간 36분
　신남역　출발→B(8)→D(15) + 10분→F(17)→E(20) + 10분→A(3)→C(19) + 10분

② C→E→A→D→F→B→4시간 54분
　신남역　출발→C(10)→E(22) + 10분→A(3)→D(18) + 10분→F(17)→B(18) + 10분

③ F→E→A→C→B→D→4시간 45분
　신남역　출발→F(10)→E(20) + 10분→A(3)→C(19) + 10분→B(18)→D(15) + 10분

④ D→F→E→A→C→B→4시간 32분
　신남역　출발→D(7)→F(17)→E(20) + 10분→A(3)→C(19) + 10분→B(18)

48 ②

① 엘디스 리젠트 호텔→2, 3호선 신남역에 위치하므로 14정거장, 환승하므로 10분 소요→52분

② 노보텔 엠베서더 호텔→1호선 중앙로역에 위치하므로 14정거장→42분

③ 그랜드 호텔→2호선 범어역에 위치하므로 16정거장, 환승하므로 10분 소요→58분

④ 인터불고 호텔→1호선 아양교역에 위치하므로 20정거장→60분

49 ①

① E→A(3) →C(19) + 10분→B(18) →D(15) + 10분
→F(17)

3시간 56분

② B→D(15) + 10분→C(17) + 10분→E(22) + 10분
→A(3) →F(17) + 10분

4시간 22분

③ F→E(20) + 10분→A(3) →B(19) + 10분→D(15)
+ 10분→C(17) + 10분

4시간 22분

④ C→F(20) + 10분→E(20) + 10분→A(3) →B(19)
+ 10분→D(15) + 10분

4시간 31분

50 ④

레버 중 1개만 내려가 있으므로 오류값들의 총합을 보
면 1+3+5 = 9이므로 위험상태

그러므로 파란 버튼과 빨간 버튼을 모두 누른다.

51 ④

레버가 모두 올라가 있으므로 오류값들의 평균값을
구해야 한다.

$$\frac{1+5+7+9}{4} = 5.5$$

반올림을 하므로 6이 되어 경고→파란 버튼을 누른다.
그러나 올라간 레버가 2개 이상이므로 빨간 버튼도
함께 눌러야 한다.

52 ③

&와 0이 음영 처리가 되어 있는데 〈조건〉에서 보면
가장 먼저 행동을 취해야 하므로
음영 반전이 되면 2, 5, 6, #에 음영이 처리된다.
#은 2, 5는 무조건 음영 처리 되지 않은 것으로 판단
하므로 오류값은 6, #이 된다.
레버 3개 중 2개만 아래로 내려가 있으면 오류값 중
가장 큰 수를 취하므로 6이 된다.
6이면 경고에 해당하는데 음영 처리된 오류값이 2개
이하이면 무조건 안전이 된다.

그런데 계기판이 두 바늘이 겹쳐져 있으므로 한 단계
격상이 된다.
그러므로 경고가 되어 노란 버튼을 눌러야 하지만, 내
려간 레버가 2개 이상이므로 초록 버튼을 눌러야 한다.

53 ③

① A→B(12) + 환승→E(4) →F(12) →C(15) + 환승
→D(6) + 환승

177분

② A→B(12) + 환승→C(8) + 환승→E(4) + 환승→
D(6) →F(18) + 환승

184분

③ A→B(12) + 환승→F(11) + 환승→D(18) + 환승
→C(6) + 환승→E(4) + 환승

203분

④ A→B(12) + 환승→E(4) →F(12) →C(15) + 환승
→D(6) + 환승

177분

54 ①

여의도역에서 출발하여 마곡역을 거쳐 다시 구반포에
들렸다가 퇴근을 해야 한다.
E →F(12) →D(18) + 환승
총 30정거장이므로 30×3 = 90분 + 환승 10분
총 100분이 소요된다.

55 ①

E →F(12) →D(17) + 환승 2번
총 30정거장이므로 29×1,000 = 29,000 원

56 ②

① A→B(18)→E(21), 환승→F(25), 환승→D(26),
환승 2번→C(10)
340분

② A→B(18)→F(8), 환승→E(25), 환승→C(3)→
D(10)
212분

③ A→B(18)→C(18),   환승→D(10)→E(13)→
F(25), 환승
272분

④ A→B(18)→D(18), 환승→E(13)→F(25), 환승
→C(28), 환승
336분

57 ②

E→F(25), 환승→D(38), 환승
$(25+38)×3+20=209$분
209분이 소요된다.

58 ②

E→F(25)→D(26)
$25+26=51$
$51×1,000=51,000$원

59 ④

7과 9가 음영처리가 되어 있으므로 7, 8, 9의 순서로
관련된 행동을 먼저 취한다.
7은 1번째 열의 음영처리 반전처리 이므로 2, 3, 4,
5, 9가 음영처리가 되며,
9는 2번째 행은 모두 음영처리되지 않은 것으로 판단
하므로 2, 3, 9만 음영처리가 된다.
레버가 2개 올라가 있으므로 오류값 중 가장 큰 수와
가장 작은 수의 합을 구하면 $2+9=11$
오류값이 11이면 위험상황이지만, 계기판 수치가 5 이
하인 바늘이 있으므로 한 단계 격하하여 경고상황이
되고 올라간 레버가 2개 이상이므로 빨간 버튼과 파
란 버튼을 모두 누른다.

60 ①

7, 9가 음영처리 되어 있으므로
7을 먼저 행하면 1번째 열의 음영처리 반전이므로 3,
4, 5, 9가 음영처리가 된다.
9는 2번째 행은 모두 음영처리 되지 않은 것으로 판
단하므로 3, 9만 음영처리가 된다.
레버 3개 중 1개만 위로 올라가 있으므로 오류값 중
가장 큰 수와 가장 작은 수의 차이를 구해야 하므로
$9-3=6$
오류값 6은 경고에 해당하지만, 계기판의 바늘 2개의
수치 차이가 5 이하이면 무조건 안전이므로 아무 버
튼도 누르지 않는다.

61 ④

레버 3개 중 2개만 아래로 내려가 있으므로 오류값
중 가장 큰 수인 6이 된다.
6은 경고에 해당되고 내려간 레버가 2개 이상이므로
파란 버튼을 눌러야 한다.
그러나 계기판 수치가 15 이상이면 한 단계 격상되어
야 하므로 위험에 해당되어 빨간 버튼과 파란 버튼을
모두 누른다.

62 ③

레버 3개 중 1개만 위로 올라가 있으므로 오류값 중
가장 큰 수와 가장 작은 수의 차이를 구하면
$8-2=6$
오류값 6은 경고에 해당하며 노란 버튼을 눌러야 하
는데, 내려간 레버가 2개이므로 초록 버튼도 함께 눌
러야 한다.
그러나 음영처리된 오류값이 5개 이상이면 한 단계
격상하여야 하므로 위험에 해당하여 초록 버튼을 누
른다.

63 ②

① 회사에서 김포공항까지 110분. 김포공항에서 대구국제공항까지 40분, 대구국제공항에서 노보텔까지 택시로 50분이 소요되므로 200분, 즉 3시간 20분이 걸린다.

② 회사에서 서울역까지 50분, 서울역에서 대구역까지 100분, 대구역에서 노보텔까지 택시로 30분이 소요되므로 180분, 즉 3시간이 걸린다.

③ 회사에서 강남고속버스터미널까지 30분, 강남고속버스터미널에서 동대구고속버스터미널까지 130분, 동대구고속버스터미널에서 노보텔까지 버스로 40분이 소요되므로 200분, 즉 3시간 20분이 걸린다.

④ 회사에서 강남고속버스터미널까지 30분, 강남고속버스터미널에서 동대구고속버스터미널까지 130분, 동대구고속버스터미널에서 노보텔까지 택시로 45분이 소요되므로 205분, 즉 3시간 25분이 걸린다.

64 ③

① 회사 → 서울역 – 50분, KTX는 매 시 정각에 출발하므로 12시 출발
서울역 → 대구역 – 100분이 걸리므로 1시 40분 도착
대구역 → 버스로 노보텔 – 35분
도착시간은 2시 15분

② 회사 → 강남고속버스터미널 – 30분, 11시 30분 출발
강남고속버스터미널 → 동대구고속버스터미널 – 130분, 1시 40분 도착
동대구고속버스터미널 → 버스로 노보텔 – 40분
도착시간은 2시 20분

③ 회사 → 서울역 – 50분, KTX는 매 시 정각에 출발하므로 12시 출발
서울역 → 대구역 – 100분이 걸리므로 1시 40분 도착
대구역 → 택시로 노보텔 – 30분
도착시간은 2시 10분

④ 회사 → 김포공항 – 110분, 출발시간은 1시
김포공항 → 대구국제공항 – 40분, 1시 40분 도착
대구국제공항에서 택시로 노보텔 – 50분
도착시간은 2시 30분

65 ③

회사에서 서울역까지의 교통비는 1,300원
KTX 비용은 30,000원
대구역에서 워크숍 목적지인 노보텔 앰배서더 호텔까지 택시 비용은 4,000원
총 교통비는 35,300원

66 ①

습도가 70%일 때 연간소비전력량은 790으로 A가 가장 적다.

67 ④

제습기	습도 40%의 1.5배	습도 80%
A	$550 \times 1.5 = 825$	840
B	$560 \times 1.5 = 840$	890
C	$580 \times 1.5 = 870$	880
D	$600 \times 1.5 = 900$	950
E	$660 \times 1.5 = 990$	970

68 ②

신혼커플 수의 '변동'을 말하고 있으므로 감소한 수와 증가한 수가 같은 의미가 된다. 따라서 1년차부터 5년차까지의 증감이 각각 −12,174, −10,639, −10,854, −3,395, 2,363커플이므로 가장 많이 변동된 혼인연차의 변동 수인 12,174와 가장 적게 변동된 혼인연차의 변동 수인 2,363과의 차이는 12,174−2,363=9,811이 된다.

69 ②

80.1%는 초혼의 비중을 나타내며, 부부 중 1명 이상 재혼인 경우는 19.8%로 전년과 유사한 비중을 나타낸다.
① $(1,436,948-1,471,647) \div 1,471,647 \times 100 =$ 약 −2.36%이다.
③ 두 해 모두 1년차에는 21%대의 재혼 비중이던 것이 5년차로 갈수록 19% 수준까지 낮아진 것을 확인할 수 있다.
④ 4년차의 초혼 비중은 80.5→81.2로 0.7%p 증가하여 가장 큰 증가폭을 보인다.

70 ④

200달러인 스마트폰 중 종합품질점수가 가장 높은 스마트폰은 g이다.

71 ③

A : $\dfrac{1+2+1}{3} = \dfrac{4}{3}$

B : $\dfrac{1+1+1}{3} = 1$

C : $\dfrac{2+1+2}{3} = \dfrac{5}{3}$

72 ②

화질 : $3+2+3+3+2+2+3+3+3 = 24$
내비게이션 : $3+2+3+3+3+1+3+2+2 = 22$
멀티미디어 : $3+3+3+3+3+3+3+3+2 = 26$
배터리 수명 : $3+1+1+2+2+2+2+2+3 = 18$
통화성능 : $1+2+1+1+1+1+2+1+2 = 12$

73 ③

A국 $5+6+7+4+2+1+4+1+1 = 31$
B국 $1+1+1+7+1+1+3+1+1+4+2 = 23$
C국 $1+6+5+4+7+1+14+1 = 39$
D국 $2+2+5+4+2+2+1+7+4 = 29$

74 ②

A국이 복싱, 사이클 트랙, 소프트볼 종목에서 획득한 모든 메달 수의 합
$3+1+2+3+1+1 = 11$

75 ③

획득한 동메달의 수는 A국 7개, B국 6개, C국 11개, D국 10개로 많은 국가부터 순서대로 나열하면 C − D − A − B이다.

76 ②

7월의 국외제작영화 개봉작은 어벤져스팀, 빨간 스페로 2편이다.

77 ③

흥행순위 1위의 영화의 관객 수는 12,100천 명이고, 흥행순위 20위 내의 국내제작영화 전체 관객 수는

$12,100 + 8,540 + 7,817 + 6,851 + 6,592 + 5,636 + 5,316 + 4,018 + 4,013 + 3,823 + 3,279 = 67,985$ 천 명이므로

$$\frac{12,100}{67,985} \times 100\% = 17.79\% \fallingdotseq 18\%$$

78 ①

툼레이더스 1편이다.

79 ②

5개 도시 중 예측 날씨와 실제 날씨가 일치한 일수가 가장 많은 도시는 인천이다.

80 ①

8월 1~10일 중 예측 날씨와 실제 날씨가 일치한 도시 수가 가장 적은 날은 8월 2일이다.

81 ②

을국의 여성 대학진학률이 85%이면 격차지수는

$$\frac{85}{80} = 1.0625 = 1$$

간이 성평등지수를 구하면 $\frac{0.60 + 1}{2} = 0.8$

82 ④

정국의 여성 대학진학률이 4%p 상승하면 격차지수는

$$\frac{15}{15} = 1$$

간이 성평등지수는 $\frac{0.70 + 1}{2} = 0.85$

83 ④

팀 선수 평균 연봉 = $\frac{총\ 연봉}{선수\ 인원수}$

A : $\frac{15}{5} = 3$

B : $\frac{25}{10} = 2.5$

C : $\frac{24}{8} = 3$

D : $\frac{30}{6} = 5$

E : $\frac{24}{6} = 4$

84 ②

2017년 총 연봉을 구해보면 A – 10억, B – 10억, C – 20억, D – 25억, E – 16억이다.

85 ②

A팀 2017년 선수 인원수 $\frac{5}{1.25} = 4$명

B팀 2017년 선수 인원수 $\frac{10}{2} = 5$명

C팀 2017년 선수 인원수 $\frac{8}{1.333} = 6$명

D팀 2017년 선수 인원수 $\frac{6}{1.5} = 4$명

E팀 2017년 선수 인원수 $\frac{6}{1.2} = 5$명

2017년 선수 인원수 A – 4명, B – 5명, C – 6명, D – 4명, E – 5명

2018년 선수 인원수 A – 5명, B – 10명, C – 8명, D – 6명, E – 6명

전년대비 증가한 선수 인원수 A – 1명, B – 5명, C – 2명, D – 2명, E – 1명

86 ④

A에서 B로 변동한 수치의 증감률은 $(B-A) \div A \times 100$임을 활용하여 다음과 같이 계산할 수 있다.

유소년
$(1,130 - 1,742) \div 1,742 \times 100 =$ 약 -35.1%

생산연령
$(5,954 - 6,231) \div 6,231 \times 100 =$ 약 -4.4%

고령
$(1,931 - 1,370) \div 1,370 \times 100 =$ 약 40.9%

87 ②

생산연령 인구는 읍 지역에서는 지속 증가세를 보였으나, 면 지역에서는 계속 감소하다가 2015년에 증가세로 돌아선 것을 알 수 있다.

① 유소년 인구는 빠르게 감소 추세를 보이고 있다.

③ 유소년 인구와 달리 고령 인구는 빠른 증가로 인해 도시의 노령화 지수가 상승하였다고 볼 수 있다.

④ 농촌의 전체 인구와 면 지역의 생산연령 인구는 모두 감소 후 2015년에 증가하는 추이를 보이고 있다.

88 ④

연도	노령분야	가족분야	비교
2013	1.79	0.68	2.6배
2014	1.91	0.74	2.6배
2015	1.93	0.73	2.6배
2016	1.95	0.87	2.2배
2017	2.21	1.08	2배

89 ②

공공복지예산이 가장 높은 국가는 프랑스이고 가장 낮은 국가는 한국이다.

이 두 나라의 비율 차이를 비교해 보면

• 2014년 → $32.10 - 8.67 = 23.43\%$

• 2015년 → $32.40 - 8.32 = 24.08\%$

• 2016년 → $32.00 - 8.34 = 23.665$

• 2017년 → $32.50 - 9.06 = 23.44\%$

90 ③

남녀 600명이며 비율이 60 : 40이므로
전체 남성의 수는 360명, 여성의 수는 240명이다.
21~30회를 기록한 남성 수는 20%이므로
$360 \times 0.2 = 72$명

91 ④

41~50회를 기록한 여성 수는 5%이므로
$240 \times 0.05 = 12$명

92 ②

승소율$= \dfrac{승소건수}{처리건수} \times 100$이므로

ⓐ : $35.0\% = \dfrac{x}{4,140} \times 100$

$x = 0.35 \times 4,140$

$x = 1,449$건

93 ②

승소율$= \dfrac{승소건수}{처리건수} \times 100 = \dfrac{1,170}{3,120} \times 100 = 37.5\%$

94 ②

총 사용량이 220kWh

처음 100kWh 까지는 55원이므로 $100 \times 55 = 5,500$원

다음 100kWh 까지는 110원이므로
$100 \times 110 = 11,000$원

다음 100kWh 까지는 170원이므로 $20 \times 170 = 3,400$원

기본요금은 $1,430$원

이를 모두 더하면
$5,500 + 11,000 + 3,400 + 1,430 = 21,330$원

95 ①

총 사용량이 350kWh

처음 100kWh 까지 55원이므로 $100 \times 55 = 5,500$ 원

다음 100kWh 까지 110원이므로 $100 \times 110 = 11,000$ 원

다음 100kWh 까지 170원이므로 $100 \times 170 = 17,000$ 원

다음 100kWh 까지 250원이므로 $50 \times 250 = 12,500$ 원

기본요금은 $3,420$ 원

이를 모두 더하면

$5,500 + 11,000 + 17,000 + 12,500 + 3,420 = 49,420$ 원

6월달의 요금은 $21,330$ 원이었으므로

$49,420 - 21,330 = 28,090$ 원

96 ③

영애네 일행을 구분하여 보면 성인 4명, 국가유공자 및 만 65세 이상인 성인 2명, 청소년 1명의 금액을 지불하여야 하므로

$(14,000 \times 4) + (14,000 \times 0.5 \times 2) + 12,000 = 82,000$ 원

97 ④

작년은 올해와 나이 차가 발생하므로 성인 4명, 청소년 1명, 어린이 1명이 된다.

B코스 입장권을 구매하면

$(7,000 \times 4) + (6,000 + 4,500) = 38,500$ 원

올해 B코스 입장권을 구매하면

$(7,000 \times 4) + 6,000 = 34,000$ 원

올해에는 $38,500 - 34,000 = 4,500$ 원 덜 내게 된다.

98 ②

영애네 가족만이 야간을 이용하므로 성인 3명, 청소년 1명으로 계산을 한다.

A코스 → $(9,000 \times 3 \times 0.7) + 8,000 \times 0.7 = 24,500$ 원

B코스 → $(7,000 \times 3 \times 0.7) + 6,000 \times 0.7 = 18,900$ 원

야간 자유이용권 → $(8,000 \times 3) + 7,000 = 31,000$ 원

99 ①

① Aude $= 20,000,000 + \left(\dfrac{20,000}{10} \times 1,700\right) \times 9$

　　 $= 50,600,000$ 원

② Carenda $= 18,000,000 + \left(\dfrac{20,000}{8} \times 1,000\right) \times 9$

　　 $= 40,500,000$ 원

③ Jeepo $= 25,000,000 + \left(\dfrac{20,000}{12} \times 1,500\right) \times 9$

　　 $= 47,500,000$ 원

④ Bens $= 35,000,000 + \left(\dfrac{20,000}{20} \times 1,700\right) \times 9$

　　 $= 50,300,000$ 원

100 ④

연료탱크 용량 대비 주행거리는 연비와 연료탱크 용량의 곱으로 구하면 된다.

① Aude $= 10 \times 60 = 600\,\mathrm{km}$

② Carenda $= 8 \times 60 = 480\,\mathrm{km}$

③ Jeepo $= 12 \times 50 = 600\,\mathrm{km}$

④ Bens $= 20 \times 45 = 900\,\mathrm{km}$

101 ④

- $10x > 50, \quad \therefore x > 5$
- $5x - 20 < 40, \quad \therefore x < 12$
- $5 < x < 12$

따라서 x값 중 가장 큰 값은 11

102 ②

$x^2 - 11x + 33 = (x-5)Q(x) + R$가 x에 대한 항등식 이므로,

$x^2 - 11x + 33$을 인수분해하면 $(x-5)(x-6) + 3$이 되므로 상수 R은 3이 된다.

103 ①

십의 자리 수를 x라 하면,

$10 \times 5 + x = 4(10x + 5) - 9$

$\therefore x = 1$

104 ③

제시된 내용을 정리하면,

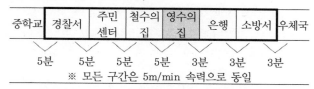

중학교	경찰서	주민센터	철수의 집	영수의 집	은행	소방서	우체국
	5분	5분	5분	5분	3분	3분	3분

※ 모든 구간은 5m/min 속력으로 동일

㉠ 경찰서에서 소방서까지 5m/min의 속력으로 21분이 소요되므로

총 거리는 $5 \times 21 = 105$m이다.

㉡ 이 구간을 10m/min의 속력으로 가는 데 걸리는 시간은 $105 \div 10 = 10.5$(10분 30초)이다.

105 ②

의자의 개수를 x라 하면,

㉠ 8명씩 앉으면, $8x + 3 = 99, \quad \therefore x = 12$개

㉡ 10명씩 앉으면, 필요한 의자는 10개가 되므로 2개의 의자가 남는다.

106 ②

㉠ 총점을 구하면,

1반 총점	$70 \times 26 = 1820$
2반 총점	$75 \times 25 = 1875$
3반 총점	$80 \times 28 = 2240$
4반 총점	$75 \times 26 = 1950$
5반 총점	$72 \times 27 = 1944$
6반 총점	$71 \times 29 = 2059$
전체 총점	$1820 + 1875 + 2240 + 1950 + 1944 + 2059 = 11888$

㉡ 총점을 학생 수로 나누면,

$\dfrac{11888}{161} \fallingdotseq 73.84$

107 ③

㉠ B의 작업량이 $\dfrac{1}{40} \times 30 = \dfrac{3}{4}$이므로, A의 작업량은

$1 - \dfrac{3}{4} = \dfrac{1}{4}$이다.

따라서 $30 \times \dfrac{1}{4} = 7.5$일 동안 공동으로 작업하였다.

108 ①

15%의 소금물의 무게를 x라 하면,

$\dfrac{0.15x + (500 - x)0.1}{500} \times 100 = 12\%$

$\therefore x = 200\,\text{g}$

109 ④

현재 아버지의 나이를 x, 형의 나이를 y, 동생의 나이를 z라 하면,

㉠ 현재 : $x = 3y, \quad y = 2z$

㉡ 4년 전 : $x - 4 = 4(y - 4)$에 ㉠을 대입하면

$\therefore x = 36, \quad y = 12, \quad z = 6$이다.

110 ②

⊙ 50L를 가득 채우는 데 2분 30초가 소요되므로 $\frac{50}{2.5} = 20L/min$가 성립된다.

ⓛ 같은 속도로 10분 동안 $20 \times 10 = 200L$를 채울 수 있다.

따라서 전체 400L 물통의 50%를 채울 수 있다.

111 ②

⊙ 기존에 목표 수익은 $3,000 \times 0.5 \times 100$ $= 150,000$원이다.

ⓛ 90개를 판매하여 같은 수익을 얻으려면 $3,000 \times x \times 90 = 150,000$, $\therefore x$(수익률) $≒ 0.56$

따라서 개당 판매가격은 $3,000 \times 1.56 = 4,680$원이다.

112 ①

⊙ $A + 40 + C = 100$이므로 $A + C = 60$이다.

ⓛ 두 수의 합이 60이 되려면 $(1, 59), (2, 58), \cdots$ $(58, 2), (59, 1)$이 가능하다.

따라서 A, C의 차이의 최댓값은 $59 - 1 = 58$이다.

113 ③

을이 걷는 속도를 x라 하면,

⊙ 갑이 걷는 속도는 $1.1x$

ⓛ 병이 걷는 속도는 $1.1x \times 0.9 = 0.99x$

ⓒ 정이 걷는 속도는 $0.99x \times 1.2 = 1.188x$

114 ①

• 목요일에 비가 오고, 금요일에 비가 올 확률

: $\frac{1}{3} \times \frac{1}{3} = \frac{1}{9}$

• 목요일에 비가 오지 않고, 금요일에 비가 올 확률

: $\frac{2}{3} \times x$

• 따라서 금요일에 비가 올 확률은 $\frac{1}{9} + \frac{2}{3}x = \frac{5}{18}$

$\therefore x = \frac{1}{4}$

115 ③

B가 골을 넣을 확률을 $\frac{x}{100}$라 하면,

• A와 B가 각각 골을 넣을 경우

: $\frac{70}{100} \times \frac{x}{100} = \frac{70x}{10000}$

• A와 B가 각각 골을 못 넣을 경우

: $(1 - \frac{70}{100}) \times (1 - \frac{x}{100})$

$= \frac{30}{100} \times \frac{100 - x}{100} = \frac{3000 - 30x}{10000}$

무승부가 될 확률이 46%이므로

$\frac{70x}{10000} + \frac{3000 - 30x}{10000} = \frac{46}{100}$, $\therefore x = 40(\%)$

따라서 B가 골을 못 넣을 확률은 60%이다.

116 ②

원가를 x라 하면,

기존 판매가격은 $1.2x$가 되고, 할인한 가격은 $1.2x \times 0.8 = 0.96x$이 된다.

따라서 $1 - 0.96 = 0.04$의 손해를 보게 된다.

$(0.04 \times 100 = 4\%)$

117 ③

⊙ 여성 비율이 62%이면 남자 비율은 38%이므로, 남자 직원의 수는 $300 \times 0.38 = 114$명

ⓛ A메신저를 사용 중인 남자 직원은 50%이므로, $114 \times 0.5 = 57$명

ⓒ A메신저를 사용 중인 남자 직원은 전체의 $\frac{57}{300} \times 100 = 19\%$에 해당한다.

118 ①

모의고사에 응시한 남성 수를 x라 하면,

$\frac{76 \times 40 + 74 \times x}{40 + x} = 75$

$\therefore x = 40$명

119 ④

45보다 크고, 54보다 작은 정수가 되려면

• 십의자리에 4가 오는 경우 6이 가능하다.
• 십의자리에 5이 오는 경우 1, 2, 3이 가능하다.

따라서 46 + 51 + 52 + 53 = 202

120 ②

㉠ 3일간 작업량 : $(\frac{1}{6} + \frac{1}{10}) \times 3 = \frac{4}{5}$

㉡ 작업량이 전체에서 차지하는 비율

: $\frac{4}{5} \times 100 = 80\%$

121 ④

④ 첫 번째 열의 도형의 안과 밖이 두 번째 열에서 바뀌고, 세 번째 열에서는 색이 반전된다.

122 ①

① 첫 번째, 두 번째, 세 번째 열을 모두 합하면 '田' 모양이 된다.

123 ①

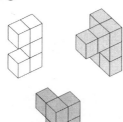

124 ④

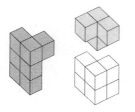

125 ②

126 ④

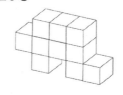

127 ②

128 ②

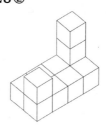

129 ①

130 ④

①②③ 일치하는 단면도가 없다.

131 ③

① 정면도만 일치한다.

②④ 일치하는 단면도가 없다.

132 ①

②③ 일치하는 단면도가 없다.

④ 정면도만 일치한다.

133 ④

① 우측면도만 일치한다.

② 정면도와 우측면도만 일치한다.

③ 일치하는 단면도가 없다.

134 ①

② 평면과 측면의 모양이 다르다.

③④ 평면과 정면, 측면의 모양이 다르다.

135 ②

① 측면의 모양이 다르다.

③ 평면과 측면의 모양이 다르다.

④ 정면과 측면의 모양이 다르다.

>> 언어논리

1 ④

④ 인과는 원인과 결과로 인과의 방법으로 대상의 변화 과정을 소개하는 부분은 나타나지 않는다.

2 ④

④ 이중 언어 사회에서는 통용되는 둘 이상의 언어들은 공용어로서 대등한 지위를 가질 수 있다.

3 ④

④ 피시먼은 언어적 유사성이 없는 서로 다른 두 언어가 각자의 기능을 엄격하게 구별하여 수행하는 상황까지를 포함하여 양층 언어 사용을 설명하였다.

4 ④

④ 소득 조사나 자산 조사의 과정을 반드시 거쳐 제공되는 것은 잔여적 복지 모델을 바탕으로 할 때이다.

5 ④

ⓒ 제도적 복지 모델은 모든 국민에게 보편적 복지 서비스를 제공해야 한다고 주장한다.

6 ②

사회 정책적 차원의 두 복지 모델은 <u>정부의 개입 정도</u>에 따라, 운영 방식 차원의 두 복지 제도는 <u>수혜자의 범위</u>에 따라 구분한 것으로 볼 수 있다.

7 ①

① '보장'은 '어떤 일이 어려움 없이 이루어지도록 조건을 마련하여 보증하거나 보호함'이라는 의미이다.

8 ①

① 대물렌즈와 접안렌즈가 중간 상을 굴절시켜 연구자가 검사 대상을 관찰할 수 있을 정도로 확대한다.

9 ③

③ 전자기 대물렌즈가 자기장을 이용하여 전자선을 집중시키는 정도에 따라 검사 대상 표면에 주사되는 전자선의 면적이 결정되고, 그 면적이 작을수록 분해능이 작아져 더 정밀한 상을 얻을 수 있다.

10 ②

② 두 개의 전자기 집광렌즈를 사용하면 검사 대상에 집중되는 전자의 양이 많아지는데, 이는 검출되는 2차 전자의 양이 많아지는 것으로 이어져 모니터나 필름에 나타나는 상을 더욱 선명하게 한다.

11 ④

④ 선물 거래와 시중 금리의 상관관계는 이 글을 통해 알 수 없다.
① 선물 거래를 하는 이유는 첫 문단을 통해 알 수 있다.
② 마지막 문장에서 선물 거래로 인한 부작용을 언급하고 있다.
③ 세 번째 문단 첫 문장에서 선물 거래의 대상에는 농산물이나 광물 외에 주식, 채권, 금리, 외환 등이 있다고 언급하고 있다.

12 ③

채소 중개상은 배추 가격이 선물 가격 이상으로 크게 뛰어오르면 많은 이익을 챙길 수 있다는 기대에서 농민이 우려하는 가격 변동에 따른 위험 부담을 대신 떠맡는 데 동의한 것이다. 즉, 선물 거래 당사자인 채소 중개상에게 가격 변동에 따른 위험 부담이 전가된 것이라고 할 수 있다.

13 ①

① ㉠과 ㉡ 모두 가격 변동의 폭에 따라 손익의 규모가 달라진다.

14 ③

콜옵션을 산 사람은 상품의 가격이 애초에 옵션에서 약정한 것보다 상승하게 되면, 그 권리 행사를 통해 가격 변통 폭만큼 이익을 보게 되고 이 콜옵션을 판 사람은 그만큼의 손실을 보게 된다. 마찬가지로 풋옵션을 산 사람은 상품의 가격이 애초에 옵션에서 약정한 것보다 하락하게 되면 그 권리 행사를 통해 가격 변동 폭만큼 이익을 보게 되고 이 풋옵션을 판 사람은 그만큼의 손실을 보게 된다.

15 ①

① 물질대사율은 동물이 단위 시간당 사용하는 에너지량으로 주어진 시간 동안 에너지를 요구하는 생화학적 반응의 총합이다.

16 ④

④ 최소대사율의 경우 내온 동물과 외온 동물의 측정 방법이 다르지만 물질대사율은 동일하게 열 상실률로 측정될 수 있다.

17 ④

① 어떤 동물이 작으면 작을수록 부피에 대한 표면적의 비율은 더 커지며, 외부와의 열교환이 이루어지는 표면적이 차지하는 비율이 커지면서 주변과의 열교환은 더욱 빨라지게 된다.
②③ 몸무게 g당 물질대사율은 반비례 관계에 있기 때문에 내온동물이 작으면 작을수록 안정적인 체온을 유지하는 데 필요한 에너지 비율은 더욱 커진다.

18 ④

④ 휴면은 먹이와 물 등 외부로부터 얻는 에너지가 부족한 상황에서 외부로 발산하는 에너지를 작게 하기 위한 방법이다.

19 ②

이 글은 아리스토텔레스가 「시학」에서 제시한 카타르시스가 비극의 정화이론과 조정이론으로 논의되고 조정이론은 또 르네상스시기에 카스텔베트로 등의 관점이나 18세기 독일의 레싱의 관점 등으로 파생되고 있음을 보여주고 있다.

20 ④

④ 플라톤은 감정이 이성에 대한 위협이라고 생각하였고, 비극이 연민을 환기하여 구경꾼들을 겁쟁이로 전락시킨다고 비판했다.

21 ③

③ 간주: 상태, 모양, 성질 따위가 그와 같다고 봄. 또는 그렇다고 여김

22 ④

이 글은 법의 내용과 운용에 대한 두 가지 이론을 설명하고 있다. 합의 이론은 사회규범과 도덕규범에 대한 전반적 합의와 사회의 공통적 이해관계를 중시하고, 갈등 이론은 법과 형사의 사법 체계가 사회에서 힘 있는 집단의 이해 관계와 규범을 구체화시킨다고 주장한다. 이러한 내용으로 미루어 볼 때 ④는 극단적 갈등 이론이 아니라 합의 이론에 해당하는 설명이다.

23 ④

'합의 이론은 사회 규범과 도덕규범에 대한 전반적 합의와 사회의 공통적 이해관계를 언급함으로써 법의 내용과 운용을 설명한다.'라고 하였다. ④와 같이 어떤 행위가 범죄로 정의되는지에 관심을 갖고 있는 것은 합의 이론이 아니라, 갈등 이론이다.

24 ①

갈등 이론은 범죄를 문화적 갈등이나 집단 갈등 속에 휩쓸린 개인의 행동으로 설명한다. 정치적이거나 이데올로기적 동기로 인한 범죄는 갈등 이론과 잘 맞는 것처럼 보이지만, 청소년 비행이나 살인, 절도 등의 대다수의 범죄에는 갈등 이론이 설명력을 갖지 못한다. ①은 정치적이거나 이데올로기적 동기로 인한 범죄가 아니므로, 갈등 이론으로 설명하기 어렵다.

25 ④

자발적으로 토착어를 버리고 주류 언어를 사용하는 현상은 2세 때부터 나타난다.
① 마지막 문단에서 언어가 사라지는 현상을 사회적 진화로 보고 있다.
② 첫 번째 문단에서 사례가 언급되어 있다.
③ 세 번째 문단에서 언급되어 있다.

26 ②

안위(安危): 편안함과 위태함을 아울러 이르는 말

27 ③

본문은 소수 언어의 쇠퇴를 사회적 진화로 보고 있다. 따라서 사회적 진화를 통해 나타날 새로운 지구촌 사회는 주류 언어만이 살아남는 사회로, 어떤 토착민도 외부인과 주류 언어로 대화를 나눌 수 있는 사회이다.

28 ③

이 글은 경제가 지식 기반 산업 위주로 바뀌면서 국내외적으로 노동 시장이 변화하고 사회 불평등 현상이 심화되고 있음을 설명하고 있다. 따라서 이 글의 내용을 포괄할 수 있는 제목으로는 '지식 기반 산업 사회에서의 노동 시장의 변화'가 가장 적절하다.

29 ②

세 번째 문단에서 정보 통신 기술의 발달로 인해 전 지구적 노동 시장이 탄생하였고, 이로 인해 나라들 사이의 불평등 현상이 강화되고 있다고 설명하고 있다. 따라서 정보 통신의 기술이 사회 양극화를 극복하게 해 준다는 내용은 맞지 않다. ①은 첫 번째 문단에서, ③은 두 번째 문단에서, ④는 세 번째 문단에서 확인할 수 있다.

30 ④

㉠은 필요한 인력을 외부 노동 시장에서 적기에 채용하여 관리하는 방식으로, 저숙련 인력을 주변화하여 비정규직을 계속 늘려 가기 때문에 불완전 취업자가 증가하는 결과를 초래한다. 따라서 우수한 능력을 가진 핵심 인력과 비정규직·장기 실업자 등의 주변 인력의 양극화 현상은 더욱 심해진다.

31 ③

우수한 기술과 능력을 가진 핵심 인력은 '고급 기술→높은 임금→양질의 능력 개발 기회'의 선순환 구조를 가지는 반면, 비정규직·장기 실업자 등 주변 인력은 '낮은 기술→낮은 임금→빈곤의 심화'라는 악순환의 구조를 가지게 된다.

32 ④

이 글은 물질에 대한 서구 사회의 인식의 변화를 설명하고 있다. 따라서 ④가 가장 내용을 잘 포괄하고 있다고 할 수 있다.

33 ②

첫 번째 문단에서 서구 과학의 물질에 대한 탐구는 그 물질이 무엇으로 구성되어 있는가에 초점이 맞추어져 있다고 하였다. ②의 화학적 변이 과정에 대한 언급은 확인할 수 없다. ①은 네 번째 문단에서, ③은 두 번째 문단에서, ④는 세 번째 문단에서 확인할 수 있다.

34 ③

이 글은 인간이 음악을 들을 수 있는 이유를 단순히 소리를 들을 수 있기 때문이 아니라, 뇌에서 음들의 관계를 이해하기 때문이라고 설명하고 있다. 세 번째 문단에서 공기의 진동은 음악이 아니며 인간의 두뇌에서 어떤 유형을 찾아낼 때 비로소 의미 있는 감흥이 생긴다고 하였다. 따라서 ③의 진술은 본문의 설명과 맞지 않다. ①은 네 번째 문단에서, ②는 두 번째 문단에서, ④는 네 번째 문단에서 확인할 수 있다.

35 ①

'음악'은 '음'들의 관계로 이루어진다. 즉 단순히 공기의 진동을 통해 전달되는 소리인 '음'을 듣고 그 관계를 해독하여 감흥이 일어나면 '음악'을 들을 수 있는 것이다. 따라서 ㉠과 ㉡의 관계와 가장 가까운 것은 의미를 지닌 소리인 '음절'과 의미 없는 소리인 '음향'의 관계라고 할 수 있다.

36 ②

위 지문의 "화재주의"에 나타나 있듯이 일반 쓰레기와 같이 버릴 시에 피부손상이 아닌 발화 및 환경파괴의 원인이 되고 있음을 알 수 있다.

37 ④

화재 주의사항에서 보면 "배터리가 새거나 냄새가 날 때는 즉시 사용을 중지하고 화기에서 멀리 두세요."라고 되어 있다. 냄새가 난다고 해서 핸드폰의 전원을 끄는 것이 아닌 사용의 중지를 권고하고 있으므로 ④번이 잘못된 내용임을 알 수 있다.

38 ③

"피부손상 주의"에서 보면 휴대전화 장시간 사용 중 오랫동안 피부에 접촉 시 피부가 약한 분들은 저온화상의 우려가 있다고 명시되어 있음을 알 수 있다.

39 ③

"해당 세탁기를 타 전열기구와 함께 사용하는 것을 금하며 정격 15A 이상의 콘센트를 단독으로 사용하세요."에서 알 수 있듯이 다른 전열기구 하고는 같이 사용하지 않아야 함을 알 수 있다. 또한 지문에서 멀티탭을 활용한다는 내용을 찾을 수가 없다.

40 ①

"당부사항" ③에서 보면 탈수 중 도어가 열린 상태로 탈수조가 회전하는 경우에는 세탁기의 사용을 중지 후 수리를 의뢰해야 한다. 그렇지 않은 경우 상해의 원인이 될 수 있음을 알 수 있다.

41 ②

무엇보다 Z 아울렛에 가장 먼저 들러야 하기 때문에 을지로입구역 → Z 아울렛(서울역) → Z 면세점(삼성역) → Z 의류업체(답십리역) → 중부세무서(충무로역) → 백화점 본점(을지로입구역) 코스로 이동하는 것이 가장 효율적이다.

그러므로 주어진 조건을 대입해 보면 아래와 같다.

을지로입구역 → 서울역(2분 + 시청역 환승 7분 + 2분 = 11분) → 삼성역(14분 + 사당역 환승 7분 + 14분 = 35분) → 답십리역(22분 + 왕십리역 환승 7분 + 4분 = 33분) → 충무로역(12분 + 동대문역사문화공원역 환승 7분 + 2분 = 21분) → 을지로입구역(2분 + 을지로3가역 환승 7분 + 2분 = 11분)

∴ 총 111분이 소요됨을 알 수 있다.

42 ④

을지로입구역(오전 10시 출발) → Z 아울렛 · 서울역(10시 11분 도착, 10시 41분경 출발) → 중부세무서 · 충무로역(10시 47분경 도착, 11시 17분경 출발) → Z 면세점 · 삼성역(11시 50분경 도착, 약 30분 소요)

Z 면세점 코엑스점에서 업무를 마치게 되면 대략 12시 20분 정도가 되기 때문에, 회사의 점심시간에 맞춰서 점심을 먹는다면 삼성역 부근에서 점심을 먹고 다음 방문지로 이동해야 한다.

43 ④

금융 관련 긴급 상황 발생 행동요령을 참고하여 신용카드를 분실했을 경우 가장 먼저 카드회사 고객센터에 분실신고를 해야 함을 알 수 있다.

44 ③

실수로 인해 타인의 계좌에 잘못 송금한 경우 전화로 잘못 송금한 사실을 알린 후 거래은행에 방문하여 착오입금반환서를 신청한다.

45 ①

대출사기를 당한 경우 경찰서나 또는 금융감독원으로 전화 신고하거나 또는 금감원 홈페이지 참여마당을 통해 신고한다.

46 ③

만약의 경우 정전이 되어 전기가 들어오지 않아도 2~3시간 동안 식품이 상하지 않으므로 되도록이면 냉장고 문을 열지 않는다.

47 ①

얼음에서 냄새가 날 경우에는 얼음 그릇을 깨끗이 닦아서 사용한다.

48 ④

냉장고 사용설명서의 문제해결방법에 의해 냉동 또는 냉장 등이 되지 않을 경우 전원 플러그를 다시금 꽂는다.

49 ③

③은 공장에서의 전력수급 비상단계 발생 시의 행동요령에 관한 내용이다.

50 ①

①은 상가에서의 전력수급 비상단계 발생 시 행동요령에 관한 내용이다.

51 ④

가정에서의 전기절약 행동요령에서 여름철 실내온도는 26℃ 이상으로 유지해야 한다.

52 ②

② 컴퓨터, 프린터 등 사무기기를 장시간 미사용 시 전원을 차단해야 한다.

53 ①

① 퇴근 시에는 프린터 등 사무기기의 전원을 차단해야 한다.

54 ③

③ 전기밥솥 대신 압력솥을 이용한다(전력사용→가스사용).

55 ③

지훈이는 조건 3에 맞게 소요산역~창동역 간 기본 운임(1,250원)이 적용되고, 창동역에서 환승하게 되며(100원 추가), 성신여대역에서 또 한번 환승(100원 추가)하게 된다. 그러므로 지훈이의 편도운임은 1,450원이 되며, 역의 수를 보면 소요산역~창동역(16개역), 창동역~성신여대역(6개역), 성신여대역~북한산 우이역(10개역)까지 총 32개역이 된다.

56 ②

병선이는 조건 4에 맞게 탑석역~회룡역 간 기본 운임(1,250원)이 적용되며, 첫 번째 환승역인 회룡역에서 창동역까지 1호선으로 환승(100원 추가)하고, 창동역에서 성신여대역까지 4호선으로 환승(100원 추가)하며, 성신여대역에서 북한산우이역까지 우이산선으로 환승(100원 추가)을 하게 되므로 병선이의 편도운임은 1,550원이 되며, 역의 수를 보면 탑석역~회룡역(13개역), 회룡역~창동역(5개역), 창동역~성신여대역(6개역), 성신여대역~북한산 우이역(10개역)까지 총 34개역이 된다.

57 ②

(조건 1)에서 지훈이의 출발역은 소요산역, 병선이의 출발역은 탑석역이라 하였으므로 지하철 노선도를 기반으로 하였을 시에 이들이 도착역까지 가는 데 있어 처음 환승하면서 만나게 되는 역은 회룡역이다.

58 ④

조건 2를 활용했을 때 환승역에서 환승 시간은 무시한다고 하였으므로, 역간 소요시간은 2분씩 계산되어, 소요산역~북한산 우이역까지 64분이 걸리며 창동역에서 첫 번째 환승을 하게 되고, 성신여대역에서 두 번째 환승을 하게 된다.

59 ④

문의 개폐횟수가 많아지면 전력소모가 증가하게 된다.

60 ②

본서에 구매자명의 기입이 없는 경우 또는 본 보증서를 고쳐 쓴 경우에는 유료수리가 된다.

61 ①

동절기에는 냉장고 내부온도가 8~12도 기준에 설정되어 있으므로 가동 여부의 감지가 어려우나 설정온도에 의해 작동되고 있음을 알 수 있다.

62 ③

"경고" 부분에서 보면, 오랫동안 사용하지 않을 때는 전원 플러그를 뽑아야 한다고 명시되어 있다.

63 ④

"알아두면 유용한 내용" 부분에서 보면, 보냉은 전원을 넣고 나서 약 1시간 후에 온도가 일정하게 유지된다고 명시되어 있다.

64 ①

(조건 1)에 제시되어 있는 수요일은 정기검침 일이 아니기 때문에 조건에 맞추어서 PSD Code는 24를 적용하며, 주어진 조건에서 보다시피 현재는 Serial Mode이기 때문에 문제의 그림에 제시된 계기판 숫자 2개 또는 3개의 총합계 값을 구해야 한다. 더불어서 계기판의 눈금이 (−)를 가리키고 있으므로 조건에 맞게 가운데 수치인 15는 제외하고 2와 7의 총합계인 9를 구한다. 이때 9는 안전 상태에 해당하므로 그 상태 그대로 둔다.

65 ①

6월 17일은 주어진 조건 2에 맞게 정기검침 일이기 때문에 PSD code 값의 절반인 10을 적용하며, 현재 Parallel Mode이기 때문에 문제의 그림에 제시된 계기판 숫자 2개 또는 3개의 평균값을 구한다. 하지만 계기판의 눈금이 (+)인 경우 가운데 수치를 고려하지 않는다고 했지만, (−) 상태인 관계로 가운데 수치까지 고려해 3, 10, 5의 평균값인 6을 구한다. 이때 6은 안전 상태에 해당하므로 그 상태 그대로 둔다.

66 ②

도표에서 주어진 자료는 간호사 인력수급 추계와 한국의료관광 현황 및 전망에 관한 내용이다. 병원의 해외진출에 관한 자료는 도표에 제시되어 있지 않으므로 파악이 불가능하다.

67 ④

① 간호사의 공급에 비해 수요가 더 빠른 속도로 증가할 것으로 예상된다.

② 간호사의 수요가 가장 크게 증가한 때는 2015년에서 2020년이다.

③ 의료관광으로 인해 2020년에 늘어나는 일자리는 20만 이상이 될 것으로 예상된다.

68 ①

2013년 출원건수가 많은 상위 3개의 기술 분야는 태양광/열/전지, 수소바이오/연료전지, 그린 홈/빌딩/시티인데, 이들의 출원건수 합은 $1,424 + 1,393 + 867 = 3,684$(건)로, 2013년 전체 출원건수의 $\frac{3,684}{6,247} \times 100 = 58.972\cdots$(%)를 차지한다.

69 ④

출원건수와 등록건수가 매년 증가한 기술 분야인 풍력의 2013년 출원건수는 전년에 대비하여 $\frac{363-219}{219} \times 100 = 65.753\cdots \fallingdotseq 66$(%) 증가했음을 알 수 있다.

70 ③

표를 통해 보면 2010년 신생아의 기대여명은 여자가 남자보다 높음을 알 수 있다.

71 ②

$7.22 + 10.26 + 9.45 + 13.30 = 40.23$이 된다.

72 ④

빵류의 단가 1,200원이 20% 할인된 가격이므로 할인 전의 가격을 x라 놓고 보게 되면, $x \times 0.8 = 1,200$, $x = 1,500$(원)

그러므로 할인 전 빵류의 단가는 1,500원이 된다.

73 ③

종류별로 드는 비용을 구해보면 빵류는 $1,200 \times 200 = 240,000$(원), 견과류는 $2,000 \times 100 = 200,000$(원), 과자류는 $1,500 \times 100 = 150,000$(원), 면류는 $1,200 \times 150 = 180,000$(원)이다. 따라서 정답은 ③번이 된다.

74 ④

표에서 보면 워크숍에서 선호도가 가장 낮은 간식 항목은 견과류이므로 감소되는 금액은 $2,000 \times 100 = 200,000$원이다.

① 편의성이 가장 낮은 간식 항목은 과자류이므로 감소되는 금액은 $1,500 \times 100 = 150,000$원이다.

② 선호도와 더불어서 편의성의 합이 가장 낮은 간식 항목은 면류이므로 감소되는 금액은 $1,200 \times 150 = 180,000$원이다.

③ 편의성이 낮은 과자류 및 면류를 50% 구매하지 않으면 감소되는 금액은 과자류에서 $1,500 \times 100 \times 0.5 = 75,000$(원), 면류에서 $1,200 \times 150 \times 0.5 = 90,000$(원)이므로 감소되는 금액의 합은 $75,000 + 90,000 = 165,000$(원)이다.

그러므로 문제에서 간식 구입비용이 가장 많이 줄어드는 방법은 ④번이 된다.

75 ②

Abbott의 매출은 2005년 147억 달러에서 2009년 198억 달러로 증가하였음을 표를 통해 알 수 있다.

76 ①

(조건 1) 북미의 2008년 전년대비 성장률은 1.9%이며, (조건 2) Amgen의 2008년 매출은 15,281백만 달러이고, (조건 3) 중남미의 2009년 시장 규모는 47.9십억 달러이므로 이들의 합은
$1.9 + 15,281 + 47.9 = 15,330.8$이 된다.

77 ③

2009년 의약품 매출현황에서 가장 낮은 성장을 보인 것은 Takeda(14,352)이다.

78 ④

① Sanofi-Aventis는 2005년~2008년까지의 기간 동안 매출액이 증가하였으나, 2009년에는 감소하고 있는 경향을 보이고 있다.
② 2009년 30,000백만 달러 이상의 매출을 기록한 회사는 7곳이다.
③ 2009년 현재 Novatis의 매출액은 38,460백만 달러로 세계 3위의 매출액을 기록하고 있다.

79 ④

의료기기 산업은 2010년 2,162억 원으로 연평균 28.0%의 증가율을 보이고 있음을 알 수 있다.

80 ①

화장품의 경우 2005년~2010년 동안의 연평균 증가율이 가장 높음을 표를 통해 알 수 있다.

81 ②

① 2010년 총 연구개발비는 매출액 대비 2.75%이다.
③ 의료기기 산업은 2010년 2,162억 원으로 2005년 이후 연평균 28.0% 증가하였다.
④ 식품산업의 연구개발비는 2005년부터 2009년까지 증가세를 보인 후 2010년에는 전년도 대비 감소하였음을 알 수 있다.

82 ④

① 2010년 일본의 고령자 수는 2천9백3십만7천명이다.
② 한국의 고령자 비율은 10.77%, 일본의 고령자 비율은 23.24%이므로 일본이 한국에 비해 더욱 고령화 사회임을 알 수 있다.
③ 한국의 노인장기요양보험의 1등급은 2009년, 2010년 감소추세를 보이고 있다.

83 ②

한국의 노인장기요양보험의 경우 3등급이 가장 큰 비중을 차지하고 있음을 표를 통해 알 수 있다.

84 ①

(표 2)에서 2010년 분야별 연구개발비 투자현황은 치료기기 분야에서 28.7%의 비중으로 나타나고 있음을 알 수 있다.

85 ③

① 2009년에 분야별 국내 의료기기 시장규모는 3조 6,440억 원이다.
② 자료에서 보면 2010년 분야별 연구개발비는 치과재료 분야에만 9%의 비중을 투자하였음을 알 수 있다.
④ 2010년 진단기기 분야의 연구개발비 투자비중은 전년대비 감소하였다.

86 ④

(표 1)에서 보면 건강관련여행 수지는 2006년에 집계된 이후 2011년에 처음으로 흑자를 기록하였음을 표를 통해 알 수 있다.

87 ①

㉠ 태국의 2007년 한국인 환자 수(26), ㉡ 태국의 2005년 일본인 환자 수(185), ㉢ 2009년 건강관련 여행 수지(-13.1), ㉣ 2010년 건강관련 여행 수입(89.5)이므로 계산하면 다음과 같다.
$26 + 185 - 13.1 + 89.5 = 287.4$가 된다.

88 ③

도매업의 2011년 매출액 성장률은 7.7%로써 전년에 대비해서 2.8%p 하락하였음을 표를 통해 알 수 있다.

89 ①

자료에서 보면 방향용 제품류는 유럽에서 주로 수입을 하고는 있지만 그 비중은 2008년에 비해 2011년에는 감소되었음을 알 수 있다.

90 ②

(표 1)에서 보면 알 수 있듯이 우리나라 국민 1인당 생애의료비는 0세일 때 금액이므로 남자는 101,774,053원, 여자는 123,316,790원이다.

91 ③

65세 이후의 상대 생애의료비에서 여자가 남자에 비해 5% 높게 나타나고 있다.

92 ②

아프리카 및 중동 지역의 경우 식품시장의 규모는 가장 작지만, 시장 성장률은 두 번째로 높음을 알 수 있다.

93 ③

주어진 표는 2017년 및 2018년 상반기 동기간 동안의 5대 범죄 발생을 분석한 것이다. 약간의 차이는 있으나 전반적으로 보면 2017년에는 1,211건, 이에 대비 2018년에는 발생 범죄가 934건으로 감소됨을 알 수 있다. 그러므로 범죄다발지역에 대해 치안 담당자들이 해당 지역에 대한 정보를 공유하여 범죄의 발생 및 검거에 치안역량을 집중했음을 알 수 있다.

94 ②

5가지 범죄유형 중에서 가장 체감안전도가 낮은 범죄는 묻지마 범죄이다.

95 ④

일본의 장기요양 기관수는 매 해 감소하고 있음을 표를 통해 알 수 있다.

96 ③

2011년에 우리나라(한국)의 건강기능 식품은 세계시장에서 차지하는 비중은 비록 낮지만, 성장률은 30%에 가까워 상당히 높은 편임을 알 수 있다.

97 ①

2010년 투자금액이 2위였던 베트남에는 2012년에도 투자하였고, 비록 금액은 확인할 수 없고 상위 순위에 들지는 못했으나 기타에서 확인이 가능하므로 투자를 했다는 것을 알 수 있다.

98 ③

문화체험 및 관광은 타 군에서는 30%를 넘었지만, "미용·웰빙증진형"에서는 20.1%를 기록하고 있으므로 30%를 넘지 못하고 있음을 표를 통해 알 수 있다.

99 ②

모태산업 대비 고령친화 의약품 산업의 비중은 2015년에 28.36%, 2020년에 37.34%로 전망된다.

100 ④

성희롱 피해에 대해 전체 응답자의 절반 이상인 54.0%가 '특별한 조치를 취하지 않고 내버려 두었다'로 응답하여 가장 높았던 것으로 보아 피해자들이 성희롱에 대해 적극적으로 대응을 하지 않고 있음을 알 수 있다.

101 ③

과장이 4명이므로 'A'가 근무를 하게 될 경우의 수는 4가지이다. 다른 사원들은 고려할 필요가 없다. 확률은 사원이 3명이므로 $\dfrac{1}{3}$이 된다.

102 ④

1부터 20까지의 수를 모두 더하면 210이다. 20개의 수 중 임의의 수 a와 b를 지우고 a − 1, b − 1을 써넣은 후의 전체 수의 합은 $210-(a+b)+(a-1+b-1)$ $=210-2=208$이 된다. 그러므로 이 시행을 20번 반복한 후에 전체 수의 합은 처음 전체 수의 합 210에서 40이 감소한 170이 된다.

103 ④

배의 속력을 x, 강물의 속력을 y라 하면

$$\begin{cases} \dfrac{100}{x-y}=5 \Rightarrow x-y=20 \\ \dfrac{100}{x+y}=2 \Rightarrow x+y=50 \end{cases}$$

$$\therefore\ x=35(\text{km}/\text{시}),\ y=15(\text{km}/\text{시})$$

104 ④

남자가 한 명도 선출되지 않을 확률은 여자만 선출될 확률과 같은 의미이다.

$$\dfrac{{}_5C_2}{{}_{12}C_2}=\dfrac{5\times 4}{12\times 11}=\dfrac{5}{33}$$

105 ③

문제에 제시된 조건으로 기반으로 계산해 보면 다음과 같다.

• 스케치북의 할인가 : 1,600원
• 색연필의 할인가 : 800원

$$1,600x+800(10-x)\le 10,000$$

따라서 $x\le 2.5$개 이므로 스케치북은 최대 2개까지 구매가 가능하다.

106 ④

엄마의 나이를 x, A의 나이를 y, 아빠의 나이를 $x+4$라고 할 시에,

$$x+x+4=5y \cdots ㉠$$
$$x+4+10=2(y+10) \cdots ㉡$$

㉠과 ㉡의 두 식을 연립하여 계산하면, $x=38,\ y=16$이므로, 엄마는 38세, A는 16세, 아빠는 42세가 된다.

107 ③

동일한 위치에서 동시에 출발한 갑과 을 두 사람이 다시 만난다는 것은 빠른 사람이 한 바퀴를 돌아 느린 사람을 앞질러가는 순간이므로 두 사람의 이동거리는 1바퀴 차이, 즉 0.6km 차이이다. 갑과 을 두 사람이 다시 만날 때까지 걸리는 시간을 t시간이라 할 때, 거리에 대한 식은 다음과 같다.

$$15t-10t=0.6$$
$$\therefore\ t=0.12(\text{시간})=7.2(\text{분})=7\text{분}12\text{초}가 된다.$$

108 ③

모든 짐의 양을 1이라 할 시에, 하루에 남자 1명이 옮길 수 있는 짐의 양은 $\dfrac{1}{25}$이고, 하루에 여자 1명이 옮길 수 있는 짐의 양은 $\dfrac{1}{50}$이다. 그렇기에 하루에 남자 2명·여자 2명이 옮길 수 있는 짐의 양은 $2\times\dfrac{1}{25}+2\times\dfrac{1}{50}=\dfrac{3}{25}$이므로 모든 짐을 옮기는 데 있어서 소요되는 시간은 $\dfrac{25}{3}≒8.33$이므로 9일이 걸리게 된다.

109 ④

구분	합격자	불합격자	지원자 수
남자	$2a$	$4b$	$2a+4b$
여자	$3a$	$7b$	$3a+7b$

합격자가 160명이므로 $5a=160 \Rightarrow a=32$

$3:5=(2a+4b):(3a+7b)$

$\Rightarrow 5(2a+4b)=3(3a+7b)$

$\Rightarrow a=b=32$

따라서 여학생 지원자의 수는 $3a+7b=10a=320$(명)이다.

110 ④

A가 출발한 지 x분 후의 위치를 y라 하면 A는
$y = 2x$, B는 $y = 3(x-2)$를 만족한다.
서로 만나는 것은 위치가 같다는 뜻이므로
$2x = 3(x-2)$
$\therefore x = 6(분)$

111 ②

지난 주 판매된 A 메뉴를 x, B 메뉴를 y라 하면
$\begin{cases} x + y = 1000 \\ x \times (-0.05) + y \times 0.1 = 1000 \times 0.04 \end{cases}$
두 식을 연립하면 $x = 400$, $y = 600$
따라서 이번 주에 판매된 A 메뉴는
$x \times 0.95 = 400 \times 0.95 = 380$명분이다.

112 ②

지수가 걸린 시간을 y, 엄마가 걸린 시간을 x라 하면
$\begin{cases} x - y = 10 \cdots \text{㉠} \\ 100x = 150y \cdots \text{㉡} \end{cases}$ 에서 ㉠을 ㉡에 대입한다.
$100(y + 10) = 150y \Rightarrow 5y = 100 \Rightarrow y = 20$
따라서 지수는 20분 만에 엄마를 만나게 된다.

113 ①

직사각형의 넓이는 $1 \times 2 = 2$이다. 정사각형은 네 변
의 길이가 모두 동일하므로 한 변의 길이를 x라고 할
때, $x^2 = 2$이므로 $x = \sqrt{2}$이다.

114 ④

피자 1판의 가격을 x, 치킨 1마리의 가격을 y라고 할
때, 피자 1판의 가격이 치킨 1마리의 가격의 2배이므
로 $x = 2y$가 성립한다.
피자 3판과 치킨 2마리의 가격의 합이 80,000원이므
로, $3x + 2y = 80,000$이고
여기에 $x = 2y$를 대입하면 $8y = 80,000$이므로
$y = 10,000$, $x = 20,000$이다.

115 ①

□ADEB의 넓이는 9이고 □BFGC의 넓이가 4이므로,
$\overline{AB}$의 길이는 3이고 $\overline{BC}$의 길이는 2이다. 피타고라
스의 정리에 의하면 직각삼각형에서 직각을 끼고 있
는 두 변의 제곱의 합은 빗변의 길이의 제곱과 같으
므로, $\overline{AC}$의 길이를 x라고 할 때, $x^2 = 9 + 4 = 13$
이다.

116 ③

세 종류의 과일 중 두 종류의 과일을 고를 수 있는 경
우는 (사과, 배), (사과, 바나나), (배, 바나나)의 세 가
지이다. 여기에 두 종류의 채소 중 한 종류의 채소를
섞어 주스를 만들게 되므로 총 메뉴는 6가지가 된다.

117 ④

P도시에서 Q도시로 가는 길은 3가지이고, Q도시에서
R도시로 가는 길은 2가지이므로, P도시를 출발하여 Q
도시를 거쳐 R도시로 가는 방법은 $3 \times 2 = 6$가지이다.

118 ④

닮음비란 서로 닮은 두 도형에서 대응하는 변의 길이
의 비이다. 정육면체의 부피는 (한 밑변의 넓이) ×
(높이) = (한 모서리의 길이) × (한 모서리의 길이) ×
(한 모서리의 길이)이므로, 큰 정육면체 B의 부피는
작은 정육면체 A의 부피의 $2^3 = 8$배이다.

119 ④

표준편차는 자료의 값이 평균으로부터 얼마나 떨어져
있는지, 즉 흩어져 있는지를 나타내는 값이다. 표준편
차가 0일 때는 자룟값이 모두 같은 값을 가지고, 표준
편차가 클수록 자룟값 중에 평균에서 떨어진 값이 많
이 존재한다.

120 ③

서원각의 매출액의 합계를 x, 소정의 매출액의 합계를 y로 놓으면

$x + y = 91$

$0.1x : 0.2y = 2 : 3 \rightarrow 0.3x = 0.4y$

$x + y = 91 \rightarrow y = 91 - x$

$0.3x = 0.4 \times (91 - x)$

$0.3x = 36.4 - 0.4x$

$0.7x = 36.4$

$\therefore \ x = 52$

$0.3 \times 52 = 0.4y \rightarrow y = 39$

x는 10% 증가하였으므로 $52 \times 1.1 = 57.2$

y는 20% 증가하였으므로 39×46.8

두 기업의 매출액의 합은 $57.2 + 46.8 = 104$

121 ②

화살표의 모양이 반시계 방향으로 90°씩 회전하고 있으며, 흰색과 검정색의 화살표가 반복되고 있다.

122 ④

색칠된 부분의 위치가 한 칸, 두 칸, 세 칸, 네 칸씩 건너뛰면서 이동하고 있다. 네 칸을 건너뛰고 난 뒤에는 다시 한 칸, 두 칸, 세 칸, 네 칸씩 건너뛰는 것이 반복된다.

123 ④

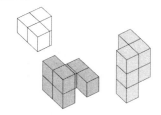

124 ②

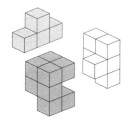

125 ①

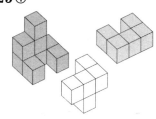

126 ④

127 ④

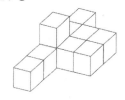

128 ③

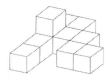

129 ③

130 ④

131 ②
① 정면도가 일치하지 않는다.
③ 평면도는 정확히 알 수 없고, 정면도와 우측면도는
   일치하지 않는다.
④ 평면도와 우측면도가 일치하지 않는다.
※ 평면도, 정면도, 우측면도

　• 평면도 : 위에서 내려다 본 형태를 말한다.

　• 정면도 : 정면에서 바라 본 형태를 말한다.

　• 우(좌)측면도 : 정면도를 기준으로 우(좌)측에서
　　바라 본 형태를 말한다.

　　　평면도　　　정면도　　　우측면도

132 ②
①③④ 일치하는 단면도가 없다.

133 ④
① 우측면만 일치한다.
③ 평면만 일치한다.
② 모두 일치하지 않는다.

134 ④
① 정면의 모양이 제시된 모양과 다르다.
② 정면, 평면의 모양이 제시된 모양과 다르다.
③ 정면, 측면의 모양이 제시된 모양과 다르다.

135 ②
① 정면의 모양이 제시된 모양과 다르다.
③ 정면, 측면의 모양이 제시된 모양과 다르다.
④ 평면, 측면의 모양이 제시된 모양과 다르다.